军事经济法

JunShi JingJiFa

黄天明◎编著

中国财经出版传媒集团
中国财政经济出版社

图书在版编目（CIP）数据

军事经济法／黄天明编著．—北京：中国财政经济出版社，2017.9

ISBN 978－7－5095－7580－2

Ⅰ.①军…　Ⅱ.①黄…　Ⅲ.①军事经济－经济法－中国　Ⅳ.①D922.290.4

中国版本图书馆CIP数据核字（2016）第162987号

责任编辑：卢关平　　　　责任校对：刘　靖
封面设计：孙俪铭　　　　责任印制：张　健

中国财政经济出版社出版

URL：http：//www.cfeph.cn
E－mail：cfeph@cfeph.cn

社址：北京市海淀区阜成路甲28号　邮政编码：100142
营销中心电话：88190472　88191537　财经书店电话：88580302
天猫网店：中国财政经济出版社旗舰店，网址：https：//zgczjjcbs.tmall.com
北京财经印刷厂印刷　各地新华书店经销
787×1092毫米　16开　15.25印张　249 000字
2018年5月第1版　2018年5月北京第1次印刷
定价：53.00元
ISBN 978－7－5095－7580－2
（图书出现印装问题，本社负责调换）
本社质量投诉电话：010－88190744
打击盗版举报热线：010－88191661　QQ：2242791300

前言

党的十八届四中全会作出了全面推进依法治国的重大决定，对深入推进依法从严治军进行了战略部署，提出了“构建完善的中国特色军事法治体系，提高国防和军队建设法治化水平”的法治目标。军事经济法是中国特色军事法治体系的重要内容，是军事经济运行与管理的依据和保障，研究军事经济法对于完善我国军事经济法律制度，实现我国军事经济治理的法治化具有重要的理论支撑作用。目前我国有关军事经济法的研究尚处于起步阶段，研究内容分散、教材专著较少、学术水平不高，与提高我国军事经济法治化水平的要求还不相适应。因此，加强军事经济法的系统性研究应是当务之急。

《军事经济法》立足我国军事经济治理实际和发展趋势，系统梳理了我国军事经济法领域的具体制度和主要理论研究成果，深入探索了军事经济法治发展规律，力求突出学理性、知识性、前沿性和实践性的统一，可作为相关专业的教材使用。

本书共计20余万字，依据军事经济运行与管理的过程环节和学习认知规律，设置了8章内容。第一章是军事经济法的基本理论，为总论部分，主要分析军事经济法的本质、基本范畴及相关理论；第二章至第八章涉及具体的军事经济法律制度，为分论部分，分别介绍了军事财政法律制度、国防科技工业法律制度、军事经济交易法律制度、国防资产管理法律制度、军事经济保障法律制度、军事经济动员法律制度、军事经济监督法律制度等。

本书是在《军事经济法教程》（试用）基础上丰富完善而成，在《军事经济法教程》（试用）编写中有以下人员参与：第一章，顾伟；第二章，邓莉；第三章，闻晓歌、付瑜、潘登；第四章，付殿洪；第五章，陈斌；第六章，朱文波；第七章，王广怀；第八章，李谦，在此一并表示感谢。本书在编写过程中还得到了陈耿、欧阳国华、李芳梅、傅达林、任希魁、于向军等专家的大力帮助和支持，谨表谢意。

由于国内外有关军事经济法的理论研究相对薄弱，可供参考的研究成果不多，当前又正处于国防和军队全面深化改革时期，尤其党的十九大之后，提高我国国防和军队法治化水平的步伐进一步加快，大量的军事经济法律法规面临着调整优化，加之编者水平有限，书中存在的不妥之处难以避免，恳请读者批评指正。

编　者

二〇一八年一月

目 录

第一章

军事经济法基本理论

军事经济的现代治理离不开法律的指引和保障，随着依法治国方略的全面落实，依法从严治军方针的深入推进，国防和军队改革的逐步深化，军事经济法在中国特色的军事法治进程中将发挥举足轻重的作用。作为军事法的重要分支，军事经济法具有特殊的调整对象，具有独特的功能价值，厘清其本质内涵，把握其作用规律，是学习和研究军事经济法的起点。

第一节　军事经济法的概念

军事经济法的概念是军事经济法学最基本的理论问题之一，是我们研究军事经济法的逻辑思维起点。同时，军事经济法的概念还是我们构筑军事经济法学理论大厦的基石，它决定了军事经济法的调整对象、法源、法的特征、法的原则及法的体系等一系列问题，也决定了军事经济法能否成为独立的法律部门。因此，对军事经济法的概念进行科学界定具有十分重要的理论意义与实践意义。

一、军事经济法概念述评

从目前掌握的资料看，学术界对军事经济法的定义的表述有以下几种：一是认为，军事经济法是国家立法机关、被授权的国家行政机关和军事领导机关制定颁发的调整社会组织在军事经济活动中所发生的经济关系的法律规范的总称。二是认为，军事经济法是国家调整军事经济关系的法律规范的总称。它是国家对军事经济关系和军事经济活动进行干预的法律手段。三是认为，军事经济法是指调整法人之间以及法人与公民之间发生的军事经济关系的法律规范的总称。四是认为，军事经济法是用以调整涉及国家军事利益的社会经济的军事法规范的统称。五是认为，军事经济法是调整军事经济关系的法律规范的总称。六是认为，军事经济法是调整国家经济力量转化为军事力量过程中不同主体从事不同活动时权利和义务关系的法律规范的总称。上述表明，学术界在对军事经济法的表述上，大多数学者采用了调整对象加法律规范总称的结构形式，同时多数学者也承认军事经济法调整的是特定的经济关系，即军事经济关系。只是在定义本身的表述方法上，是否应当列出其制定的机关还存在不同的看法。

二、军事经济法概念的界定

对法学概念进行界定，人们一般都按照“属＋种差”的方式来提炼，这已经成为了基本的“定义共识”或“定义公式”。就军事经济法的概念而言，“属”是指军事经济法是“一类法律规范的总称”；而“种差”，则是指军事经济法所调整的“一种特定社会关系”，它是军事经济法的特定调整对象和调整范围。因其具有特定性，不同于传统部门法的调整对象，也不同于军事法中其他法律部门的调整对象，因而要对其进行界定，必须先明确其具体调整范围，找到它与其他部门法和军事法中其他法律部门调整对象的“种差”。

因此，要说明军事经济法的概念，就必须揭示其调整对象。只有对军事经济法的调整对象有了较为正确的界定，才有可能更准确地界定军事经济法的概念。

（一）军事经济法的调整对象

法的调整对象是一定的社会关系，军事经济法的调整对象也只能是一定范围内的社会关系。为此，必须从纷繁复杂的社会关系中正确地抽取和划分出一定范围的社会关系，作为军事经济法的调整对象。它说明：

1. 军事经济法的调整对象有一定的范围，可以特定化，即一定范围内的社会关系。它不是漫无边际、杂乱无章的，否则就是否定军事经济法的独立存在。

2. 军事经济法的调整对象与其他部门法和军事法中其他法律部门的调整

对象有区别，不存在对特定社会关系的交叉调整和重叠调整问题。也就是说，尽管不同的部门法和军事法中其他法律部门的调整对象与军事经济法的调整对象在广义上可能对应于同一类社会关系，但在具体调整时，军事经济法只能针对特定的社会关系。因为不同法律主体的角色及其从事的具体行为都直接影响着法律所调整的社会关系的性质。军事经济法律主体及其从事的具体军事经济法律行为决定了军事经济法所调整的社会关系具有军事经济关系属性。

3. 与上述两点相关，军事经济法的调整对象是特定的社会关系，即军事经济法调整的并非一切社会关系，而主要是传统部门法和军事法中其他法律部门所不调整的具有经济性质、经济内容的社会关系，即军事经济关系；同时，不具有经济性质的人身关系、由传统部门法调整的民事关系、行政管理关系及其他军事关系等，都不属于其调整范围。

在已有的研究中，学者们普遍认为，军事经济法的调整对象是军事经济关系，但在军事经济关系所包含的具体内容上存有差异。如从军事经济关系主体的角度把军事经济关系划分为国家在军事经济管理过程中发生的经济管理关系，军事经济组织之间及其与其他社会组织之间发生的军事经济关系，军事经济组织内部发生的经济关系以及国家、军事经济组织同外国及其经济组织之间在涉外军事经济活动中发生的经济关系等。

所谓军事经济关系，是指人们在军事物质资料的生产、交换、分配、消费等方面所形成的社会关系，也就是各种军事经济主体在军事经济活动中所产生的社会关系。因此，军事经济关系的内容是十分广泛的，涉及军事物质资料的生产、交换、分配、消费等领域。军事经济法不可能也无法把所有的军事经济关系都纳入其调整范围，它只调整众多的军事经济关系中的一部分。市场经济条件下，社会资源并不必然配置于军事领域，需要国家对其进行计划、组织、调节、控制、引导和监督等，此即军事经济管理。在国家对军事经济进行管理过程中发生的这部分社会关系即为军事经济法的调整对象。

因此可以认为，军事经济法的调整对象就是以国家为管理主体的军事经济管理关系。这种管理关系是在国家对军事经济活动进行计划、组织、调节、控制、引导和监督的过程中形成的物质利益关系。它说明：首先，军事经济法并不调整所有的军事经济关系，只有以国家为管理主体的军事经济管理关系才是其调整对象。军事经济交易关系不属于军事经济法的调整范围。

而目前，学术界大多误认为军事经济法是调整所有军事经济关系的法律规范的总称，这实际上是对军事经济法调整对象的泛化。其次，军事经济法具有自己的独特调整对象，因而军事经济法具备了成为法律部门的法理基础。

（二）军事经济法的调整范围

弄清了军事经济法的调整对象后，还需要在此基础上进一步明确军事经济法调整对象的基本范围，即军事经济法的调整范围。界定军事经济法的调整范围，弄清军事经济法具体调整哪些军事经济管理关系，是构建军事经济法科学体系的基础。我们认为军事经济法主要调整国家对军事经济进行宏观管理而产生的社会关系。市场经济体制下，市场调节是配置资源的基本方式。但是市场调节并非是万能的，在军事领域市场调节是会失灵的。因为，市场主体都是独立的利益主体，市场主体的行为总是基于其局部利益，如何实现自身利益的最大化，不会考虑自身的行为是否符合国家安全和军事利益的需要。此时就要求政府对市场运行进行宏观管理，通过法律的、经济的和必要的行政手段，计划、组织、调节、控制、引导和监督社会资源配置到军事领域，以保障国家安全和军事利益。国家通过法律手段在对军事经济运行进行宏观调控的过程中与相对主体之间形成的管理关系已经超出民商法、行政法、经济法和军事法其他法律部门的调整范畴，理应归属军事经济法的领地。

国家对军事经济的宏观管理，是指国家对参与军事经济的生产、流通部门和其他与生产流通直接相关的部门进行集中统一的计划、组织、指导、调节和监督等活动。如，规划军事经济的发展领域和方向、确定军事经济管理体制，确定军事经济管理的基本原则和方法，确定军事经济与市场调节的关系等。所以，以对军事经济进行宏观调控而产生的社会关系的性质为依据，军事经济法所调整的社会关系主要包括军事经济计划关系、军事经济指导关系、军事经济组织关系、军事经济调节关系和军事经济监督关系等。

（三）军事经济法的定义

基于上述分析，我们认为，军事经济法是调整国家管理军事经济关系的法律规范体系。或者说，军事经济法是调整由于国家对军事经济的运行进行监督、管制、调控、引导、协调而产生的各种军事经济关系的法律规范体系，包括以下几个方面的含义：

1. 军事经济法是一个总的概念。军事经济法不是指某个或某几个军事经济法律法规，更不是指军事经济法典，而是指调整国家在对军事经济进行管理过程中发生的社会关系的法律规范体系，即是由一系列单行军事经济法律法规构成的有机整体或法律规范系统。

2. 军事经济法属于法的范畴。军事经济法与其他部门法一样，都是由一系列法律规范构成的，都是有特定的调整对象的。军事经济法的调整对象是以国家为管理主体的军事经济管理关系。

3. 军事经济法不同于我国法律体系中的其他部门法和军事法中的其他法律部门。军事经济法的调整对象是特定的社会关系，这种社会关系不是政治关系、人身关系等非经济关系，也不是普通经济关系和军事关系，更不是所有的军事经济关系，它是以国家为管理主体的军事经济管理关系。因此，军事经济法不同于民法、行政法等部门法，也不同于军事法中的其他法律部门，它是我国军事法律体系中一个独立的法律部门。

军事经济管理关系是一种纵向的经济关系，在这种关系中必有一方是作为管理者的国家机关，即管理主体；而另一方则为被管理者，即相对主体。由于双方的法律地位是不平等的，相对主体必须服从和接受管理主体的命令、指导和监督等。军事经济法中的管理主体和相对主体都有各自的权利义务，如管理主体的宏观调控权、市场管制权、依法管理的义务，相对主体的经营自主权、服从义务等，这些权利义务对于军事经济法而言都是十分重要的，军事经济法应该努力挖掘和构建自己的权利义务体系，揭示军事经济法调整军事经济管理的客观规律，以科学地指导和规范国家的军事经济管理活动。因此，军事经济法作为一个独立的法律部门大有前途，从事军事经济法理论与实践研究大有作为。

第二节 军事经济法的本质和特征

一、军事经济法的本质

军事经济法作为调整国家管理军事经济关系的法律，是在市场经济和法治国家基础上产生的一种新型法律制度。关于这一法律制度的性质及其法律地位，我国学界存有争议。由于对这一法律制度的定性直接涉及对它的研究应建立在什么样的理论基础之上，应在什么样的理论和原则的指导下进行。因此，军事经济法的法律性质是我们讨论军事经济法时需要明确的基本问题。

所谓军事经济法的本质，也就是经济法的本位，即经济法在调整国家管理军事经济关系时以何种利益为基本出发点。任何一个法律部门在调整特定的社会关系时都应当有一个基本的利益出发点，这就是它所追求的本位或者说法益。正是这种特定的本位决定了一个法律部门的根本属性，包括其性质、特征、调整手段等。迄今为止，各个法律部门的本位可归纳为国家本位、私人本位和社会本位三种。所谓国家本位，是指以保障国家利益为根本宗旨，这种本位在行政法中表现最为典型。所谓私人本位，也叫个人本位，是指以保护自然人、法人和非法人组织的私人利益为主要使命，这种本位在民商法中贯彻得最为全面。所谓社会本位，是指以保障社会公共利益作为自己的基本任务，如环境与资源法等。在学理上，正是根据各个法律部门所坚持的本位，将所有的法律部门分为公法、私法和社会法三大类型，不同类型的法律部门在基本原则、调整方法等各个方面都具有明显的区别。

但是，从世界各国的立法趋势来看，不同本位之间的相互渗透和融合已经越来越明显，现代法律中的“公法私法化”、“私法公法化”等现象就充分体现了这一发展趋势。如近现代社会的民商法在坚持私人本位为主的同时，为了矫正传统民商法过分强调个人利益而忽视社会利益之偏颇，就渗透了国家本位、社会本位等原则，而在行政法中则渗透了私人本位、社会本位等思想。因此，在现代社会将某一法律部门归属于公法、私法或社会法，或讨论某一法律部门是以国家利益、私人利益还是社会公共利益为本位，都只具有相对的意义。

那么，军事经济法的本位究竟是什么呢？军事经济法属于公法、私法还是社会法呢？这就是在讨论军事经济法的性质时需要明确的问题。我们认为，军事经济法是以国家安全利益为主要出发点，同时兼顾社会公共安全利益和私人利益的法律部门，因此，军事经济法在本质上属于公法，但也具有社会法和私法的特征。因为军事经济法是调整国家在管理军事经济过程中所形成的经济管理关系的法律体系，这就决定了军事经济法的公法本位。其主要理由是：第一，军事经济法规范军事经济管理关系是以国家权力为基础的，并且主要依靠命令服从机制进行调整，而在经济管理过程中运用国家权力的主要目的是为了维护国家安全利益，是为了弥补民商法只是以保护私人利益为本而疏于保护国家安全利益的缺陷。第二，经济法所规范的军事经济管理是国家对军事经济的管理活动，而军事经济管理当然主要体现的是国家安全利益。第三，军事经济法规范军事经济管理活动的主要目的是对军事经济的宏观发展进行调整和控制，以维护本国的军事经济市场竞争秩序，保障本国军事经济的健康、可持续发展。这也足以表明，军事经济法是以直接维护国家安全利益为主旨的。

二、军事经济法的特征

军事经济法的特征作为军事经济法区别于其他部门法的特有征象，是表征军事经济法本质特点的概括性标志。军事经济法虽然是新兴的法律部门，但是由于其特殊的调整对象，以及在法律体系中的独立地位，必然具有其他法律部门所不具有的独特属性。由于军事经济法的特征要反映军事经济法的本质，因而它与调整对象一样，都被看作是军事经济法同其他部门法相区别的依据；并且，它与军事经济法的调整对象存在着内在的一致性，只有正确把握了军事经济法的主要特征，才能全面、深刻地理解和认识军事经济法。

（一）国家主导性

军事经济法是国家管理军事经济的法，军事经济法所调整的军事经济管理关系在本质上是一种不平等的关系，管理主体是掌握国家权力的国家军事机关和政府机关，这些机关管理军事经济的过程就是其行使国家权力对军事经济进行干预、调节、控制、约束的过程。因此，国家的军事经济管理行为对相对主体具有强制性。在军事经济管理法律关系中，国家始终居于主导地位，起着支配作用。也唯有如此，才能保证国家的管理意志能够得到及时和完整地贯彻，进而维护国家安全利益。军事经济法的国家主导性集中体现在国家管理行为的强制性，或者是军事经济法中的强制性规范。但是，军事经济管理关系的强制性依其程度的不同大致可以分为三种情形：一是命令和服从关系，其强制性最强。在此种关系中，管理主体通过单方面的意思表示，强制有关市场主体实施某种市场行为，市场主体必须服从，基本上没有选择的权利。二是指导和被指导的关系，其强制性次之。在这种关系中，管理主体主要是通过经济杠杆和其他非直接强制的手段引导有关市场主体按照自己的意志实施市场行为。三是监督和被监督的关系。在这种关系中，管理主体按照规定的程序对有关市场主体是否遵守法律和服从管理进行督察，并对其违法行为进行处罚。

（二）军事和经济的双重性

军事经济法是调整军事经济管理关系的法，这就决定了军事经济法必然具有军事性和经济性，是两者的有机结合。

军事经济法的军事性表现在：军事经济法既包括调整军队经济活动的一些法律法规，也包括国民经济个部门进行军事经济活动的一些法律法规；军事经济保障的对象是武装力量，服务的行为是军事经济活动。另外，军事经济法的最高目的也具有军事性。军事经济法必须遵循军事活动的一般规律和一般要求，提高军事效益，最终为产生和提高战斗力服务，维护国家安全利益。

军事经济法的经济性主要表现在如下几个方面：第一，军事经济法的任务就是通过对军事经济的管制、调节、干预等管理活动，维护军事经济的公平竞争秩序，保障军事经济的可持续发展，这是军事经济法在调整目的上的经济性。第二，军事经济法调整军事经济管理关系虽然是以国家权力为基础的，但是，军事经济法在设立管理主体和相对主体的权利、义务及责任时，是以尊重和反映客观经济规律为前提的，许多军事经济法规范就是对市场经济规则的直接体现，因此国家的管理行为必须遵守客观经济规律，违背经济规律的管理行为是不受法律保护的，这是军事经济法在内容上的经济性。第三，国家的管理行为主要是依靠经济杠杆等经济手段对军事经济的运行进行干预和调控，以实现其经济目的，如通过国防科技工业企业税率和利率的升降增减来调节资源的在国防科技工业领域的再分配等，这是军事经济法在调整手段上的经济性。第四，军事经济法必须体现经济的一般规律和要求，确保经济效益；军事经济建设和军事经济活动必须服从于国家经济建设全局，必须适应社会主义市场经济活动秩序。

在军事经济法军事性和经济性二者的关系上，一方面，经济性是基础和保障。军事经济运行的内在要求是最大限度地提高军事经济保障能力，才能为提高战斗力服务，如果没有经济性或经济运行状况不佳，就不能为提高战斗力服务，其军事性也就无从谈起。另一方面，军事性是目标和检验标准。军事经济运行的直接目的在于提高战斗力，满足国防安全和军事斗争的需要。军事经济运行的效果好不好，也需要以战斗力来检验。

（三）政策性

在任何法律部门中，法律和政策的关系都是相辅相成的，政策是立法、执法和司法的依据，法律是贯彻政策的主要工具。但是，法律和政策的关系在军事经济法中表现得尤为紧密，即军事经济法的政策性十分突出。首先，由于国家经济活动的调整对经济发展具有重要的影响，因而国家在对经济活动进行法律调整之前，通常会以政策的方式先行试验，一旦成功就正式将政策上升为法律。大量的军事经济法规范就是通过这种方式直接来源于国家的军事经济政策。其次，由于经济活动时常处于变动之中，因而国家的军事经济政策也因经济发展的需要经常发生变化，而军事经济政策的变化又直接影响到军事经济法的稳定。在各个法律部门中，军事经济法的易变性最大或者说稳定性最差，其根源在于其鲜明的政策性。最后，军事经济法的政策性还充分表现在军事经济法的执法和司法方面，在不同时期、不同国家，受军事经济政策的影响，军事经济法的执法和司法力度也不尽相同。

（四）综合性

军事经济法无论在内容、形式还是调整对象等诸多方面都是多样性的统一，构成了一个复杂而有序的体系。军事经济法的综合性表现在多个方面：第一，从性质上分析，军事经济法是以公法为主导，兼有私法和社会法性质的法律部门，它以保护国家安全利益为基本出发点，同时又兼顾私人利益和社会利益。第二，从内容上分析，军事经济法是实体法和程序法的统一，它所包含的单行法律法规的数量众多。第三，从调整对象上分析，军事经济法既调整军内发生的军事经济关系，又调整军队与其他经济组织之间发生的军事经济关系。第四，从法律规范的内容而言，军事经济法律规范的内容涉及国防科技工业、军事财政、军事经济交易、军品贸易、国防资产管理、军事经济保障、军事经济动员和监督等。此外，军事经济法的综合性还表现在它同民法、经济法、行政法、刑法等部门法有着十分密切的联系。

第三节　军事经济法的基本原则

军事经济法基本原则在军事经济法学理论体系中具有重要地位，不仅是该体系的重要组成部分，而且是关于军事经济法性质、特征及其规律的全面而综合的理论概括，是军事经济法立法思想的重要体现，也是整个军事经济法治建设的指导思想。军事经济法基本原则作为贯穿于军事经济法治建设各个环节的基本准则，是各类具体军事经济法规则的本原性的规则，对各类具体的军事经济法规则都具有指导意义。研究军事经济法的基本原则对于完善整个军事经济法理论具有重要意义；同时，由于军事经济法的基本原则与军事经济法的具体规则紧密相连，因而它还具有重要的实践价值。

另外，军事经济法在形式上的典型特征，就是难以制定一部统一的法典，因而军事经济法律规范只能分散于众多的单行法之中。但军事经济法作为一个独立的部门法，又是一个有机的联系整体。成千上万的军事经济法律规范之间有着内在的必然联系，体现着相同的原理、准则和基本精神。这就是军事经济法的基本原则。正是这些基本原则，才使得军事经济法律规范在多样性中贯穿着统一性，在纷繁复杂中形成有序的整体。这说明军事经济法比其他法律更需要基本原则，基本原则对于军事经济法学具有更加特殊的研究价值。

一、军事经济法基本原则的含义

军事经济法基本原则是指军事经济法律体系中最主要、最核心的，体现其目的、价值和特征，对军事经济法的立法和适用都具有普遍指导意义的法律真理和行为规范。它说明：

第一，军事经济法基本原则是一种“基础性规范”，是产生其他具体原则的规范。军事经济法的具体原则以基本原则为指导，反映和体现基本原则，而不能违反基本原则或与之相抵触。

第二，军事经济法基本原则是一种高度抽象的、体现军事经济法基本价值观念的规范。军事经济法的具体规范体现军事经济法基本原则的精神，该精神浸透着相应的基本价值观念。

第三，军事经济法基本原则是一种普遍性规范，它对军事经济法律关系进行整体的宏观调整、规制。执法者在适用军事经济法具体规范，调整特定军事经济法律关系时，必须受军事经济法基本原则的指导，必须将基本原则的精神与具体规范所确立的具体行为结合起来。军事经济法通过这种法意与法则的适用结合使法的整体功能和目标得以实现。

第四，军事经济法基本原则不仅指导、调整整个军事经济法执法行为，而且调整整个军事经济法立法行为。国家机关制定军事经济法律法规，都要受军事经济法基本原则的指导，军事经济法律法规和规章都要体现和贯彻军事经济法的基本原则。

二、军事经济法基本原则构成

军事经济法的基本原则有以下四项：国防利益本位原则，依法干预原则，平衡协调原则，责权利效相统一原则。这四项原则按不同的标准、从不同的角度鲜明地表达了军事经济法所要追求的价值目标：确保国家国防经济安全，维护国防利益是军事经济法的首要目标，因此，作为军事经济管理与调控工具的军事经济法应把维护和巩固国防利益放在首位，体现在军事经济法基本原则上就是国防利益本位原则。军事经济行政权对军事经济的管理、调控不是随心所欲的，而是必须依法进行，这是依法治国理念在军事经济法领域的必然要求和具体体现，反映在军事经济法基本原则上就是依法干预原则。军事经济法律活动过程中，国防利益与私人利益之间的差别和冲突是普遍的、不可避免的，正确处理这种利益矛盾就应该统筹兼顾，不可只顾一头，它要求军事经济法的运行必须平衡协调各方利益，反映在军事经济法基本原则上就是平衡协调原则。基于军事经济法律关系的广泛性、复杂性，通过权力与责任、权利与义务机制来调整是远远不够的，军事经济管理主体不能仅仅使用责权利这一通常机制，更不能单纯采取命令与服从这一简单的行政调整模式。实际上，利益和效益机制也是很重要的调整机制，即通过利益和效益的吸引、指导，间接地影响社会组织和公民个人的行为符合国家国防利益，从而达到对军事经济法律关系进行干预、调控的目的。军事经济法不仅要求同时适用责权利效等多种机制，而且要求责权利效各机制之间的相互统一，协调一致，平衡有序，达到整体最优的效果，反映在军事经济法基本原则上就是责权利效相统一原则，体现了追求秩序、效率的价值取向。

（一）国防利益本位原则

法律是利益的法律化，是以赋予权利和附加义务的方式对利益的确认和调整。法律自产生之日起就和利益有着十分密切的联系。法律应该以社会为基础。法律应该是社会共同的、由一定物质方式所产生的利益和需要的表现。任何部门法都将保护一定的利益作为自己的任务，换言之，法律将追逐和实现一定的利益作为自己的目标。所以，所有任何部门法都有自己的法益。

军事经济法以维护国防利益为法益，以维护国防利益为本位。法的本位是法的本质的集中体现，是划分法律部门的不可忽视的重要标准。国防利益本位，是以维护国家国防利益为出发点的本位思想；从维护国防利益出发，是军事经济法独立和存在的根本依据之一。所谓国防利益，是指一切与国防、军队和战争有关的利益的总和，它包括国防建设和国家安全方面的利益、军队建设利益、部队战斗力的巩固和提高、作战行动利益、军事通信利益、军事情报利益、军事科研和科技利益等。国防利益在某种意义上说，是国家利益的关键和核心，它关系到一个国家政权的稳定、国防的巩固，关系到国家和民族的命运。

维护国防利益是军事经济法的目的和核心内容。国防利益本位作为军事经济法的基本原则，是指在军事经济法的制定和实施过程中，从内容上要全面体现国家国防利益，从具体措施上保证国家国防利益不受任何不法侵害的基本准则。这是军事经济法的根本目的性原则。

军事经济法律规范是调整军事经济领域中各种社会关系的行为规则，这一行为规则的核心就是要维护国家国防利益。国防利益本位原则在我国军事经济法律规范中体现得十分明显。如 1997 年 3 月 14 日八届全国人大五次会议通过的《中华人民共和国国防法》（以下简称《国防法》）第三十七条规定："国家为武装力量建设、国防科研生产和其他国防建设直接投入的资金、划拨使用的土地等资源，以及由此形成的用于国防目的的武器装备和设备设施、物资器材、技术成果等属于国防资产。国防资产归国家所有。"《中华人民共和国专利法实施细则》第八条规定，国防系统各单位申请专利的发明创造，涉及国家安全需要保密的，其专利申请由国防科技主管部门设立的专利机构受理，专利局应当根据该机构的审查意见作出决定。专利法规之所以作出这样的规定，显然是出于维护国防利益的需要。因为任何一项科技成果，本身都不要求保密，而是要求推广和运用。专利要求公开，技术也只有经过流通领域公知公用、商品化以后才能发现其价值。但是出于国家安全和军事利益的要求，有些技术要保密。保密是为了维护国家国防利益，而专利制度则主要是为了保护发明者的利益。当两者利益不能兼顾到时，发明者的利益就要服从国家国防利益。国防专利法规和有关的规章制度都应当以国家国防利益为本位。在国家其他法律规定中，也在许多有关条款中体现了维护国家国防利益的原则精神。

维护国家国防利益对国家机关、军事机关、军职人员以及有关组织和公民来说，是一种职责或义务；不履行这一职责或义务，就要承担相应的法律责任，接受相应的法律制裁。为了保证国防经济法的适用和遵守，我国军事经济法对不履行义务、危害国家国防利益的违法犯罪行为，规定了相应的法律责任。这些法律责任包括行政责任、经济责任、民事责任、刑事责任。在规定这几种法律责任的同时，军事经济法也确定了相应的制裁措施，包括行政制裁、经济制裁、民事制裁和刑事制裁。例如，1997 年 3 月全国人大颁布的《中华人民共和国国防法》第九条中规定：“违反本法和有关法律，拒绝履行国防义务或者危害国防利益的，依法追究法律责任。”《中华人民共和国刑法》（以下简称《刑法》）第七章专门规定了“危害国防利益罪”，对危害国防利益的行为进行严厉制裁，其中，属于军事经济法律规范条款的如第三百八十条规定：“战时拒绝或者故意延误军事订货，情节严重的，对单位判处罚金，并对其直接负责的主管人员和其他直接责任人员，处五年以下有期徒刑或者拘役；造成严重后果的，处五年以上有期徒刑。”第三百八十一条规定：“战时拒绝军事征用，情节严重的，处三年以下有期徒刑或者拘役。”这些规定不仅为国家机关、军事机关、广大公民同危害国家军事利益的违法犯罪行为作斗争提供了强有力的法律武器，同时也更有效地维护了国家的国防利益。

军事经济法的国防利益本位思想，要求军事经济法在调整军事经济关系过程中，应注意发挥其利益协调功能。在国防利益与组织、个人的经济利益发生冲突时，国家军事经济行政权的介入应使组织、个人的经济利益服从于国防利益。当然，强调国家国防利益优先原则并不等于国家军事经济行政权可以任意地介入私人领域并侵害私人利益，相反，国家军事经济行政权在干预军事经济生活的过程中必须遵守合法性的要求，在干预的范围、程度、条件、程序等诸方面都应如此。在贯彻国防利益本位原则时，特别要防止国家军事经济职能部门借维护国防利益之名，行滥用国家军事经济行政权力之实，侵害个人或社会组织的合法经济权益。

维护国家国防利益是军事经济法的目的和核心内容，维护国家国防利益原则在军事经济法的各项基本原则中也就处于核心地位，贯穿于军事经济法的制定和实施过程的始终。其他各项基本原则都是由这一原则派生的，因而不能脱离这一原则的要求，否则就失去了统一的标准和依据、同时也就失去了存在的意义。

（二）依法干预原则

1. 依法干预原则的含义。依法干预原则指政府（包括军事机关）干预军事经济的一切活动都必须有法律的明确授权，都必须符合法律的规定和要求，而不能与法律发生抵触和冲突。从这个意义上讲，军事经济法也是政府干预军事经济之法，即军事经济法以法律形式授权政府和军事机关可以也应当对军事经济生活进行干预，从而使得政府能以合法形式介入军事经济生活。依法干预原则实际上是现行宪法原则在军事经济法治化过程中的具体化，它本身就建立在宪法基础之上，以宪法为依据。

第一，依法干预原则以依法办事为核心。《中华人民共和国宪法》（以下简称《宪法》）第五条规定：“一切国家机关和武装力量、各政党和各社会团体、各企业事业组织都必须遵守宪法和法律。一切违反宪法和法律的行为必须予以追究。”依法干预原则体现了这一宪法原则。它要求所有的行政机关（包括军事机关）及其工作人员在处理军事经济事务时，都必须严格按法定职责权限和法定程序办事，不得超越权限，滥用权力。

第二，依法干预原则注重明确职责权限，体现了职权分工的宪法原则。《宪法》第八十五条规定：“中华人民共和国国务院，即中央人民政府，是最高权力机关的执行机关，是最高国家行政机关。”第一百零五条规定：“地方各级人民政府是地方各级国家权力机关的执行机关，是地方各级国家行政机关。”第九十三条规定，中华人民共和国中央军事委员会领导全国武装力量。同时《宪法》第八十九条、第一百零七条还分别规定了我国各级行政机关的职权。这些规定表明，在我国，各级行政机关和军事机关是行使国家权力对军事经济进行管理、监督调控的专门国家机关。《宪法》第三条规定：“中央和地方的国家机构职权的划分，遵循在中央的统一领导下，充分发挥地方的主动性、积极性的原则。”这一规定又表明了我国实行的是统一领导、分级管理、层层负责的行政管理体制。依法干预原则注重中央职权与地方职权，行政职权与军事职权对军事经济进行计划、管理、组织、监督、调控的权限划分，并分设不同的国家机关予以执掌，充分体现了宪法分工负责、互相监督的原则。

2. 依法干预原则的内容。国家机关（包括军事机关）这只“看得见的手”对军事经济的干预往往借助于国家的强制力来实现，因此在干预经济方面容易走得太远。国家权力不仅具有扩张的性质和特征，而且其扩张总是依靠侵蚀个人权力实现的。在国家侵权面前，个人是无能为力的。所以，军事经济法在授予国家机关（包括军事机关）干预权力的同时必须考虑如何防止其干预权的滥用：既要从国防利益出发，为国家机关（包括军事机关）分配适当的干预权，也要从公权力的特点和本性出发，谨慎地配置权力。国家机关（包括军事机关）不能借口法律的授权，借口国防利益至上，根本漠视和践踏私人权利。可以说，军事经济法的主要作用之一就是将国家机关（包括军事机关）干预国防经济的行为限制在一定范围内。这就是依法干预原则，它要求国家机关（包括军事机关）在干预军事经济活动中做到主体合法、权力来源合法、权力运作合法、权力违法有严格的纠正救济机制。具体而言，依法干预原则的要求包括以下内容：

第一，军事经济干预权力的存在必须有合法的根据。各级分类国家行政机关和军事机关作为职权主体，其设立、变更和撤销以及职权行使的范围、方式和程序等都必须依据宪法和有关法律的规定。《中华人民共和国宪法》、《中华人民共和国国务院组织法》和《中华人民共和国地方各级人民代表大会和地方各级人民政府组织法》对国务院和地方各级人民政府的职权已作了明确规定，《中华人民共和国国防法》、《中华人民共和国国防动员法》、《中华人民共和国国防交通法》对国务院和地方各级人民政府、中央军事委员会的国防职权（包括军事经济干预权）进行了明确规定，依法取得了行使军事经济权力的资格。凡是没有依法产生和成立的机关和组织都不得行使国家军事经济干预权力。

第二，军事经济干预权力的行使必须符合法律规定。这里的法律规定包括两个方面：一是实体法的规定。任何一个依据宪法和法律而组成的国家行政机关和军事机关都应当有其职权范围，宪法和法律在授权这些机关军事经济管理、调控职能的时候实际上也同时界定了这些机关的职权限度，因此这些机关必须在法律规定的范围和限度以内行使国家权力，超越职权行使国家权力的，就是对权力的滥用。如果军事经济行政行为的内容法律法规有明确规定，则必须严格依照法律法规的规定，如果法律法规规定有一定幅度，允许自由裁量，则不能超过法定的幅度，即使法律法规没有明确规定，也应符合法律法规的目的、原则和要求，并做到合情、合理、适当、公正无偏倚。二是程序法的规定。法律的程序化是法律形式主义运动的重要侧面和表征。现代行政法制建设的重要任务就是要建构较为完备的行政程序法制，并且要求国家行政机关及其公务员严格按照法定程序和方式行使职权。如果法律法规要求某些军事经济管理、调控行为必须具备一定的形式或遵循一定的程序，则必须遵循这些形式和程序。如果军事经济干预行为构成实质性程序违法将导致该行为被撤销或者被变更，或者撤销原行为，重新按照法定程序作出新行为等法律后果。

第三，军事经济干预权力的行使违反法律的规定时，必须承担相应的法律责任。如果军事经济干预权力的存在和行使没有法律根据，或者超越法律规定的范围，或者违反法定程序，均构成违法。可以而且应该确认其无效或加以撤销，并依法追究有关责任主体的法律责任。这是违法必究这一社会主义法制原则在军事经济法律活动中的基本要求。

（三）平衡协调原则

所谓平衡协调原则，是指军事经济法的立法和执法要从整个国民经济的协调发展和国防利益的需要出发来调整具体军事经济关系，协调不同利益主体的行为，平衡其相互经济利益关系，以促进、引导、干预或强制实现国防利益目标与社会组织、个人经济利益目标的平衡统一。

法律的功能在于调节、调和与调解各种错综复杂和冲突的利益，以便使各种利益中大部分或我们文化中最重要的利益得以满足，而使其他的利益最少地牺牲。军事经济法是协调军事经济运行的法律。在社会化条件下，军事经济法以兼容并蓄之精神，竭力促使个人、社会组织与国家的合作，并按社会化之内在要求促进军事经济关系的协调发展，实现国防利益目标与社会组织、个人经济利益目标的统一。因此，平衡理念是军事经济法的基本理念。在这一理念指导下，实现个人、市场、社会、国家之间的互补、互动和平衡协调发展，最终实现国防利益。

平衡协调是一种价值体现。军事经济法以国防利益为本位，但它并不是忽视其他主体的利益，而是通过对国防利益的保护进而保护和实现对其他主体利益的保护；它凸显了对国防利益的保护，而不是将国防利益作为唯一的利益进行保护。国防利益是为了满足社会全体成员之需求，是建立在社会、组织和个人利益基础之上关系全体社会成员利益的一种利益。军事经济法以维护国防利益为其首要目标，强调的是在社会、组织和个人利益和国防利益平衡基础之上的国防利益至上。这里所谓的国防至上是指国家在制定军事经济法律法规、设定军事经济法律规范时，是以维护和实现国防利益为出发点和根本归宿的。军事经济法保护的国防利益是以全体社会成员作为收益主体的公共利益，这种公共利益带着普遍性和公共性；从其价值追求来看，军事经济法以追求国防利益的实现和满足社会公众对国防安全的需要为最终目的，强调的是社会范围内的公平和国防经济的均衡、持续的发展。作为以平衡协调为基本价值原则的法律规范体系，军事经济法追求社会经济自由与国防经济秩序的统一、社会经济效益与国防经济效益的统一、国家调控与市场资源配置的统一，等等。为了实现这些矛盾统一，平衡协调是军事经济法在其立法和执法中必然遵循的原则。

（四）责权利效相统一原则

责权利效相统一原则是指在军事经济法律关系中军事经济管理主体和相

对主体所承受的权利、利益、义务和职责须相一致，不应当有脱节、错位、不平衡等现象存在。其核心是主体的责权利相一致。同时，军事经济效益是军事经济工作的基本出发点和终极目的，因此，效益既是责权利的起点，又是责权利的终点，也是检验责权利的设置和制衡机制是否正确得当的实践标准。如若效益不高或未达到预期目的，则必是责权利的某个环节上出了问题，就需要予以及时调整，这是作为军事经济法灵魂的一项根本性的原则。

责权利效相统一原则包含五个构成要素：一是权即权力或权利。权力是军事经济管理主体在军事经济管理关系中可以为一定行为、不为一定行为或要求相对主体为一定行为、不为一定行为的法律资格。权利则是相对主体在军事经济管理关系中可以为一定行为、不为一定行为或要求管理主体为一定行为、不为一定行为的法律资格。二是义即义务。这是军事经济管理主体和相对主体依法承受的在军事经济管理关系中应该为一定行为或不为一定行为的约束。无论权力还是权利，它和义务都是相互关联、不可分割的，有时为一定行为或不为一定行为既是权利或权力，也是义务，只是法律要求的侧重点不同而已，但毕竟二者具有不同的法律性质。三是责即法律责任。它是军事经济管理主体或相对主体在军事经济管理关系中因违反法律规定而承受的否定性评价或者说不利性后果。四是利即物质利益，国防经济法律关系是以一种物质利益为基础的社会关系，市场主体在市场交易中必然要以追求个人物质利益最大化为目的。五是效即效益，即军事经济效益。军事经济效益虽然也包含物质利益的因素，但是它所包含的物质利益主要是指整体的物质利益。

在一般的法律部门中，法律规范主要是通过权利或权力、义务和责任机制来调整社会关系的。但在军事经济法中，除了上述调整机制外，利益和效益机制也是很重要的组成部分。军事经济管理主体在军事经济管理关系中不能仅仅使用权义责这一通常机制，更不能单纯采取命令与服从这一行政调整模式，军事经济管理主体还应该积极地运用利益、效益机制，即通过利益和效益的吸引、指导，间接地影响相对主体的市场行为，从而达到对军事经济关系进行干预、调控的目的。军事经济法不仅要求同时适用权义责利效等多种机制，而且要求权义责利效五大机制之间的相互统一，即相互协调、一致、平衡、有序，达到整体最优的效果。其中，效益是军事经济管理关系的基本出发点和最终目的，它是权义责利的起点，也是权义责利的终点，还是检验权义责利的设置和制衡机制是否科学合理的实践标准。如果军事经济管理行为的效益不高或达不到预期目的，则表明权义责利的设置或结构存在不当之处，需要修正。所以，军事经济管理主体在军事经济管理关系中必须尽最大努力实现军事经济利益的最优化，也就是实现效益的最优化。

军事经济法的四个原则统一于整个军事经济法体系，从不同角度体现军事经济法的本质，反映了市场经济体制下我国军事经济法的价值追求，它们是同一事物的不同方面，是内在统一的，符合由宪法所确立的社会主义法治原则的要求。

第四节　军事经济法的功能

法律功能理论是法律的重要理论之一，对于部门法来说，由于每一法律部门都有特定目的，为了实现特定目的，每一部门法都有其特定的价值取向及功能预设。因此，部门法的功能不仅成为反映各部门法特征的主要标志，体现着各部门法的本质，而且有学者把它作为定义部门法内涵的重要方法之一种。不同的部门法有着不同的功能，反映了它们各自存在的不同价值。军事经济法的功能是军事经济法特有的，它表现了自己存在的价值和不可被其他法律部门替代的作用。并且，军事经济法的功能是通过其调整社会关系的作用体现出来的。换言之，军事经济法的内在功能总是外在为军事经济法的作用。

所谓军事经济法的功能，是指军事经济法在其运作过程中所产生的功效和作用，具体表现为确认和规范国家机关和军事机关对军事经济的干预。这种确认和规范着眼于发挥其整体调节机制的作用，实现对军事经济的整体调整。

军事经济法作为部门法，具有所有法律共同具有的普遍性功能，同时也具有自身的特殊性。前者为军事经济法的一般功能，后者为军事经济法的特殊功能。军事经济法的一般功能和特殊功能，是军事经济法存在的内在根据。

一、军事经济法的一般功能

军事经济法的一般功能指军事经济法的规范功能。法律因有规范性而具有规范功能，法律的规范功能是法律实现其社会作用的手段。法律的规范功能指引人们的行为，是人们作或不作一定行为的根据，因而规范也提供了评价人们行为的标准。军事经济法是用来调整军事经济主体从事军事经济法律行为的特殊的法律规范，也是衡量上述行为是否合法的主要标准。因而，和其他法律制度一样，军事经济法也具有相应的规范功能，即同样具有一般法律规范所具有的告知、指引、评价、预测、教育、强制等规范功能。

1. 军事经济法的告知功能。军事经济法的告知功能，主要是通过军事经济立法机关所制定的军事经济法律制度，确认并赋予军事经济主体权利和设定义务，使军事经济主体知道自己在从事军事经济活动中的权利义务以及特定行为的法律后果，进而使之了解应当如何在军事经济活动中正确行使各自的权利，如何从事相应的行为及履行法律义务，以及违背法律义务或违法所应当承担的法律责任。

2. 军事经济法的指引功能。军事经济法的指引功能是指军事经济法所具有的，能够为军事经济活动主体的行为提供一个既定的模式，从而引导军事经济活动主体在军事经济法所允许的社会活动范围内从事军事经济活动的功能。这种功能具体表现在通过军事经济法律赋予建军事经济主体以权利，同时要求军事经济主体在从事军事经济活动中正确地行使其权利等，直接或间接地指导军事经济主体在军事经济活动中法律行为的趋向，校正军事经济主体在军事经济活动中法律行为的过程，指明军事经济主体在军事经济活动中法律行为的目标。任何法律都是通过规定人民在法律上的权利和义务以及违反法律规定应当承担的责任来调整、指引人们的行为。引导的目的在于消极地防止或减少麻烦事件，积极地使人们能相互合作。军事经济法的这种指引功能一般有两种情况：一种是确定的指引，即通过军事经济法规定法律义务，要求享有军事经济法律义务的主体作出或抑制一定的行为。这种指引的目的是防止军事经济主体作出违反法律指明的行为。另一种是不确定指引，即通过授予军事经济主体法律权利，给军事经济主体创造一种选择的机会，其目的是鼓励军事经济主体从事法律所允许的行为。

3. 军事经济法的评价功能。法律作为一种行为的标准和尺度，具有判断、衡量人们行为的作用。所有法律也正是通过这种评价，来影响人们的价值观念和是非标准，从而达到指引人们行为的效果。军事经济法作为一种以国家强制力为后盾的行为规范，同样具有对军事经济主体的行为进行评价的机能。军事经济法的评价功能是指军事经济法所具有的，能够衡量、评价军事经济主体行为的军事经济法律意义的功能。这种功能主要表现在军事经济法为军事经济主体行使权利提供了行为准则和总的评价标准和评价依据，违法行使权利是为法律所严厉禁止的。如税法中的税率设定、对特定行业或主体的税的减免的规定，本身就体现了国家对某一方面行业对军事经济发展价值的评价，对军事经济整体发展有利的，即对军事经济有价值的就优惠或减免，对军事经济发展不利的，即价值小的或无价值的就多征税。

4. 军事经济法的预测功能。法律的预测功能是指军事经济法对军事经济主体行为肯定或否定的评价及其必然导致的法律后果，军事经济活动主体可以预先估计到自己行为的军事经济后果（收益），从而决定自己行为取舍和方向的功能。这样就为权利主体根据法律合理地作出安排提供了价值基础。这一功能主要是通过军事经济法的激励性规范（主要就是财税法中的减免、优惠、补贴等）或有关军事经济法责任的规定而实现的。

5. 军事经济法的教育功能。法律具有教育功能，这种功能首先表现为通过国家或社会对人们行为的基本要求凝结为固定的行为模式而向人们灌输占支配地位的意识形态，使之渗透于或内化在人们的心中，并借助人们的行为进一步广泛传播。其次表现为通过法的实施而对一般人今后的行为发生影响。军事经济法的教育功能是指军事经济法所具有的，通过其规定和实施，影响人们的军事经济思维、培养和提高人们的军事经济法律意识，引导军事经济主体依法从事军事经济活动的功能。它一般是通过国家机关和军事机关行使军事经济管理权对军事经济进行干预，教育、引导管理相对人将资源配置于军事经济领域，以保障国家安全和军事利益。例如，通过对违反军事经济法的相对人进行制裁，不仅对相对人起到教育的功能，而且对社会公众也具有警示的功能和促进作用。同时，这种功能对保障军事经济管理主体严肃、公正地执法也具有教育意义。

6. 军事经济法的强制功能。法律具有国家意志性和国家强制性，因而拥有强制功能。这种功能不仅表现为法律本身所规定的内容具有国家权威性，而且表现为对违法犯罪行为应予制裁、惩罚和警戒。这种强制性通过制裁违法犯罪，保护人们的正当权利，增强人们的安全感，从而提高人们的法律意识、权利意识、责任感和遵守法律的自觉性。军事经济法的强制功能是指军事经济法借助国家强制力保障自己得以实现的功能，这一功能是其他功能发挥的保障，是由法规范的强制性特点决定的，主要体现为军事经济执法权的强制性，即通过对违反军事经济法的相对人进行制裁，以确定其法律责任，实现国家对军事经济的管理。

二、军事经济法的特殊功能

军事经济法的特殊功能指其具有在国家干预军事经济视角下形成的、不同于其他部门法的军事经济特性。

1. 分配功能。法理学告诉我们，法是以权利和义务为机制调整人的行为和社会关系的，权利和义务不仅贯穿于法律现象逻辑联系的各环节，法的各部门和法律运行的全过程，而且是法的价值得以实现的方式，其关系结构亦反映着法的价值取向。因此，许多法学家认为，权利和义务是法的核心内容，法学应是权利义务之学。军事经济法作为法学的部门之一亦不例外。

权利和义务的本性及二者的对立统一性，决定了权利和义务机制的运作，必定影响到人们的利益，从军事经济法的角度来说，必定影响到就是经济主体的军事经济利益。从这一意义上讲，整个就是经济法有关权利义务的规定，就是军事经济利益分配的规定，就是利益分配之法，军事经济法正是以此发挥其分配功能的。

军事经济法的分配功能有两个层次：第一个层次是资格及资源的配置。主要是通过对从事不同军事经济活动所必需的基本条件的规定，使一些符合条件者获得从事某种军事经济活动的资格。这种资格的获得意味着取得了对某方面军事经济资源的利用的权利。而利用资源的不同，将导致取得的收益不同，因此这可以说是一种间接分配。这主要体现在军事经济市场主体规制法中。如 2002 年 10 月，中央军委颁布了面向市场经济的《装备采购条例》；次年，《装备承制单位资格审查管理规定》为非公有制企业设置了与军工企业相同的“进入门槛”。2005 年 6 月，《武器装备科研生产许可实施办法》第三条明确规定，武器装备科研生产许可实行分类管理。第一类是武器装备的总体、关键分系统、核心配套产品科研生产许可。第二类是武器装备的一般分系统及其他专用配套产品科研生产许可。由于第二类许可没有数量和比例上的限制，只要符合条件，都可能获得许可，如高强度钢板、电子仪表等设备，为非公有制企业获得第二类产品许可打开了大门，非公有制企业取得了进入军工生产的资格。这一规定影响到非公有制企业的经营范围，并最终影响非公有制企业利用社会上的人力资本、物质资本及资源的状况。

但不论是资本还是资源在某种程度上讲都是公共的，因此法定地限制一些人的使用显然有不公之处。于是，基于利益平衡之考虑，需要军事经济法通过直接干预的形式影响社会中不同阶层、不同产业、不同能力的经济主体的最终收入，这是军事经济法分配功能的第二个层次，这一层次的分配既体现在影响国民收入的初次分配中（如民用企业从事军工生产时与军工企业同等享受增值税、土地使用税等减免优惠政策等），又体现在再分配中（如军费在人力资源、武器装备及各军种之间的分配等）。

为达到公正分配的目的，军事经济法据不同的分配对象，采取了不同的原则和标准，它们在军事经济法分配功能的作用下，使各种利益得以平衡，军事经济得到健康发展，国家安全利益得以保障。这种分配的平衡性或整体的公平性是军事经济法分配功能的特性所在。

2. 激励功能。现代经济分析的基础是“理性人”，又称“经济人”假设。“经济人”范式包括三个相互联系的方面：第一，人是自利的。亦即追求自身利益是人的经济行为的根本动机，甚至可以说对利益的追求是人的一切社会行为的动机。第二，人是理性的。理性意味着人总是在给定的外在条件约束下，使所追求的利益最大化，或者说，人总是在目标既定时，在可供利用的手段、条件约束下，选择代价最小的（成本最小化）。第三，是第二点的推论，但又是“经济人”假设的核心。即认为只要有好的法律或制度保证，“经济人”追求个人利益最大化的自由行动就会最有效地促进社会利益，这点对分析经济法尤为重要，这意味着，只要经济法设计合理，就可以达到“激励相容”。

正是基于此，现代制度经济学认为“制度是重要的”，因为一个组织在制度上作出的安排和确定所有权所造成的激励状况，决定着一个组织的经济效率。不仅如此，制度的不同安排，还影响一个社会交易费用的高低，从而影响到一个社会的分工和专业化演进。可见，制度决定着一个社会的经济状况。这里所说的制度，对军事经济法完全适用，因此，在军事经济法设计中，最主要的机制就是激励机制，这亦意味着激励功能在军事经济法中的重要地位。

军事经济法的激励功能，指其对军事经济活动参与者的某种军事经济行为的鼓励和促进。它通过提倡何种军事经济行为或反对何种军事经济行为，鼓励什么军事经济活动或抑制什么军事经济活动的信息传达出来，借助奖励或惩罚的强制力量以监督执行。军事经济法的激励，可以规定军事经济主体的行为方向，改变其偏好，影响其选择。从而使其有动力去做出军事经济法所要求和所期望的行为，最终实现军事经济法所设定的整个军事经济关系系统的要求，取得预期的法律效果，造成理想的军事经济法秩序。

军事经济法的激励功能在军事经济法中表现得最为突出，亦最为常见，集中表现在军事经济法的奖励性规定及优惠减免性规定上。例如，在税法中，各国都有对参与军事经济生产企业的税收优惠措施。这种措施直接影响到军事经济活动主体的收益大小。因而，对经济主体从事还是不从事某种军事经济活动有极大的激励作用。因此，许多国家为了鼓励更多企业从事军事经济生产，往往采取税收优惠措施。

可见，激励功能是军事经济法的核心功能，它提供军事经济整体意义上的创新条件和动力源泉。因为，不论创新还是动力，其背后的核心是军事经济主体的积极性、创造性和潜能的问题。而军事经济活动主体的积极性、创造性和潜能的发挥，主要是靠军事经济制度激发和保持的。在制度法治化的今天，军事经济法制度无疑在激励军事经济主体的制度中地位举足轻重。

3. 平衡功能。军事经济利益实体多元化，各类矛盾错综交织，既要求法律的分别调整，又要求法律的综合调整。而军事经济法正是反映接受军事经济关系分离与综合两个发展方向需求的，体现统、分两种法律机制结合的法律部门。因此，在军事经济运行中，军事经济法唯有平衡协调，对军事经济关系进行全面综合调整，对军事经济过程予以系统一体地规制，才能实现其目标。干预和市场调节作为政府和军事机关干预军事经济的两大法宝，需要在军事经济的运行中平衡协调，找到最佳的结合点，才能维持健康的军事经济秩序。平衡是一个相对客观的标准，即利益是否对称可以通过科学的计算手段证实，避免了其他主观评价的观念，具有更为明显的中立性。而且平衡更注重利益结构的合理性，强调整个社会利益关系的合理存在状态，达到整体协调与和谐。当然，这里所说的平衡协调，也不是只以国家安全利益为重而完全不顾个人利益的保护。而是当国家安全利益和个人利益发生冲突时，在尊重和保护个人利益的前提下服从国家安全利益的需要，而不是使个人利益都受到威胁的情况下无条件地、盲目地服从国家安全利益，这是不符合法的精神的，也不符合军事经济法的立法目的。

第五节　军事经济法的价值

军事经济法的价值是军事经济主体所认同的或所期望的军事经济法具有

或应当具有的价值，它是主体对军事经济法本身应有功用或实际功用的一种评价和判断。军事经济法究竟是否能够满足人们的需要，在哪些方面、多大程度上能够满足需要，都有赖于人们作出评判。对于军事经济法的价值，可以开列如下清单：公平、效率、秩序。

一、公平

（一）公平的一般含义

公平是政治哲学、法学、经济学的古老且重要的议题，其基本含义是：有自知之明的人，对在一种制度或规则下从事活动的所得（包括权利、义务、荣誉、职位、财富和收入等），是否与其条件（包括内在条件，如能力、品格和外在条件，如职位、出身等）、努力及合理之期待相均衡，自己的所得与他人的差距是否与自己与他人的条件差距相均衡的一种价值判断。也是有自知之明的人，对一种制度或规则在对待自己或在调整自己与他人关系时希望达到均衡的一种要求，这就是说公平是一种关系，这种关系包括：(1) 一个人的能力、地位、努力、合理期待与所得之间的关系。在这种关系中，公平总是把各人应得的东西归于各人。(2) 人们相互之间的关系。在这种关系中，公平要求就相互关系而言，个人有资格享有平等或不平等的相关地位，即同样情况同样对待，当然，还需要不同情况不同对待。这样决定了公平观念具有客观性。同时，公平与否因与个人期待有关，而个人期待取决于个人偏好，个人偏好有极强的主观色彩，因此，公平又是一种取决于情感因素的价值判断，因而在性质上是主观的，它只对判断人有效，从而只是相对的，即具有主观性和相对性。

（二）公平在军事经济法中的体现

根据上述公平的含义，从静态的个别的抽象的意义上讲，公平的内容包括两个方面，即水平公平和垂直公平。其在军事经济法中也体现为水平公平和垂直公平。

1. 水平公平。这种公平以抽象的人人平等为假设，一般用于抽象权利分配。这里的抽象权利指权利行使不能给主体带来实质性利益的权利，但这是取得实质性权利的前提条件或资格，如自由择业权。现代法在这种权利分配中采取水平标准。按现代宪法理念，人生而平等，即无差异，则水平公平就表现为平等。

这种平等式的公平在军事经济法中的体现就是：军事经济主体权利能力

一律平等；军事经济主体在军事经济法律关系中既享有权利，又依法承担义务；军事经济主体平等地受到法律保护。但军事经济法中的平等有其特性。首先，军事经济法中的平等是一种从事军事经济活动的自由选择，是一种取得某种军事经济权利的机会均等，即所有军事经济机会和军事经济活动向所有的人开放。这在军事经济中意味着各种市场可以自由进入，给公平竞争创造良好的环境。至于人们能否取得某种军事经济权利，那是由人们的经济实力、能力、经营内容和国家军事经济政策导向等要素决定的，允许存在差别。其次，军事经济法中的平等是一种军事经济主体权利义务关系的对等，也是一种军事经济主体贡献和所得的对等，还是对社会财富的合理分享。从单个军事经济法部门看，也许一些主体得到的权利大，但在另一部门法中其承担的义务也大。其对国家军事利益的贡献大，那么从国家中得到的优惠则多。

2. 垂直公平。这种公平以现实中人们的能力差异为根据，用于实质权利或资源配置中。这里的实质权利是指特定经济主体具备了法定要件而依法定程序取得的可产生一定利益的权利。它的运用直接与法律主体的利益有关，如采矿权、经营管理权等。现代法律在这种权利分配中采取的是垂直标准。垂直意味着不同的主体在拥有实质权利上是不同的，即有差异，表现为相对特权。

实质权利的行使，总意味着对特定资源的支配和使用，且能给使用者带来收益。而资源总是稀缺的。因此，具有鲜明军事经济性且以国家安全效益为主导价值取向的军事经济法，理所当然要求把资源给予那些最有能力使用的人——即差别待遇。这是基于以下经济学理念：从事经济活动的人都是理性人，理性人行为的动机就是尽可能使自己的利益最大化。这样当个人利益与国家安全利益冲突时，如无外在约束必定导致国家安全利益损失，亦即整体无效益。即使个人利益与国家安全利益有某种程度的一致，也不能推出个人会采取行动以实现国家安全利益，即为整体国家安全的整体效益而行使权利或放弃权利。因此，现代集团行为理论认为："只有一种独立的和'选择性'的激励会驱使潜在集团中的理性个体采取有利于集团的行动。这些'选择性的激励'既可以是积极的，也可以是消极的，就是说，它们既可以通过惩罚那些没有承担集团行动成本的人来进行强制，或者也可以通过奖励那些为集团利益而出力的人来进行诱导。""选择性激励"就是差别对待。这就决定了垂直公平的品性是：首先，它是一种主体权利的差异。这种差异与主体间的能力、实力及对社会贡献等条件的差异相均衡。其次，它是一种主体承担义务的差异。这种差异与主体的承受能力、从社会中获取的权利等条件的差异相均衡。

二、效率

（一）效率的一般理论

效率的概念起源于经济学，其基本含义是指投入和产出的比例关系。一般评判一种经济活动（或经济行为）是否有效率或效率高低的标准有两个：其一是，从给定的投入量中获得的收益多少来判断，如果投入一定，收益多则效率高，收益少则效率低。从这种意义上讲，效率就是对最大化收益的追求。其二是，在给定收益的情况下，以投资大小来判断。如果收益一定，投资越小则效率越高，投资越大则效率越低。从这种意义上讲，效率就是对最小化成本的追求。这两点合在一起就是经济学上所讲的“最大最小”原则。而在现代，判断一种行为或规则是否有效率，经济学家一般多采用两种效率概念，即帕累托效率和卜尔多－希克斯效率。

帕累托效率，又称帕累托有效或帕累托最优，以意大利经济学家、社会学家维尔弗雷德·帕累托最先提出而得名。其内涵因经济学家描述的视角不同而有差异，从动态角度讲，帕累托标准规定，当群体中一个或更多成员的处境改善而没有一个成员的处境被恶化时，社会福利就被增进了。在这种情况下就发生了帕累托改进，根据这一标准，在不降低一个或更多个人效用的前提下，如果一旦已无法提高一个或更多个人的效用水平，那么社会福利就处于最优状态。这样，当没有（进一步的）帕累托改进可以实现时，社会福利就被看作是达到了帕累托最优。从静态讲，其意指如果在给定的资源配置条件下，没有替代方法来配置资源，使某些人比在原有的配置下得到更多的福利，而又不损害他人的福利，则我们称这种原有的资源配置为帕累托有效配置。

帕累托效率的实现条件有三：(1) 交换的有效性：商品以不可能从进一步交易中获益的方式在所有个人中加以分配。(2) 生产的有效性：经济必须处于其生产可能性曲线上。(3) 产品组合的有效性：经济必须生产反映消费者偏好的产品组合。这三个有效（效率），是以完全竞争、没有外部性为基础的，这些前提看似简单，其实却非常苛刻。因为几乎每种行为或规则引起的资源配置的改变都在使一些人的效用增进时会伴之以其他人的效用下降。

在这种情况下，一种法律导致的资源配置的变动，究竟是好是坏，是否促进了社会福利，帕累托标准不能给出决定性的回答。即便在简单的交易中因为大多数交易（如果不是一种单一的交易，就是一系列可能的交易）都会对第三方产生影响。因此，以帕累托标准寻求变革法律和政策，在现实社会中很难实行。为摆脱以上困境，卡尔多和希克斯于1939年几乎同时提出了一个相对宽松的效率概念，即卡尔多－希克斯定理。在此基础上后来发展为补偿原则论，又称新帕累托标准，其含义是：如果一个特定的改变使得受益者的福利增进很大，以致在完全补偿了受损者的福利损失后，尚有剩余，那么基于帕累托标准，这一改变就是一个潜在的社会福利改进。补偿原则论并不要求补偿真的发生，其中一个理由是如果真的计算出补偿支付额并付诸实施，那将是一个难度高、成本大的操作。提出的第二个理由是补偿支付的实际实施，只对福利分配有意义，而这恰恰是帕累托标准所要回避的。这一效率标准是经济学常用的标准，这一效率概念意味着：（1）效率是一个社会范畴。它表现为一种关系，这种关系建立在分工合作的基础上，这种分工合作以完全竞争市场为纽带。（2）特定的改变，必须使权利或资源配置给最有能力使用它的人。即使生产要素适得其用，从而使生产达到有效。（3）这种改变，使消费品通过初次分配和再分配，使每个人得到的都是自己所偏好且与自己的购买力相对应的商品。

从对效率的这一论述看，其分析着眼于经济运行的一个循环过程，且假设在这一过程中，影响经济效率的客观因素（人力资本的素质、物质资本的质和量）是不变的，改变的只是资源配置方式或与此相关的激励机制。因而，这种分析实质上是一种静态的结构分析。据此分析，效率的内容包括三个方面，即资源配置的有效率、生产及交易的有效率、分配的有效率。

（二）军事经济法的效率价值分析

从军事经济法的角度来看，资源配置的有效性就是要把军事经济资源的最终利用的权配置给能产生最大价值的部门及部门中的经营效率好的企业。这意味着资源使用的有效性不仅与微观的军事经济组织有关，而且与产业结构有密切的关系。因此，在军事经济法中的对产业结构调控的法规，以及在自然资源法，如矿产法中有关对战略资源开采、使用的主体技术条件、资本额等的规定，就是从资源利用的合理性、有效性角度来授予特定企业特殊许可权利，以提高军事经济资源使用效率的。另外，在军事经济市场规制法中，对竞争的保护或促进，亦有通过竞争，使军事经济资源流向效率高的部门或企业的效果。从这一意义上讲，军事经济资源配置的有效性可以说是军事经济资源配置结构的合理性所导致的有效性。

生产及交易的有效性，从微观角度讲，主要取决于制度与技术：制度主要指生产部门——企业（公司）的组织形式及治理形式，这些直接关系到管理状况及能否对经济活动参与者产生激励。从一般情况看，有关公司企业的法律规定属于商法，但在公司（企业）法中，有关对公司治理结构的强制性规范的要求，一些对公司的国家安全责任的规制，以及对一些涉及国防科技特许行业的技术、资本的强行性条件的规定，都影响生产的效率，而这些一般认为属于军事经济法的范畴；另外，技术及其在产业中的应用状况亦对生产的效率有重要影响，而军事经济法中有关产业的国防科技技术性要求的法规、技术应用鼓励性法规等强行性法律规定，都是以提高军事经济的生产率为目的的。从宏观上讲，军事经济资源的配置、军事经济要素的配置、技术的使用等是否有效，都与宏观的军事经济产业结构有关，只有它们满足于合理的产业结构的需求，才能真正有效。除此之外，军事经济生产的效率还与一定的经营制度、所有制有关。可见，要使军事经济生产有效，不论从微观到宏观，从技术到制度，军事经济法的作用都不容忽视。军事经济法对效率的这种关注方式可以说是从对资源的配置结构、要素的使用结构、技术结构到产业结构及制度结构的合理性来促使效率提高的。

在分配的有效性上，对分配能否增加社会效用，学术界存有分歧。按马克思的观点，价值是生产领域的劳动创造的。因而，靠分配不能增加社会价值，也不能增加社会总效用。但西方主流经济学观点认为，价值是由人对物的有用性主观评价——效用决定的。由于“边际效用递减法则”的作用，因此，通过分配改变人们拥有物的边际量，就可增加社会总效用，从而提高效率。据此，分配的有效性就是指通过分配，使各种财富能分给最需要的人，因而产生最大效用。所谓效用，是指物给人所提供的满足。而人从物上所取得的满足，不仅取决于物的有用性，而且与影响人的主观评价的偏好有关。因此，人们从社会中获得的满足程度的高低，不仅取决于其所获得的货币收入，而且要取决于在市场交易中能否购得自己所需之物。不过在现代市场经济下，市场多为买方市场，因而，以货币获取所需物品不成什么问题。据此可以说，分配的有效性就是货币收入分配的有效性。由此推演，分配有效率的标准就是最后一单位收入（如一元钱）给每个人提供的效用都相等，这时社会总效用最大，亦分配最有效率。从这个角度看，分配中适当缩小差距，不仅仅是公平问题，其本身也是有效率的。而这种有效分配结果的达成，国家除主要通过立法，为市场分配创造良好条件，通过市场分配外，在现代社会，所有国家都通过经济立法，对分配直接干预以实现分配的公平与效率。这集中体现在经济法的税法、预算法、社会保障法中。在军事经济法中则主要体现于军费法、军人保险法、军人待遇法中。

三、秩序

秩序是法的最基本的价值。正如一些学者所言，“与法律永相伴随的基本价值，便是社会秩序”。这意味着，所有部门法都以实现一定的社会秩序为圭臬。当然，军事经济法也不例外。那么，军事经济法意欲实现的秩序是什么？这是军事经济法研究必须回答的一个基本问题。

（一）秩序的一般含义

秩序就是社会秩序，其意指人们为追求基本的、主要的或普遍的社会生活目标，在行为或活动过程中由于遵循基于价值共识、习惯或共同意志而产生的规则制度，而达到的人类行为关系的结构状态或人类活动的格局或布局，处于这种关系的结构状态或格局中的人类行为，往往表现为符合一定可识别模式的重复行为，从而使人们相信，他们可以依赖的未来行为模式及行为能被合理地预见。这一概念包括下列相互联系的几层含义：

1. 秩序的表现形式是符合一定可识别模式的重复行为，从而使人们相信，他们可以依赖的未来行为模式及行为能被合理地预见。

2. 秩序的实质是一种人类行为关系的结构状态或人类活动的格局或布局。这意味着社会秩序虽然是人类行为互动的结果，但这种结果是一种由各种社会因素决定的均衡态势，这种态势随着社会的变迁而变化。因此，社会秩序是变动的而不是静止的。

3. 社会秩序的形成是以构成该社会的人们共同遵守一定的行为规则的结果，也就是说，秩序的达成或秩序的维续是以一定规则的存在为前提的。在当今法治社会里，法律制度是最主要的社会规则，正因此，博登海默说：“秩序的维续在某种程度上是以存在着一个合理的健全的法律制度为条件的”。正是在这种意义上，可以说，秩序就是制度规则运作的结果，制度规则是秩序的外在化表现形式。

4. 秩序赖以建基的规则具有多样性。大体来说，既有在长期的社会博弈中自发演进形成的内部规则，也有为实现特定目的而人为建构的外部规则；

既有明文宣示的正式规则，也有默会的或潜在的非正式规则；既有他律的规则，也有自律的规则各种规则在社会整体秩序的型构中都有其作用。

5. 秩序的生成有两条途径。笼统地讲，秩序是人们为追求一定的社会目标而遵循规则的结果，但是，因社会状况不同，人们追求的社会目标不同，社会规则的不同，人们遵循社会规则的方式也不同，由此导致的秩序生成途径就不同。如果人们为实现基本的、一般的社会目标而自觉自愿遵循一般的、抽象的行为规则（或否定性行为规则）所形成的秩序就是自生自发的秩序，如果人们为实现具体的社会目标，而不得不遵循发自某一种社会权威的有关如何行为的命令性规则（或肯定性行为规则），如此形成的秩序就是人造秩序。这两种秩序在不同的情况下各有其优势，因此，不能简单地说哪一种秩序优越。而现实是这两种秩序在社会中并存着，甚至可以说社会秩序恰是由这两种秩序交叉或混合构成的，所以我们必须学会靠它们来生活。这是一种混合的秩序观。

（二）军事经济法秩序的含义

基于上述对社会秩序含义的理解，所谓军事经济法秩序就是军事经济活动参与者在军事经济活动中，为了追求基本的、主要的或普遍的军事经济目标，在军事经济行为或军事经济活动过程中由遵守军事经济法这一社会规则而产生的军事经济关系的结构状态或军事经济活动的格局或布局，处于这种关系的结构状态或格局中的人类行为，往往表现为符合一定可识别模式，从而使人们对未来行为模式及行为后果能有一定的合理预见。

因此，军事经济法秩序的实质是一种军事经济运行秩序，只不过这种秩序的形成是军事经济活动参与者遵守军事经济法制度或规则的结果或有赖于军事经济法制度或规则的促进。它不同于军事经济法制度或军事经济法规则秩序，军事经济法制度或军事经济法规则秩序指的是，当各种军事经济法制度或规则构成了内部严密、一致的制度或规则组合时，我们就称其为军事经济法制度或规则秩序。军事经济法制度或军事经济法规则秩序本身常常是随经验而演化的结果，但它也会受立法者的理性建构的影响（借鉴外国立法经验创制新的军事经济法律制度，修改原有的军事经济法律制度等）。

军事经济法作为促进军事经济整体持续稳定发展之法，其秩序目标旨在创造一个公平、有效的整体国家军事经济运行秩序。对整体国家军事经济秩序的追求，决定了军事经济法对各种军事经济活动主体的个体经济行为的规制只着重于具有较强外部性的军事经济行为或军事经济活动，以及对军事经济活动个体与作为整体军事经济代表的各种国家军事经济管理机构的关系予以调整。为此，军事经济法的规则主要包括两个方面：一是军事经济活动主体的军事经济行为或军事经济活动规则，在军事经济活动中指军事经济活动主体的经济行为或经济活动规则。二是组织与程序性规则。因为军事经济作为一个整体，其有序运行需要一个代表整体的组织来协调，而组织总是由具体的人操纵的，为了避免人的有限理性造成的决策错误对整体经济带来的灾难及人的自利性造成的对整体的损害，就只能以一定的组织机构及决策程序的规则对组织人员的素质和行为予以规制。这就是说，军事经济法的规则或制度从功能角度讲是二元结构，即由行为规则或制度与组织程序规则或制度构成。

当以上两种规则不论是基于自发还是强制而得以遵循时，都会形成或有助于形成军事经济行为或军事经济活动的秩序。当独立的经济主体或多或少自愿地服从共同的行为规则或制度，即一般在遵循第一种有关行为规则，但在其他方面可自由决定做什么的时候，就产生了自发的军事经济秩序，其具体例子就是市场经济秩序。而对第二种有关组织程序性规则的遵循，一般必须按法律规则的规定严格执行，其导致的是组织秩序或计划秩序，其具体的例子就是军事经济主管部门的组织及业务活动秩序。军事经济法秩序就是由这两种秩序混合而成的，即军事经济法的整体秩序是一种混合秩序。

（三）军事经济法的秩序价值

军事经济法的秩序价值就是军事经济活动参与者在军事经济活动中由于遵循军事经济法这一社会规则而产生的军事经济秩序给军事经济活动参与者所能提供的满足，其大小或高低取决于军事经济法在维续军事经济秩序的诸要素中的地位和功能或军事经济法对军事经济秩序影响的程度。

军事经济秩序就是一种旨在追求军事经济活动的基本或主要目标的行为方式。从这个意义上说，军事经济秩序是由下面几个因素所维系的：在追求那些基本或主要经济目标的过程中所形成的共同的军事经济价值观念或共同的军事经济利益观念，规定军事经济行为模式的规则，使这些规则发挥效力的制度。

从我国目前市场经济的发展状况讲，军事经济法制度对军事经济秩序有以下影响：第一，良好的军事经济秩序从总体讲要求空间上的结构模式和时间上的运行模式的合理。具体地说，就是产业结构的合理、区域军事经济的平衡、军品市场竞争的有效、军事经济合作的顺利进行，军事经济法律制度的首要功能是为此创造条件。第二，军事经济法制度不同于其他法律制度的特点在于，其不仅有消极的预防与补救功能，更为重要的是有激励与诱导功能，为刺激军事经济活动主体按制度规范自己的行为，并使之积极参与国家军事利益需要的部门或区域的军事经济活动，应通过税率、利率、补贴、转移支付及责任等制度，加大奖励与惩罚的力度。要建立一个和谐高效的军事经济市场秩序，建立健全建设经济法制度体系及其完善实施机制，是完全必要的。第三，军事经济法律制度作为一种行为规则，与其他制度相同，都属于一种无形的、特殊的“公共品”。按照新制度经济学的研究结果，制度是一把双刃剑：规则不合理会导致经济人理性地从事“不合理行为”；规则的合理安排设置则会促成人们的合理行为，或者说，相对合理的制度引导人们更加合理地去行为。结合中国军事经济市场现实，目前我国军事经济结构失衡、军事经济市场秩序混乱的一个重要原因就在于政府和军事机关制定的某些就是经济法律法规本身存在不合理性，它导致军事经济主体的“不合理行为”（或称合法不合理的行为）。正是这种行为，才造成了一些结构性失衡和军事经济市场秩序的无序与混乱。所以，加强对各种军事经济活动主体的军事经济行为合理性研究，并用军事经济法律制度进行规范，具有现实意义。

上述的公平、效率和秩序作为军事经济法调整所应追求的一般价值，构成了军事经济法外在的主观评判价值；同时，其相互之间同样存在密切关联。例如，公平有助于形成秩序，有秩序往往会更有效率，建立在效率基础上的公平，是更高层次的公平；效率与公平有时存在矛盾，有时也可以兼容，对于效率与公平何者优先，如何兼顾，不应一概而论，而应具体分析。由于军事经济法所要解决的基本矛盾是个体营利性和国家安全性的矛盾，由此使与之相一致的效率与公平的矛盾也成为军事经济法所需要解决的基本矛盾。而解决上述的效率与公平的矛盾，有效地实现效率与公平的兼顾，恰恰是军事经济法主体的基本价值追求，同时，也是军事经济法宗旨确立的重要基础。

第六节　军事经济法的渊源和体系

一、军事经济法的渊源

军事经济法的渊源，又称为军事经济法的形式，是指军事经济法律规范具体的表现形式，即军事经济法是由何种国家机关，依照什么方式或程序创制出来的，并表现为何种形式的法律文件。军事经济法的渊源主要有以下几种：

（一）宪法中的军事经济法条款

宪法是国家的根本大法。在我国，它是由最高国家权力机关——全国人民代表大会制定、通过和修改的，是国家全部立法的法律基础，也是军事经济立法的基本依据，具有最高的法律效力。因此，任何军事经济法律的内容都必须符合宪法的规定，与宪法内容相抵触的军事经济法律均属无效。宪法关于国防和武装力量建设等军事问题的原则规定，以及关于我国经济制度的规定等，是军事经济法制定和实施的最高和最直接的依据。如宪法关于国防建设的领导和管理体制的规定，关于全国总动员、局部动员和宣布战争状态的制度的规定，关于国家和社会对伤残军人及军人家属的优抚政策的规定，以及宪法确立的“国家实行社会主义市场经济”等基本经济制度和“加强经济立法，完善宏观调控”的规定等，不仅是军事经济立法的基本依据，也是军事经济法律的基本内容。因而宪法中的军事经济法条款是构成我国军事经济法的渊源。

（二）军事经济法律

军事经济法律是全国人民代表大会及其常务委员会，经过一定立法程序制定和发布的有关军事经济方面的专门法律文件，其法律地位和效力仅次于宪法。军事经济法律本身又可分为两个层次，即基本军事经济法律和一般军事经济法律。基本军事经济法律由全国人民代表大会制定和修改，是规定和调整军事经济领域中带根本性和全局性的军事经济关系的法律，它通常以法典的形式颁布。例如，《国防法》就是我国的基本军事经济法律。一般军事经济法律是指由全国人大常委会制定和修改的规定和调整军事经济领域某一方面重要军事经济关系和重大措施的规范性法律文件。它同军事经济基本法律相比，其调整对象较为具体，如《军人保险法》等。

（三）军事经济法规

在军事经济法的渊源中，军事经济法规也是一种主要的渊源，它是指国家最高行政机关（国务院）、国家最高军事机关（中央军委）依据宪法和法律单独或联合制定发布的，调整国家军事经济活动中所发生的各种社会关系的规范性文件的总称，其法律地位和法律效力仅次于宪法和法律，在我国军事经济法律规范中占有重要的地位和较大的比重。

（四）军事经济规章

军事经济规章是国务院各部门、军委机关、各军种、各战区单独或联合制定和发布的，为了贯彻执行军事经济法律、军事经济法规的规范性文件的总称。如《军用土地使用权转让管理暂行规定》等。军事经济规章是我国军事经济法的主要表现形式，其法律地位和效力低于宪法、军事经济法律、军事经济法规。

（五）地方性军事经济法规和规章

地方性军事经济法规和规章是各省、自治区、直辖市的人大及其常委会以及较大的市的人大及其常委会及其人民政府以军事经济法律和军事经济法规为依据，分别制定和发布的规范性文件，其范围是本地区军事经济建设的制度和行为规范，主要限于军人优抚及退伍安置、军事设施保护等方面。地方性军事经济法规和规章虽然数量不多，但也应当是我国军事经济法的一个渊源。

（六）国际军事经济约章

国际军事经济约章是指国家间就军事经济方面的相互权利与义务而订立的书面协议。国际军事经济约章的具体形式有：条约、和约、公约、要约、专约、协定、协议、宣言、声明、议定书等。国际军事经济约章是军事经济法调整对象在国际法中延伸的一种表现形式。凡是我国参加、缔结、签署、批准和承认的国际军事经济约章对我国我军都有约束力。因此，从这个意义上把国际军事经济约章也作为我国军事经济法的渊源之一。

（七）军事经济法律解释

军事经济法律解释有广义和狭义两种含义。广义的军事经济法律解释是指所有对军事经济法律规范的含义和具体应用所作的说明和补充。狭义的军事经济法律解释仅指对全国人民代表大会及其常委会制定的军事经济法律所做的解释。这里所说的军事经济法律解释是指广义的军事经济法律解释。军事经济法律解释又可分为有权解释和无权解释两种。无权解释（学理解释）没有法律效力，因而不能成为军事经济法的渊源。根据第五届全国人民代表大会常务委员会第十九次会议通过的《关于加强法律解释工作的决议》及我国《立法法》的规定，有权解释包括：（1）军事经济立法解释。系指宪法规定拥有立法权的国家机关对有关军事经济法律规范所作的解释。军事经济立法解释和所解释的法律规范本身具有同等的法律效力。（2）军事经济司法解释。系指立法机关授权军事司法机关在将军事经济法律规范适用于具体案件或事项时，对有关军事经济法律所作的解释。这种解释对军事司法机关具有约束力。(3）军事经济行政解释。系指国家行政机关和军事机关对有关军事经济法律规范如何具体应用的问题所作的解释。这种解释对所解释的法律规范的具体应用具有约束力。

二、军事经济法的体系

（一）军事经济法体系的含义

军事经济法律体系是指由全部军事经济法律规范按照不同的军事经济法部门分类组合而形成的一个呈体系化的有机联系的统一体，是法律体系的一个子体系。

虽然不同的军事经济法部门是由各有特定调整对象的不同类的军事经济法律规范组成的，它们各有自己的特点，但又相互关联、彼此依赖、形成一个统一的整体。组成军事经济法体系的军事经济法部门是多层次的。根据军事经济法律规范的调整对象是否具有某种属性，可以把经济法划分为若干个较大的军事经济法部门，然后又可以将每个较大的军事经济法部门再划分为若干个较小的军事经济法部门。为满足实践的需要，这样的划分可以进行多次经过连续划分，必然形成多层次的军事经济法部门。可见，就纵向结构而言，军事经济法体系是层次分明而不是杂乱无章的。

因此，军事经济法体系具有法律规范、法律制度、亚部门法、军事经济法部门等纵向上的多层次性和各亚部门法并列的横向多门类性，然而又相互联系、相互作用，统一于军事经济法部门，是一个有机的整体。它有以下特点：第一，作为一个体系，它的内部构件是部门军事经济法，即军事经济法的子部门法，并且这些子部门法不是杂乱地堆积在一起的，而是按一定标准分类组合，呈现为一个体系化、系统化的相互联系的有机整体。第二，军事经济法体系的理想化要求是，其所包含的部门军事经济法门类齐全、结构严密、内在协调。这就是说在基本就是经济法原则指引下，所有的军事经济关系都由相应的军事经济部门法调整，且各军事经济部门法在功能上是互补的、无冲突的。

组成军事经济法体系的军事经济法部门是门类齐全的。这里说的“门类齐全”，要求属于军事经济法调整对象范围的每个层次的特定军事经济关系的各个方面，都有相应的就是经济法部门予以调整。可见，就横向而言，军事经济法体系是门类齐全而不是残缺不全的。

（二）军事经济法体系的结构

研究军事经济法体系的结构问题，是为了明确军事经济法体系究竟应由哪些层次、哪些门类的军事经济法部门组成或构成。

军事经济法体系的结构，决定于作为军事经济法调整对象的特定军事经济关系的结构。由于人们对军事经济法的调整对象存在着不同的认识，对军事经济法体系的概念又有不同的理解，因此，人们在军事经济法体系的结构问题上，虽然有些观点是一致的或者相近的，但是还存在着意见分歧。相信随着实践的发展，经过不断的探索和研究，在军事经济法体系结构的问题上，人们对于还存在的意见分歧会逐步取得共识。

由于军事经济法体系的结构决定于作为军事经济法调整对象的特定军事经济关系，而军事经济法调整的特定军事经济关系应该是在国家协调本国就是经济运行过程中发生的军事经济关系，即国家军事经济协调关系，因此，不同层次的军事经济法部门是以不同层次的国家军事经济协调关系为调整对象的，不同门类的军事经济法部门是以各层次的国家军事经济协调关系的不同方面为调整对象的。

根据国家立法权限，我国军事经济法体系纵向上可分为有关军事经济的法律、法规和规章。横向上，依据军事经济的运行与管理，其结构主要包括以下内容：(1）军事财政法。调整军事财政分配和军事财政管理关系的法律规范。主要包括军费拨款和军队财务管理等方面的法律制度。(2）国防科技工业法。调整国防科技工业管理活动中的各种经济关系的法律规范。主要包括国防科技、国防工业和国防知识产权等方面的法律制度。(3）军事经济交易法。调整军事经济交易中的经济关系的法律规范。主要包括军事采购、军品贸易和国防合同等法律制度。(4）国防资产管理法。调整国防资产占有、使用、处置、保护等管理关系的法律规范。主要包括军队房地产管理、军事设施保护、武器装备管理等法律制度。(5）军事经济保障法。调整军事经济保障活动中的社会关系的法律规范。主要涉及军事物力保障和军人待遇保障等方面的法律制度。(6）军事经济动员法。调整经济动员活动中的社会关系的法律规范。主要包括经济动员机构与计划，以及工业、农业、交通运输、邮电通信、财政金融、物资等方面动员的法律制度。(7）军事经济监督法。调整军事经济监督活动中的社会关系的法律规范。主要包括军队审计和绩效管理等法律制度。

第七节　军事经济法律关系

一、军事经济法律关系的概念

军事经济法律关系是指军事经济法主体根据军事经济法的规定，在参加体现国家干预经济的活动过程中所形成的经济权利和经济义务关系。它包含三层含义：

第一，它是军事经济法调整的军事经济关系在法律上的反映。军事经济法调整的是在国家干预本国军事经济活动运行过程中所发生的军事经济关系，它是具体的、客观存在的，经过法律规范调整之后，就上升为军事经济法律关系。

第二，它是一种意志关系。它既体现了统治阶级意志，又体现了军事经济法主体的意志，但是后者只有从根本上体现统治阶级意志才能得到国家的认可。正如恩格斯所说："……经济事实取得法律上承认，必须每一个别场合下采取法律动机形式。"

第三，它是合法的社会关系。它与一般的社会关系（如道德关系、友谊关系）不同，是依据军事经济法律规范形成的，它受到国家强制力保护。滥用军事经济权利，不履行军事经济义务都要受到国家强制力的制裁。

军事经济法律关系是以军事经济法作为自身存在的前提的。国家制定军事经济法的目标是要规定在国家机关和军事机关干预军事经济活动中各个当事人之间的权利义务关系，并借此不仅规制主体、更主要的是规制国家机关和军事机关自身的行为。因为要使军事经济健康、稳定地发展，就必须把军事经济活动纳入到法制的轨道，把一定范围内的军事经济关系升为军事经济法律关系，使其符合国家的安全利益。

二、军事经济法律关系的构成

一般认为，任何法律关系由主体、客体和内容三个要素构成，缺一不可。军事经济法律关系作为法律关系中的一种，同样是由军事经济法律关系的主体、内容和客体三要素构成的。

（一）军事经济法律关系的主体

所谓军事经济法律关系主体即军事经济法主体，是指依法参加军事经济运行与管理活动，并享有一定军事经济权利和义务的当享人。它是军事经济法律关系的先决条件和中心环节，没有主体就没有主体的活动，也就没有军事经济法律关系的内容和客体。在军事经济法律关系主体中，享有军事经济权利的一方称为权利主体，承担军事经济义务的一方称为义务主体。但一般而言，军事经济法律关系主体既享有一定的军事经济权利，同时又享有一定的军事经济义务。依据组织形态的不同，军事经济法律关系主体可分为国家机关和军事机关、社会经济组织、公民三种。

1. 国家机关和军事机关。国家机关是行使国家职能的各种机关的统称，包括国家权力机关、国家行政机关，国家审判机关、国家检察机关等。作为军事经济法律关系主体的国家机关，主要是负有军事经济管理职能的国家行政机关和国家军事机关。

军事经济本身没有自给自足的再生能力。它的一切都需要国家供给。那么国家每年给国防建设和军队供给些什么？供给多少？怎样供给？所有这些都不应当是随意确定的，而应当按照一定的法律程序合理而有序地供给。应该说，这种供给是国家各级政府机关分工负责有序进行的。就国家最高立法机关、最高行政机关来说，它要通过一定的法律程序对国防建设和军队的经济供给总量进行宏观调控；而国家各级地方政府平时也都要与各地驻军发生一定的经济协作关系。因此，作为国家各级政府机关都与国家武装力量之间构成一定的经济关系。成为某些军事经济法律关系的参加者。

军事机关是指依法成立并享有军事权利、承担军事义务的武装力量各组成部分、军队中的各级机关部门。从工作职责划分来看，我军军事机关有司令机关、政治机关、后勤机关、装备机关之分。从军种构成来看，军事机关有陆军、海军、空军、火箭军等机关的区别。但不管怎样，它们都在军事经济活动中负有领导、组织、管理和指挥等各种重要的职责和权能，是军事经济法律关系的主要参加者。当然，这些军事机关参与军事经济活动的程度是不一样的，如后勤机关、装备机关是军事经济工作的主要承担者，比司令机关参与军事经济活动的程度就高。就军事机关与政治机关来说，司令机关参与军事经济活动的程度又相对高一些。所以说，几乎所有的军事机关都可以成为军事经济法律关系的主体，只不过有参与程度上的差异。需要指出，武警部队也是军事经济法律关系的主体，应列入军事机关之内。

2. 社会组织。社会组织是指依法成立，享有一定军事经济权利和承担一定军事经济义务的组织和团体，包括企业、事业单位、农村经济组织、社会团体等，其中，各类企业是社会组织的主要组成部分。因为现代军事用品大都是工业产品，这些产品有的可能是由国有大中型企业生产的，有的则有可能是集体或私营企业生产的，也就是说，无论是国有大中型企业也好，还是集体或私营企业也好，他们随时都可能参加军事经济关系，从而成为军事经济法律关系主体。

3. 公民。公民是军事经济法律关系的一类主体。这主要是指两种情况：一种情况是由普通公民进入军队而成为一名军人，长期地直接从事军事经济活动，自然会成为军事经济法律关系的主体，即使不直接从事军事经济活动，作为被保障的对象，军人也可成为像军人经济权益保障法的主体；另一种情况是临时被军队征用其物资或交通工具，短期地或间接地从事军事经济活动，从而成为军事经济法律关系的主体。同时，从事军工生产及其他军用物资的公民，也属于这一类主体。

（二）军事经济法律关系的内容

军事经济法律关系的内容是指军事经济法律关系主体在军事经济运行与管理过程中所享有的军事经济权利和应承担的军事经济义务，它是军事经济法律关系的基础和核心，是联结军事经济法主体相互间关系的纽带。正是这种权利和义务把主体有机地联系在一起，形成了具体的军事经济法律关系。

所谓军事经济权利，是指军事经济法律关系主体依法享有某种权利和利益，它可以表现为自己有权为或不为一定的行为，也可以要求他人为或不为某种行为。所谓军事经济义务，是指法律关系主体依法承担的某种必须履行的责任。它表现为必须为或不为某种行为。权利和义务相辅相成、互为一体，在一个合理的法律关系中，应当是“没有无义务的权利，也没有无权利的义务”。军事经济权利和义务的主要内容包括三个方面。

1. 国家机关和军事机关的军事经济权利与军事经济义务。国家机关的军事经济权利和义务表现为一种职责。就国家最高权力机关来说，主要是：制定和修改军事经济方面的法律，如国防生产法、国民经济动员法等，审查和批准包括国防建设在内的国民经济和社会发展计划及计划执行情况的报告。审查和批准包括国防预算在内的国家预算和预算执行情况的报告等。上述既是国家最高权力机关的军事经济权利（职权），同时也是其军事经济义务（责任）。就地方国家权力机关而言，主要是：制定有关国防（军事）经济方面的地方性法规，审查和批准包括国防预算在内的地方财政预算以及执行情况的报告；决定本行政区域的军事设施等国防资产保护的重大事项。

就国家最高行政机关来说，其军事经济权利和义务，主要表现为：（1）立法方面，主要是：国务院根据宪法和军事经济法律单独或者与中央军委联合制定军事经济方面的行政法规；国务院各部委根据军事经济法律和军事经济行政法规单独制定或者与军委机关联合制定军事经济方面的行政规章。（2）行政方面，主要是：领导和管理国防科研生产，管理国防经费和国防资产，领导和管理国民经济动员工作，管理军品出口等对外军事经济工作，管理和履行对军人社会保障的有关事务等。就各级地方政府来说，主要是：协助国家最高行政机关和上级国家行政机关对各地重要军事工业的生产、交换、分配和消费进行有效的宏观调控，以保证军队所需各种军工产品的供给；完成所属的国民经济动员工作，并协助军队在进行战时军事经济动员时，搞好各种人、财、物的输送工作等。

军事机关的军事经济权利和义务也表现为一种职责，主要有：中央军委根据宪法和国防法律制定武装力量内部军事经济方面的军事法规。在军事行政方面，中央军委领导和管理军队的各项建设，协同国务院领导和管理国防科研生产，会同国务院管理国防经费和国防资产；军委机关根据国家和军队的有关规定，履行各自的军事经济管理职责，如后勤保障部负责全军后勤战备和后勤动员，组织实施战备后勤支援，组织领导全军财务、军需能源、卫生勤务、运输投送、军事设施建设、采购管理等工作。装备发展部组织领导全军装备科研、装备采购、装备保障等工作，掌管装备经费，归口管理军用标准和与装备建设有关的计量、质量，科技信息、科技成果、科技档案和知识产权工作，组织全军通用装备的科研、订货验收、储存供应和技术保障工作。战区、军种军事机关领导管理管辖区的动员等工作、武器装备的发展和后勤建设等。

2. 社会组织的军事经济权利与军事经济义务。企业事业单位在参与军事经济活动中，其权利主要是：有权依据法律和合同、获取自己应得的利益，在因国防建设和军事活动在经济上受到直接损失的，可以取得补偿；有权制止，检举危害国防资产等行为，提出军事经济建设的建议等。其义务主要是：按照国家的要求承担国防科研生产任务，接受国家军事订货；提供符合质量标准的武器装备和军用物资；按照规律规定，在交通建设中贯彻国防要求；保护军事设施的义务；履行国民经济动员的义务等。其他社会组织也应当根据国家法律的规定，承担军事经济义务，同时享有军事经济权利。

3. 公民的军事经济权利与军事经济义务。我国《宪法》第三十三条明确规定："任何公民享有宪法和法律规定的权利，同时必须履行宪法和法律规定的义务。"我国公民作为军事经济法律关系的主体，在参与军事经济活动中所享有的权利，大体上可以分为两种情况，一是作为军人的特有军事经济权利，如军人或其家属可以享受社会保险、社会福利、优抚抚恤等广泛的权利，二是作为一般公民的军事经济权利，如公民凡有资金、物产被军队征用造成损失，有权获得补偿。公民的军事经济义务，主要有：随时听从国家召唤、接受军队挑选、准备参军作战保卫祖国，保护军事设施和其他国防资产，除自己自觉遵守军事设施保护法等法律规定外，还应勇于同危害国防资产的行为作斗争；保守军事经济秘密的义务；协助军事经济活动的义务，包括支援军事经济建设、为军事经济活动提供便利条件、支前参战等。服从国防所需的征用义务，等等。

需要说明的是，这里并没有把我国军事经济法律关系的内容全部揭示出来，而只是简单列举了军事经济法主体所应享受的主要军事经济权利和所应承担的主要军事经济义务，从而表明军事经济法律关系的内容具有相当的丰富性和复杂性。

（三）军事经济法律关系的客体

军事经济法律关系的客体是指军事经济法律关系主体享有的军事经济权利和承担的军事经济义务所共同指向的事物。在军事经济法律关系中，如果仅仅只有主体和内容，而无军事经济权利和军事经济义务所指向的具体事物，那么主体的军事经济权利和军事经济义务就会落空，主体之间建立军事经济法律关系就毫无意义。因此，军事经济法律关系的客体，就成为军事经济法律关系不可或缺的构成要素之一。

军事经济法律关系客体的范围可分为财物、非物质财富和行为三类。

1. 财物。就一般经济的结构要素来说，传统的经济学理论认为主要是人、财、物这三大基本要素，那么，能不能把人、财、物这三大要素都作为军事经济法律关系客体看待呢？从人类社会法律关系发展史的角度看，只有奴隶制时代是这样的。奴隶不享有权利，是"会说话的工具"。但是，自西方文艺复兴以来，人就不再作为客体。所以，在一般法律关系中，财物成为最为普遍的客体。

财物客体是指军事经济法律关系主体能够控制、支配的军事经济法律允许其进入军事经济运行过程的，具有一定经济价值和实物形态的物品，以及可以充当一般等价物的货币和有价证券。军事经济法律关系中的财，一般是指以货币表现的各种军事费用。而军事经济法律关系中的物，则有特别物和一般物之分。特别物是指仅能为国防或武装力量使用的物，如导弹、战斗机、军舰、坦克、军事设施、军人的服装等。一般物是指既可供国防、武装力量使用，又可作民用的物，如汽车、通信设备、粮食、油料等。法律对这两类物有着不同的管理原则与方法，对特别物往往作为限制流通物甚至禁止流通物，采取比较严格的管制措施，不允许流通或随意流通。而对一般物则往往作为流通物限制较少，可以随意流通。

2. 非物质财富。军事经济法律关系中的非物质财富，是指军事经济法主体从事智力活动所取得的成果，包括专利权、著作权、科技成果权、发明权等。发展军事经济，固然需要大量资金和物资的投入，但也离不开先进的科学技术，特别是在现代条件下，科学技术更是须臾不可离开。这些科学技术以非物质财富的形式表现出来，成为军事经济法律关系的重要客体之一。

3. 行为。军事经济法律关系中的行为，是指军事经济法主体有关军事经济活动方面的行为，包括军事经济作为和军事经济不作为。军事经济作为是指积极地去为某项军事经济行为，军事经济不作为是指消极地不为某项军事经济行为。军事经济行为根据是否合法可分为军事经济合法行为和军事经济违法行为，根据行为所体现的职能不同可分为军事经济决策行为、军事经济管理行为、军事经济监督行为等。

第八节　军事经济法的运行与实现

一、军事经济法的创制

军事经济法的创制也称军事经济立法。它有广义与狭义之分。广义的军事经济法的创制是指国家机关和军事机关依照法定权限和程序，制定、认可、修改和废止军事经济法法律规范的活动。狭义的军事经济法的制定仅指最高国家权力机关及其常设机关依照法定权限和程序，制定、认可、修改和废止军事经济法法律规范的活动。军事经济法的制定是指具有立法权的国家机关和军事机关依照宪法或法律规定将新的军事经济法法律规范纳入军事经济法体系即创设新的法律规范的活动。军事经济法的认可是指具有立法权的国家机关和军事机关对于已经存在的某些军事经济生活方面的社会规范予以承认和许可其存在，并使其具有法律效力的活动；军事经济法的修改是指具有立法权的国家机关和军事机关对原已生效的军事经济法法律规范予以部分变更即从内容上进行增删的活动；军事经济法的废止是指国家立法机关和军事机关终止现行军事经济法法律规范效力的活动。

军事经济法的创制是形成军事经济法法律规范的一种国家活动，它是军事经济法调整机制发挥其规范功能和社会功能的前提条件，军事经济法法律体系的完善，军事经济法法律体系作用的特点以及军事经济法法律规范调整的法律效果和社会效果等，很大程度上取决于军事经济法的制定。只有积极地进行军事经济法的废、改、立的工作，才能保持军事经济法体系的和谐统一，才能不断地适应现实生活的需要。

（一）军事经济法的立法体制

立法体制就是关于立法权配置的制度，即立法机构设置及其相互关系的制度。军事经济法立法体制则是立法体制的重要组成部分，是指依法享有军事经济法立法权限的各种国家机构和军事机构的设置及其立法权限的划分，军事经济法立法权的运行及其在运行中形成的各军事经济法立法机关的相互关系以及由此产生的军事经济法规范之间的效力层级关系。因此，科学的立法体制是明确立法机关的职权和地位以及各立法机关的职权划分的制度保障，是维护法制统一和尊严的必然要求。

根据我国《宪法》、《立法法》和《军事立法工作条例》的规定，我国军事经济法的立法体制主要有以下几个层次。

1. 全国人民代表大会及其常委会制定军事经济法律。全国人民代表大会及其常委会有权制定军事经济法律。军事经济法律是军事法律规范的最高层次，其中全国人大制定的是军事经济方面的基本法律，全国人大常委会制定的是军事经济方面的一般法律。军事经济法律主要规定军事经济领域中带根本性、全局性的重大问题，以及效力涉及全国的问题。其制定范围可以包括：国家的宪法和法律规定必须由军事经济法律规定的问题。如国防经济制度、军民融合制度等。这一层次的军事经济法律，其法律效力仅次于宪法，高于军事经济法规和规章。在军事经济法律中，全国人大制定的军事经济基本法律，如《国防法》，又高于全国人大常委会制定的军事经济法律，如

《军人保险法》等。

2. 国务院单独或者与中央军委联合制定军事经济法规。国务院有权单独或与中央军委联合制定发布军事经济法规。军事经济法规是国务院、中央军事委员会根据国家的宪法和法律，为加强军事经济领域所作出的重要规定。其制定范围包括：一是法律规定需要由国务院、中央军委联合制定实施办法的以及联合批准颁发的。如《军事设施保护法》在附则中规定："国务院和中央军委根据本法制定实施办法"。二是属于调整军事经济领域不直接涉及军队和现役军人的有关社会关系，需国务院单独制定发布的。如《革命烈士褒扬条例》、《退伍义务兵安置条例》等。三是属于军事经济领域中有关军事设施保护等重大问题，需要国务院和中央军委联合发布的，如《关于保护通信路线的规定》等。

中央军委有权制定军事经济法规。军事经济法规是由国家最高军事机关即中央军委制定的，它与国务院制定的军事经济法规同属一个层次。军事经济法规主要规定军事经济领域中带根本性、全局性的重大问题，以及效力涉及全军的问题。根据《军事立法工作条例》，其制定范围可以包括不同等级单位的军事经济任务和职责，为执行军事经济法律的规定需要制定军事经济法规的事项，其他属于中央军委军事经济职权范围的事项等。

3. 国务院有关部门、军委机关单独或联合制定军事经济规章。国务院有关部门、军委机关有权单独或与军委机关联合制定军事经济规章。军事经济规章是国务院各部门与军委机关在其职权范围内，为了贯彻执行军事经济法律、军事经济法规单独或联合制定的。它主要是将上述两个层次的法律、法规中所确定的一般准则，根据本系统或本部门的实际情况，以更加具体、明确并更带有针对性和可操作性的法律规范的形式表现出来，贯彻于军事经济建设之中，使党和国家对军事经济的领导管理更加具体化、规范化，更有利于加强和促进军事经济建设。

4. 地方各级权力机关和行政机关制定地方性军事经济法规和规章。地方各级权力机关和行政机关有权制定地方性军事经济法规和规章。根据我国现行宪法和法律法规的规定，省、自治区、直辖市的人民代表大会及其常务委员会根据本行政区域的具体情况和实际需要，在不同宪法、法律、行政法规相抵触的前提下，可以制定地方性法规。较大的市的人民代表大会及其常务委员会根据本市的具体情况和实际需要，在不同宪法、法律、行政法规和本省、自治区的地方性法规相抵触的前提下，可以制定地方性法规，报省、自治区的人民代表大会常务委员会批准后施行。地方性军事经济法规和规章以军事经济法律和军事经济法规为依据，其范围是本地区军事经济建设的制度和行为规范，主要限于军人优抚及退伍安置、军事设施保护等方面。

（二）军事经济法的立法程序

军事经济法立法程序是指具有立法权的国家机关和军事机关在制定、认可、修改和废止军事经济法法律或规范性法律文件时应遵循的活动方式和步骤。

如果说立法体制从静态上规定了军事经济法立法权在中央、军队与地方之间的纵向配置和在权力机关与行政机关、行政机关与行政机关、行政机关与军事机关之间的横向配置，规定了各不相同的具有立法权的机关之间的立法权限及其各自在权限范围内立法的效力层次关系，为促进军事经济法立法体系的和谐统一维护军事经济法体系的统一提供了实体上的制度保障，那么，立法程序则是从动态上规定立法活动的具体方式和步骤，从程序上保证立法权限的正当行使和规范运行，进而保证军事经济法立法的科学性、系统性。

军事经济法的创制基本上可以划分为前后三个阶段：即军事经济法制定的准备阶段、军事经济法的形成或确立阶段和军事经济法的完备阶段。

第一阶段，军事经济法创制的准备阶段。立法是一种重要的稀缺资源，要保证立法的科学性，必须进行科学的立法预测和规划。在具体制定法律时，应充分做好前期的准备工作，包括立法参与人员的选择、法案的形成和拟订以及法律草案的拟订和论证等。

第二阶段，军事经济法的形成或确立阶段。这一阶段一般经过法律议案的提出和审议、法律草案的审议、法律草案的通过和法律的公布等四个阶段，都是非常程式化的活动，其中每一阶段都有具体的程序要求。这一阶段直接将国家意志转化为法律形式，因而是军事经济法制定的核心阶段。

第三阶段，军事经济法法律的完备阶段。这一阶段包括军事经济法的修改、废止、解释以及军事经济法的系统化等，主要是从内容和形式上维护军事经济法体系的完整性、协调性、有机性。

二、军事经济法的实施

所谓军事经济法的实施，是指军事经济法在国家军事经济生活中的实现。它是将军事经济法律规范所创设的抽象行为模式转变为人们具体行为的环节，是将纸上的、处于应然状态的法律转变为生活中的、实然状态的法律的环节。

一个国家的军事经济法治状态如何，当然首先要考察其有无完备的军事经济法立法和健全的军事经济法法律体系，但更重要的是军事经济法律的实施情况。徒法不足以自行。如果包含在法律规定部分中的‘应当是这样’的内容仍停留在纸上，而不影响人的行为，那么法律只是一种神话，而非现实。只有通过军事经济法的实施，才能实现军事经济法的价值功能和预期目标。有法不依、执法不严、违法不究，不仅无法实现军事经济法的应有功能，反而从根本上破坏了军事经济法的权威。因此，军事经济法的生命在于它的实施。

军事经济法的实施主要有三种基本形式，即军事经济法的遵守、军事经济法的执行和军事经济法的适用。

法的遵守，就是以法为法，是指公民、社会组织和国家机关以法律为自己的行为准则，依照法律行使权利、权力，履行义务。军事经济法的遵守就是指参与国家干预军事经济活动中形成的军事经济关系的自然人、社会经济组织或国家机关和军事机关，积极行使军事经济权利或权力，自觉遵守军事经济法的禁止性规范，履行军事经济法规定的消极不作为的义务和积极作为的义务。

军事经济法的执行，又称军事经济执法，是指国家行政机关及其工作人员依照法定职权和程序，履行职责，实施军事经济法的活动。军事经济法是国家干预军事经济之法，其根本的调整机制是国家通过公权力对军事经济领域的干预，引导、促进某些符合军事经济法价值取向的行为，或禁止、限制那些不符合军事经济法目标的行为，以形成军事经济整合秩序。在现代国家中，政府机关和军事机关享有广泛军事经济职权，它不仅具有传统的行政执法功能，而且还享有立法创议权，可以根据国家权力机关的授权进行军事经济方面的立法活动。此外，有些执法机关还往往享有准司法权，具有很强的独立性。这突破了传统的三权分立与制衡体制，在公共权力体系中处于中心和主导地位。政府机关和军事机关广泛的军事经济管理职能决定了军事经济执法在军事经济法实施中的主导地位。此外，军事经济法又是具有高度专业性、技术性和知识性的法律部门，其调整的社会关系关乎军事经济的整体运行质量、竞争秩序和可持续发展，其调整的范围之广、关系之复杂、方法之多样是任何其他部门法所无法比拟的。加上军事经济法所调整的具体军事经济行为及其对军事经济生活的影响具有多变性，因而要求军事经济法能对其进行快速及时的调整，而行政机关和军事机关集中的决策机制以及集聚着管理现代社会所需的各类专门人才的体制和人力资源优势，则能较好地适应军事经济法调整军事经济关系的需要。军事经济法执法是保障军事经济法得以顺利实施的基本手段。

军事经济法的适用，也称军事经济司法，是指国家司法机关根据法定职权和程序，具体运用军事经济法处理案件的专门活动。对社会关系的法律调整仅有法律的一般规定是不够的，必须把针对某一类情况、某一类人的军事经济法律规范转化为针对具体情况、具体人的规范。只有通过个别性地运用司法权力的法律活动，将法律规范运用到具体的人或事，才能实现军事经济法的规范功能与社会功能。军事经济司法就是要根据具体行为的军事经济违法性，通过对违法主体军事经济法责任的认定及相应制裁措施的适用，使受到损害的军事经济关系得到一定程度的补救，并通过法律制裁的威慑作用，警示、教育其他人，以防止该类行为的再次发生。

但是，军事经济法实施的三种基本形式并不是相互孤立、彼此割裂的关系，而是相互联结、共同作用于军事经济法实施的有机整体。守法是军事经济法执法和司法的前提条件，只有绝大多数人遵守军事经济法，军事经济执法、司法才有现实基础。如果没有人遵守军事经济法，那么军事经济执法、司法就成为空中楼阁，其社会成本将会极其昂贵，最终导致无法进行军事经济法的执法和司法。军事经济执法、司法是军事经济法守法的保障，没有军事经济执法、司法，就没有军事经济法实施的强制力量，也就无法保证军事经济守法。军事经济司法对于军事经济守法和执法而言，则是从程序上保证军事经济法主体的各项军事经济权利或权力的正当行使以及权利或权力受到侵害时的救济。

三、军事经济法律监督

军事经济法律监督作为军事经济法治化的目标之一，要求军事经济法律监督常态化、制度化，要求各级各类监督机构的监督活动协调统一。有权监督军事经济活动的监督机构包括全国人大及其常委会、各级人民政府及其纪检监察机构、上级军事机关、军队审计机关以及军队纪检机关等。这些监督主体从不同的侧面对军事经济活动情况进行了全方位的监督。但由于监督主体多，监督侧重点不同，容易导致政出多门、相互推诿等不良情况的出现，从而削弱了监督的有效性。这就要求理顺各种监督之间的关系，合理安排各方面的监督活动，使各监督主体既能充分行使职权，又不至相互推诿，影响监督效率。

全国人大及其常委会通过立法、作出决定、质询等形式，监察和督导国家机关、军事机关及其工作人员的军事经济活动，有立法监督和执法监督两种形式。立法监督指全国人大及其常委会对国家机关和军事机关有关军事经济的立法活动及其结果的合法性的监督，通过对国家机关和军事机关制定的有关军事经济方面的规范性法律文件是否违反法律法规，是否相互矛盾和不协调进行审查，并作出处理，从而维护法制的统一。执法监督指对各级国家机关和军事机关针对军事资源的分配、交换、消费活动，以及对军事资源进行管理而产生的财务会计、审计监督等执法活动是否合法进行监督。上级军事机关的法律监督指在行政隶属关系中上级军事机关对下级军事机关的军事经济活动所进行的监督，包括上级军事机关有权改变或撤销下级军事机关发布的不适当的有关军队财经工作的决定、命令和规章，有权对下级军事机关实施军事经济法律法规规章情况的监督等。军队审计机关法律监督指军队审计机关根据有关经济资料和军事经济法律法规审核和稽查被审计单位财政财务收支活动、经济效益和财经法纪遵守情况，以加强经济管理的专门监督检查工作。军队纪检机关的法律监督指军队纪律检查委员会对从事军事经济工作的党员特别是领导干部的廉洁自律、权力行使情况，执行军队财经法律、法规、政策、决定、命令的情况以及违法违纪行为进行的监督，它是一种具有关键性作用的监督形式。

第二章

军事财政法律制度

军事财政法律制度是指调整军事财政活动中不同主体之间权利义务关系的法律制度。随着我军财政法制建设的逐步完善，要求建设一个体系完备并相对独立的法律体系，其根本目的在于明确军事财政法律关系中各个行为主体的职责权限与义务责任，降低军队财政法制规范在制定和执行过程中的效率成本，从而将军事财政资源顺畅地转化为战斗力。

第一节　军事财政法律制度概述

一、军事财政法律制度的特点与内容

（一）军事财政法律制度的主要内容

军事财政法律制度应包括军事财政体制法律制度、军事财政预算分配法律制度、军事财力投入增长法律制度、军事财政管理方法与手段法律制度、军事财政职能法律制度等方面。

1. 军事财政体制法律制度。军事财政体制是制约军事财力资源配置的基础性因素。1991 年，为了适应国家经济体制改革和军队发展的需要，防止和纠正财务管理上的分散主义，深化财务管理改革，加强集中统一管理，发挥军事财力的整体效益，更好地保证部队经费供应和保障事业任务完成，中央军委做出《关于改进和加强军队财务管理的决定》，突出了“集中、统一、

倾斜、制约”的理财思想，确立了“统一领导、按级负责、分工管理、财务归口”的管理原则，调整了经费管理分工，实行“在党委统一领导下，各项经费由事业部门和后勤财务部门共同管理”的体制，简称“双轨制”。当前，军事财政体制改革，坚持以高度集中统一、机构设置科学、责权划分合理为指向。

2. 军事财政预算分配法律制度。军事预算是军事财力资源配置的基本工具，包括预算决策程序和日程、预算编制组织形式和方法等。目前世界上许多国家都借鉴美军的“规划—计划—预算系统”。这是20世纪60年代以来，美军向政府申请资源及其内部分配与使用的一种军事预算复杂的系统，由美国前国防部部长麦克纳马拉创建，已在实践中得到不断的完善，简称“PPBS”。

鉴于我军预算实践中存在的问题，有必要吸收和借鉴外军预算的优点与长处，结合我军实际，改革预算体制和编制方法，将规划、计划与预算制定有机结合起来，实现三者的一体化。

3. 军事财力投入增长法律制度。在计划经济体制下，军事部门的供需作为社会供需的重要组成部分，也是通过政府计划进行协调的。政府根据其实现国家安全职能的需要和社会经济发展条件，确定国防发展战略目标，并提出军事部门的基本建设计划、武器装备计划和常备兵员计划等。据此，投资生产各种军事部门、系统所需的投入品，如武器装备、军需物资等，并决定军事财力的供给规模和结构。

政府供给军事部门的货币财力的用途，在总体上可以划分为直接购买和转移支付两部分。其中，转移支付是指分配给军人用于个人和家庭消费的部分；直接购买则是直接取得使用价值，如武器装备、物资器材等。

（二）军事财政法律制度的基本特点

军事财政法律制度同其他军事法律规范相比，有其显著的特点。

1. 结构上的综合性。军事财政法律制度是由许多军事财政法律规范所组成的，这就体现了它在组成上的综合性。从军事财政立法的角度来看，军事财政法律制度由军事财政法律、军事财政法规和军事财政规章三个层次的法律所组成。从法律规范的内容来看，它是由许多调整不同的军事财政关系的法律规范所组成。这就说明它在组成上的综合性。

2. 功能上限制与促进的一致性。我们进行军事财政立法的目的，总是要限制一些经济关系的发生，以及促进一些经济关系的巩固和发展。有的法律制度侧重于限制，有的法律制度侧重于促进，但从整体上看，军事财政法律制度在功能上限制和促进是相统一的。

3. 作用上的效益性。军事财政法律制度是由许多法律规范所组成的，从表面上看，有些法律规范似乎没有效益。但从整体上看，军事财政法律制度是军事财政工作的法律依据和保障，如果不严格按照军事财政法律制度办事，就会使我们的工作出现偏差，也就给军事经济的健康发展带来波动，所以我们说它在作用上有其效益性。

4. 奖励与惩罚相结合。我国现行的军事财政法律制度几乎都体现了奖励与惩罚相结合的特点。参与军事财政法律关系的主体在履行义务和职责卓有成就时就要受到法律上不同形式的奖励；违反义务就要受到法律上不同形式的制裁，这种赏罚分明的法律后果，在几乎所有的军事财政法律制度的末尾都有专章或专节予以规定。这是军事财政法律制度同其他军事法规又一不同之处。

二、军事财政法律制度的地位与作用

军事财政法律制度不仅是军事后勤法律制度的重要方面，而且是国防法律制度的一个重要组成部分。在新的历史条件下，国防和军队的法制建设日益加强。加强军事财政的法制化管理，实现依法理财、依法治财就必然成为军事财政改革与发展的重要内容。军事财政法律制度，就是用法律、法规的形式，确认军事财力配置过程中的经济关系和经济活动准则，是维系国家和人民的根本利益，关系国家盛衰、国防安危、人民安定的重要制度。其具体作用是：

（一）军事财政法律制度是依法治军的重要工具

党的十一届三中全会以来，国家法制建设取得了长足的进步。为适应国家法制建设的发展形势，我军逐步开始运用具有连续性、稳定性、强制性的军事法规来规范军事活动，并适时提出了“依法治军”的方针。军事财政是国防建设和军队建设的重要工具，将军事财政管理纳入法制化轨道，走法制化管理之路，是顺应国家和军队法制建设潮流，实现“依法治军”的必然选择。军事财政法律制度以其强有力的工具特征，确立军事财政的活动准则，理顺军事财力配置过程中的经济关系，就可以使军事财政处于良好的运行机制之中。

（二）军事财政法律制度是军队“三化”建设的重要手段

实现我军的现代化、正规化和革命化，是军队建设的根本目标。实现国防现代化、军队的现代化建设也是军事财政活动的奋斗目标，它直接反映军事财力资源配置的总体水平。军队的正规化建设对军事财政提出了一系列严格要求，只有用统一的、具有高度权威性的法律、法规、规章制度来规范军事财力的运行过程，才能为军事财政的正规化建设提供基本依据，从而加快军事财政正规化建设的步伐。

（三）军事财政法律制度是军事财政改革发展的可靠保障

军事财政体制改革实际上是国家经济、政治体制改革在军事财政领域中的延伸和扩展。在国家和军队改革的大潮中，军事财政为了适应客观环境的要求，特别是适应社会主义市场经济的要求，只有不断将改革与发展的成果以法律、法规的形式固定下来，才能为军事财政进一步的发展提供法律依据，也才能为军事财政改革进一步深化提供可靠保障。

三、新时期军事财政法律制度建设

（一）现行军事财政法律制度存在的主要问题

当前，我国军事财政立法取得了阶段性成就，军事财政管理正在逐步形成以法律为核心的约束机制，但与我军现代化、正规化建设的实际要求还存在着一定的差距，一些问题不容忽视，主要表现在以下几个方面：

1. 军事财政立法主体不明确。军费的多渠道供应与多头管理，带来了政出多门、管理不规范等现象。一定的财权必须负相应的责任，在军事财权分散的状态下，各执行者为履行其职责，必然要作出相应的规定，以便明确与下级的权责。而这些规定都具有一定的针对性，往往注重考虑本系统的实际情况，并保护本系统的利益。因此，在军事财政主体多元的状态下，就难免政出多门。这种情况出现在基层，必然带来混乱，使执行者无所适从。

2. 军事财政法规体系不健全。我军现行的军事财政法规体系，在结构与内容上均不健全。首先，从体系的纵向结构看，军事财政法律仍是空白，军事财政补充性规章和准法律性管理制度过多。其次，从法律规范文件的结构看，目前综合性的法律规范数量少，单项性的法律规范文件数量多。大量单项性法律规范文件的存在，不仅存在立法成本高和工作量大的问题，而且也容易造成各项法规之间的相互交叉。最后，从目前各项法规的内容看，许多法规内容本身存在疏漏。有些法规对军事财政管理只有原则性的规定，而没有对具体执行程序的规范，没有从军事财政运行环节的内在要求和约束军事经济单元行为出发制定详细具体的规定，法规条文不系统、不细致，导致执行中灵活性过大。

3. 预算制度不严谨，法规执行力度不足。军事财政预算是决定经费物资投向投量的基本计划，也是各预算主体年度经费和物资使用的重要依据。由于现行军事财政制度的不尽完善，各级党委和财务部门无法对本级和所属部门全部经费进行综合考虑与安排，有相当一部分经费脱离了单位年度预算的控制和监督。其结果是：一方面，事业经费紧缺，事业建设中许多该办甚至急需办的事因财力所限办不了；另一方面，大量事业经费却被分散、转移和挪用，加剧了供需矛盾。此外，一些部门在统筹物资、实物供应中，钱物转化控制乏力。如用事业经费加工器具、购买物资器材等，通过对外销售或内部划拨，形成一定的收入，或以创收的形式上交，或存放在下属单位，脱离监控造成了事业经费的流失。又如在住房公积金的管理上，使用之前是纳入财务部门管理的，但房屋出售、资金回收产生的盈余，却脱离后勤财务的监控。事业经费转移改变了经费的规定用途，为一些单位和部门盲目建设、重复建设、铺张浪费、搞“大而全”、“小而全”提供了条件，同时也削弱了事业经费的保障能力。

（二）新时期军事财政法律制度的完善

1. 坚持科学理论在军事财政改革与发展中的指导地位。一是要从政治高度重视和处理军事财政管理与改革问题；二是军事财政要服从国家经济建设大局，在协调中求发展；三是优化军费分配结构，突出保障重点；四是以提高军事财力使用效益为中心，改革军事财力运作方式和方法。

2. 坚持适应市场和保障战场的改革发展方向。第一，适应市场经济对军事财政活动的要求。国家财政管理体制改革、金融体制改革等，迫切需要军事财政适应国家经济体制改革的要求，及时地调整军事财力的配置制度，不断提高军事财力的运行效益。为此，军事财政在军队国有资金管理、军人保险以及军队会计制度等方面应进行相应改革。第二，适应未来信息化战争对国防和军队建设的要求，改进和加强军事财政管理。冷战结束后，以信息化技术为物质基础的局部战争的威胁不断增大，军事财政活动尤其是军事财力分配结构必须适应现代战争的要求。改革军事财力分配制度，提高军队打赢信息化战争的体系作战能力，这是新时期军事财政改革与发展的根本目的。

3. 坚持科学划分立法权限，明确立法分工。在我国军事财政立法体制中，全国人大及其常委会制定军事财政法律，中央军委制定军事财政法规，军委机关、军种和战区等大单位制定军事财政规章，法律规章之间是互相制约与补充的关系。当前，必须严格执行军事财政立法权限，军队内部的军事财政立法权限必须统一，有关军事财政的立法由军事财政综合职能部门协调，由综合部门统一规划和整体设计，以解决军队内部军事财政立法不统一、不协调、相互矛盾的混乱局面，保证军事财政法规顺利出台并得到有效执行。

4. 不断健全军事财政法律法规体系。第一，要在健全军事财政法规体系的同时，重点提高军事财政法规的可操作性，把法规过于原则的内容具体化，制定具体的标准和执行方法。第二，为了从可操作性方面弥补法规要素的某些真空和缺陷，还需要进一步明确执行主体和监督主体的权力、责任、义务及法定责任形式。第三，要加强军事财政法规的执法监督，建立法制化管理的有效监督机制。特别是要尽快制定和完善军事财政监督主体履行其主体自身行为的法律法规，尽快修订完善规范军事财政监督主体实施处罚的法律法规。

第二节　军费拨款法律制度

一、军费拨款法律制度概述

（一）军费的概念

军费是国家直接用于军队建设和作战的经费，是军队建设和作战的基本财力。我国军费开支体现着社会主义制度的特点和我军的战略方针，其数量是根据国际形势、国家经济实力、当代军事发展程度、军队武器装备状况和军人物质生活水平等因素决定的。国家从国家财政中拨出军费，目的是为了加强军队建设，使国家具有抵御外来侵略、防止国内阶级敌人颠覆的能力，为国家社会主义建设创造有利的环境和条件。

（二）军费拨款法律制度的概念

军费拨款法律制度，是调整国家与军队财政分配关系的法律规范所构成的制度。军费拨款法律制度由军费拨款基本法律和系列配套法规组成。军队通过军事预算向国家取得预算资金，作为军队各项活动的货币资金。这种在拨款和领款方面发生的经济关系，就其实质来说，是分配领域中的财政分配关系。调整国家与军队财政分配关系的法律规范，就构成了军费拨款法律制度。在军费拨款法律关系中，国家和军队是该法律关系的主体，军费支配权是该法律关系的客体，国家和军队各自的权利和义务，就是该法律关系的内容。

国家通过财政拨款制度把国家经济力转化为军事实力是随着历史的发展而变化的。在奴隶社会和封建社会，国家建立在自然经济基础之上，政府通过立法建立征收实物税制度和劳役制度，以取得军事所需的大部分资源。随着经济的发展，货币成为商品交换的媒介，这样，即使在封建社会时期，政府也越来越借助于立法手段拨出专款来维持和装备军队。建立在商品生产基础上的资本主义社会，货币成了政府取得军事和民用物资以及劳务的主要合法支付手段。资本主义国家利用法律这个社会关系调整器，划拨大量军费，把国家经济力转变为军事实力。在社会主义制度条件下，货币资金仍然是物质产品交换的媒介物。

社会主义国家为了国防事业的需要，也需要借助法律手段，即通过国防立法来调整国家经济建设和国防建设的关系，为管理好使用军费，军费拨款法律制度必不可少。

目前，世界各发达国家都借助于国防立法手段对军费拨款进行控制。美国宪法授权美国国会建立并保障陆军，供应并维持海军，“除非按照法律做出拨款决定，不得从国库提款”。美国现立有《军事拨款法》、《陆军军费法》、《国防紧急拨款法》等，美国国会还每年颁布一次《国防部授权法》、《国防部拨款法》、《军事设计授权法》、《军事设施拨款法》，分门别类地规定了国防部某一财年内军费开支的拨款数额，对军费项目给予批准和拨款，使军费的各项拨款均有法可依。美军现行的军费管理体制，是根据总统颁布的行政命令逐步建立和完善起来的。作为政府管理军队的主要代表，国防部也为军费管理下达了各类国防部指令、指示。据统计，在国防部正式发表的1000—7000系列的国防部指令中，有近一半指令从各个不同角度涉及军费的管理。国防部的第7045·16号指令《财务管理系统》和第1710·1号指令《国防部预算指导手册》，对军费管理过程中的财务管理和预算均有明确的规定。各军种作为军队的最高管理实体，各自也拟制了大量军费管理法规。美陆军法规制度主要以FM（野战条令）、AR（陆军条例）形式颁发。据因特网资料，在目前美陆军的431个FM和380个AR中，分别有近1/3和1/4个涉及军费管理法规。各军种部长也颁布了大量的关于军费的条例、条令，对各军种军费管理做出了明确具体的规定。

（三）军费拨款法律制度的地位和作用

军费拨款法律制度不仅是军事后勤法律制度的重要方面，而且是国防法律制度的一个重要组成部分。我国军费拨款法律制度，调整国家与军队的财政分配关系，保证国防建设与国家经济建设的协调发展，维系国家和人民的根本利益，是关系国家盛衰、国防安危、人民安定的重要制度。其具体作用是：

1. 国防建设与国家经济建设协调发展的可靠保障。国防建设与国家经济建设是对立统一的。国防建设是国家经济建设的可靠保障，国家经济建设是国防建设的坚实物质基础。只有二者协调发展，共同提高，才能增强我国的综合国力，达到富国强兵的目标，也只有这样，才符合我国人民长远的、根本的利益。军费拨款法律、法规以其强有力的工具特征，确立军费拨款的基本原则，理顺国防建设和国家经济建设的关系，就可以使二者互相促进，协调发展，共同加强，处于良好的运行机制之中。

2. 调整军费拨款与国家财政支出比例关系的重要工具。规定军费拨款所占国家财政支出的比例，是军费拨款法的核心内容。军费拨款比重过大，影响国民经济发展的速度；军费拨款比重过小，则会影响国防实力的增强。在充分论证的基础上，以法的形式科学地确定军费占国家财政支出的比重，就可以使国防建设者在财力稳定的情况下，深谋远虑，长期打算，从根本上加强国防建设。

3. 保证军费拨款规范化、制度化的重要手段。目前我国军费拨款法律制度还有待完善，每年的军事预算一般要由军队有关部门同国家有关部门多次交涉才能确定。建立健全军费拨款法律制度，就可以把军费预算纳入国家预算这个大系统之中，使之规范化、制度化，减少许多不必要的事务，提高工作效率，增强军费拨款时的时效性和科学性。

二、军费拨款的基本原则

军费拨款的基本原则，是军费拨款法律制度的重要内容。我国《国防法》明确规定“国防经费的增长应当与国防需求和国民经济发展水平相适应”，这实质上确定了军费拨款的基本原则。以法律的形式规定军费拨款的原则，可以为军费管理提供法律保障，有利于长远规划军队建设。并且，根据国民经济发展目标和拨款原则，预测未来一定时期的军费总量，增强军费管理的科学性和计划性，减少短期行为带来的资源浪费和重复建设，提高军费的使用效益，为正确处理国防与经济的关系，促进国防建设与经济建设协调发展，提供了法律依据。具体有以下原则：

（一）与国家安全需要相适应原则

国家安全，是搞好国家经济建设、保障人民和平生活的重要的条件。为了国家安全，国家拨出适当的经费，以加强军队建设，提高国家防务能力，是十分必要的。国家对国防建设事业的投入是军费、而产出的却是国家安全。特别是在当前国际国内形势下，国家投入适当经费，保持一支强大的军队，建设一个巩固的国防，是必不可少的。不论从国际形势看，还是从国内形势看，都需要我们国家拨出适当经费，加强国防建设和军队建设，把国防建设与军队建设提高到与国防安全需要相适应的水平。

（二）与国民经济发展水平相协调原则

经济因素决定着国防建设及战争的规模和进程。恩格斯曾经说过：“暴力的胜利是以武器的生产为基础的，而武器的生产又是以整个生产为基础，因而是以‘经济力量’，以‘经济情况’，以暴力所拥有的物质资料为基础的。”这就是说，国家经济建设与国防建设相比较，国家经济建设是第一位的，国防建设处于从属地位。国防经济发展的水平会影响国民经济调整和建设。假使整个国民经济上不去，国防建设就是上去了，也没有基础，也巩固不了。军费拨款必须与国民经济发展水平相适应，这是被国内外无数事实所证明的正确原则。

三、我国军费拨款法律制度的主要内容

（一）军费拨款管理制度的历史沿革

在革命战争时期，革命根据地财经工作的首要任务，就是集中一切力量保证战争所需物力、财力的供给。当时军费的主要来源是取之于民，大部分是靠征收农业税。此外，还靠部队生产自给和取之于敌，来解决部分供给。

新中国成立初期，国家对军队经费的供应，实行逐项审批预算按实报销的办法。也就是说，军费的每项开支，事先都要编制预算，报领导机关审查批准，财政部拨款，年终按实际支出数报销，结余交回，超支另补。这种管理办法，是在革命战争年代各根据地的财政供给办法的基础上形成的。这是因为建国初期，不论是国家财政还是军队财务，还不可能有一套完整的、系统的管理办法，全军的经费开支也还编不出一个比较完整的预算。逐项审批

预算按实报销的办法，是符合当时情况的。

这种供应办法的显著特点，是军费开支的批准权限高度集中，审查相当严格。当时的中央人民政府政务院，是批准军费开支的最高领导机关。在国务院总理的直接领导下，曾经设立由总后勤部部长、总参作战部部长和国家财政部常务副部长组成的三人小组。凡军费各项开支的确定，拨款的额度，都需经三人小组审查提出意见，报总理批准方能生效。后来，周总理授权中央财政经济委员会审批军费开支，三人小组改成由中财委宋劭文、财政部戎子和与总后勤部杨立三、张令彬、宋裕和等同志组成的五人小组，在副总理兼财委主任陈云同志直接领导下进行工作。军费开支由总后勤部分类汇编成单项预算，经由总参谋长签署意见转中财委。一般预算开支由中财委主任陈云同志和副主任薄一波、李富春同志批准，重要的转呈周总理批准，然后以中财委名义下达。总后勤部向财政部办理领款手续，年终则按实际开支由总后勤部编报决算，直接向财政部办理报销。

随着国家财政经济情况逐步好转，朝鲜战局的基本稳定，国内的社会主义改造和经济建设任务的日益繁重，对军费开支采用单项预算审批的办法、就显得很不方便了。1952 年 3 月彭德怀同志主持军委的日常工作后，即着手对军队经费的供应办法进行改革，确定军费预算的批准权属于中央和中央军委，军费开支则由单项预算改为统一的年度预算，国家财政的军费拨款，进一步走向按年度预算的办法管理。

从 1953 年起，我国进入了第一个“五年计划”时期，当时军队的财务工作也逐步走向正轨。为了更好地为军队建设服务，国家财政进一步改进了对军队经费的供应管理办法。1953 年 8 月份中央财经工作会议后，邓小平同志兼任财政部长，对国家财政提出了归口包干、结余不上缴、自留预备费、控制人员编制、动用总预备费经中央批准、加强地方财政监督等六条方针。根据这些方针原则，国家财政对军费的供应也找出了一条新的途径，即预算归口包干、结余不上缴、自留预备费等。因此，财政部商得军队有关领导机关同意后，经中央批准，从 1954 年起，国家财政对军费的供应，基本上实行了预算包干的办法。军费预算包干办法的基本内容是：

1. 开支归口。即国家财政列支的军费预算，由总后勤部负责归口管理，并统一向国家财政部门领报。除个别特殊项目经中央批准外，国家财政部门不同军队任何单位发生财务关系。

2. 经费定额包干。国家财政每年确定军费支出指标，列入国家预算总支出，报经全国人大常委会批准后，包干给总后勤部统一掌握，由总后勤部统筹安排全军的各项支出，并组织实施。年终如有结余，原则上不再上缴国家财政，允许结转下年度继续使用。如有超支国家财政也不再补拨经费，由总后勤部自行调整解决。只对成建制部队的划出、地方单位的划入或其他特殊情况，才作预算包干指标调整，相应减少或增加经费拨款。

3. 军队自留预备费。国家财政对军费实行包干后，军费预算在年度执行过程中，出现不平衡，发生各项目之间进加或进减的事项，由总后勤部统筹处理，对一些非增加不可的开支，动用自留的预备费和机动费解决，国家财政对军费包干预算不变。只是在出现特殊情况，如规模较大的作战行动、平息暴乱等，或国家采取重大的经济措施，如大幅度调整物价，影响到军费包干基数，不作进加确有困难时，由总后勤部编制追加预算，报国务院和中央军委审查批准后，国家财政再增加对军费的拨款。

4. 按预算包干指标分次拨款。军费包干预算确定后，财政部采用按月划拨资金的办法对军队实施拨款，正常情况下，每月拨款一次，遇国家或军队资金调度困难，再通过调整拨款数额或增减拨款次数的办法解决。

5. 军队收益不上缴。国家财政对军费拨款实行预算包干后，为了使军队增加部分机动财力，用自己的财力办更多的事情，国家对军队原则上实行了收益不收交的政策。军队的生产经营收益，除按规定缴纳一定的税金外，基本上不上缴。军队企业的税后盈利、军队物资的变价等收入，都作为军队预算外收入，不上交国家财政，而由军队统筹安排使用。

6. 预决算审批制度。军费年度预决算，由总后勤部报中央军委审批后送交财政部，再由财政部按中央核定的预算数和财政实际拨款数分别纳入国家预、决算内，经全国人民代表大会或其常务委员会批准后完成立法手续。

（二）现行军费拨款法律制度

我军现行军费拨款法律规范主要有《中华人民共和国预算法》、《中国人民解放军财务管理十项规定》、《预算编制改革实施方案》、《预算编制改革暂行规定》等。从内容上看，军费拨款法律制度主要包括以下几个方面的规定：

1. 军事预算体系。我军的军事预算体系是预算种类、各级预算之间的关系和经费管理权限划分的总合，是国家各军事预算级次和军事预算单位按一定组合方式组成的统一体。目前，军事预算体系由以下预算组成：军费年度总预算，事业部门年度分项预算，战区、军种及各部队的年度单位预算（包括部队各级事业部门分项预算）。

年度总预算由军委主管机关业务职能部门编制，经军委主管机关审查，由中央军委审批执行。事业部门年度分项预算，包括专项经费预算、标准领报经费预算、定额分配经费预算，根据经费管理办法不同，其制定权限的划分也不同。其中，专项经费预算由有关事业部门根据明确的任务编制，送同级后勤财务部门（或装备财务部门）审查，经后勤或单位党委同意，按业务系统逐级上报至军委机关业务主管部门批准执行。标准领报经费预算由各级事业部门在根据标准实力计算年度预算收入的基础上，结合事业任务的需要编制支出预算，经同级后勤财务部门审查后，报主管首长审批执行。定额分配经费预算由事业部门根据上级下达的定额分配指标和事业任务提出预算，经同级后勤财务部门审查后，报主管首长审批执行。战区、军种等大单位及各级部队的年度单位预算由相应的后勤财务部门根据本级事业部门的分项预算汇总编制。

2. 军事预算的编制与审批。现行军事预算编制方式，中央军事财政部分，按复式预算编制，军队的军事预算编制则是“基数切块”的方式，即以上年预算及其执行情况为基础，根据当年经费增量，考虑各项目的变动因素，从下到上提出概算，从上到下“切块”分配。同时，根据经费管理办法划分预算权限。

（1）军事预算编制和审批的原则。编制和审批军事预算通常遵循以下原则和要求：第一，顾全大局，服从整体。即花钱办事要有全局观念，处理好军事建设与国家经济建设的关系，处理好军事部门内部上下之间、各项事业之间的关系。第二，保证重点，兼顾一般。即对重点项目、重点使用方向要在财力上给予优先保障，使有限的财力形成“拳头”，确保各项重要事业和关键项目的需要。同时也要顾及一般事业和项目的保障，防止比例严重失调。第三，量入为出，留有余地。量入为出即安排事业任务要根据财力可能，把军事建设的规模和目标置于有稳妥可靠保障的基础之上。留有余地即在安排预算支出时，要留有一定的后备财力。

（2）军事预算编制和审批的基本程序。

第一，年度总概算的提出与预算总额的确定。每年在编制预算前，由国务院及财政部发布编制预算草案的指示和具体规定。军队在接到指示后，自下而上提出概算，并经过逐级上报和审定后，报送财政部。财政部在对中央各部门提出概算进行综合平衡、反复测算的基础上，拟定中央各部门（包括军队）的预算指标，报经国务院批准后下达。军队在接到财政部下达的预算限额指标后，由军委主管机关编制和审查年度总预算草案，经中央军委审定后，根据财政部审核并纳入中央预算草案，经国务院审定最后完成预算草案编制工作。我国批准军事预算的权力属于全国人大，全国人大通常在每年3月或4月份审批中央预算草案，做出修改或批准中央预算的决议。

第二，年度总预算的制定与军费的“切块”分配。军队在接到国务院下达的预算总额指标后，通过制定年度总预算来实施再分配。年度总预算，由军委主管机关根据国务院核定下达的顶算总额指标和中央军委确定的任务，以及各业务部门、战区、军种提出的年度分项预算草案，在综合平衡的基础上编制，经军委主管机关审查，报中央军委批准后执行。

第三，各级年度分项经费预算，由事业部门根据确定的经费指标和事业任务提出分配计划，经同级后勤财务部门审查后，报主管首长审批执行。战区、军种及各级部队的年度经费预算，由战区、军种及各级部队财务部门根据分项预算汇总编制，报党委审定，并报上级备案。

3. 军事预算的执行。军事预算执行是自制与实施经费保障，以实现预期目标的过程。编制预算只是整个预算工作的开始，它可以在一定的时间内完成，而预算执行则是从年初到年末都在进行的一项经常性的复杂的工作。军事预算执行包括军事预算收入的执行和军事预算支出的执行。

军事预算收入的执行，就是把经费预算规定的各项收入任务，在预算执行过程中陆续组织其实现。军事预算收入的执行又包括预算经费收入计划的执行和预算外经费计划的执行两种情况。预算经费是军事基本财力。搞好预算经费收入的执行，一是要及时计领实报实销经费和标准领报经费，二是及时请领专项管理经费和定额分配经费。预算外经费作为辅助财力，是确定军队建设规模和目标所需财力的必要补充。一切预算外经费，都应纳入财务部门统一管理。严禁应收不收，应交不交，收不入账，自收自支，坐支挪用。

军事经费预算支出的执行，由财务部门负责组织、指导和监督，由事业部门和单位具体负责执行。各级财务部门必须依照有关规定，及时、足额地拨付预算支出资金，加强对预算支出的管理和监督。

在军事预算执行上，通常特别注意坚持和完善以下制度：

第一，“一支笔”审批经费制度。防止和克服政出多门、多头批钱、多渠道拨款问题的发生。

第二，预算审评审批制度。党委审批预算、上级审评预算，要从宏观着眼，坚持量力而行、量入为出、综合平衡的原则，使预算安排尽可能建立在稳妥可靠的财力基础上。

第三，经费借款拨付制度。严格按预算、按指标、按进度拨付资金，坚持“经费供应证”制度，杜绝资金使用的随意性，确保在经费指标内完成任务。

第四，经费管理责任制度。责、权、利结合，按照预算和部门分工，坚持“一包到底、包住包死、节余归己、超支不补、自求平衡”的原则，用自我约束、自我控制的管理机制来提高自身解决实际问题的能力。

第五，经费结算报销制度。报销时要审查，看其开支是否真实，内容是否完整，手续是否完备，有无违反财经纪律的问题，严格经费开支范围，切实堵塞各种漏洞，管住用好有限经费。

4. 军事决算。军事决算是按法定程序编制、审核、批准的军事预算执行情况的总结报告。它是国家决算的组成部分，也是军事经费结算的法定依据和财务信息反馈的重要渠道。

（1）军事决算的编制要求。军事决算编制的基本要求是：第一，内容完整。就是决算诸要素必须齐全，包括印章要齐备、表格张数要齐全、项目要齐全等。第二，数字准确。要求决算实力、标准、金额都必须按照有关规定认真填写，做到准确无误。第三，格式统一。就是按照各部委或全军统一规定的内容和格式编报。第四，及时。要求做到准备工作及时、编制及时、报送及时。

（2）军事决算的编制方法。军费年度决算，由军委主管机关业务职能部门、国家各大单位和事业部门编报的决算汇总编制，经军委主管机关审查后报中央军委审批，并抄报国家财政部。

战区、军种及各级部队的年度决算，由各级后勤财务部门根据分项经费决算汇总编制，报党委审定，并报上级备案。

专项管理经费决算，由战区、军种后勤财务部门汇总编制决算、经后勤首长审签后，报军委主管机关业务职能部门，在会同有关事业部门决审后，退战区、军种后勤财务部门，并转事业部门。

实报实销和标准领报经费决算，由战区、军种后勤部财务部按规定编制决算，经后勤部首长审签后，报军委主管机关业务职能部门，经审核后，退战区、军种后勤财务部门。

（3）军事决算的审核批准。军队系统各项经费决算，统一由后勤财务部门归口办理，并负责决审。审核形式一般有单位自审、组织有关单位会审和上级审核。审核的内容重点是两个方面：一方面从贯彻执行党和国家的各项方针政策，全军统一规定的标准制度，特别是对财经纪律等方面进行审核，即政策性审核；另一方面对决算报表的有关数字进行审核，即技术性审核。决算审核的具体内容，根据决算的性质，有不同的侧重。

第三节　军队财务管理法律制度

一、军队财务管理法律制度概述

（一）军队财务管理法律制度的概念

军队财务管理法律制度是军队财务管理的一项基本制度，包括军队各级单位和各部门的财务管理职责、权限和财务关系等。它是对军队财务管理活动内在要求和客观规律的最高概括，是加强军队财务管理、充分发挥财务保障作用的重要制度依托，是实施财务监督的依据和标准。

军队财务管理法律制度是指军队财务组织形式、职责范围、财权划分、管理方式和处理各种财务关系的基本制度，使军队财务活动制度化、规范化，是组织体系和制度所体现的军队财务分配关系总体的外在表现形式。为了更好地理解军队财务管理法律制度，可以从以下三个方面来把握：第一，军队财务管理法律制度是国家财政管理法律体系的重要组成部分，它作为国家财政在军事领域的延伸和继续，服从于国家财政管理法律体系，这决定了军队财务管理法律制度是国家财政管理法律体系在军队的特殊表现形式。第二，军队财务管理法律制度是军队财务管理的一项基本制度，它由中央军委统一制定，对军队在财务管理方面的职责、权限和财务关系作出了明确规定。第三，军队财务管理法律制度是以预算财务法律制度为主体，包括基本建设财务和预算外财务在内的管理制度，既是一项基本的管理制度，又是一种基本的管理手段；既对军队预算经费的使用和管理的经济活动及其所体现的各方面的经济关系发挥作用，还对军队其他财务活动发挥作用。

（二）军队财务管理法律制度的特点

1. 与政府预算体制相适应。军队预算是中央政府预算的组成部分，军费配置是国家财政分配的继续。我国政府预算对军队预算的管理先后采取过三种模式，即“单项预算管理”、“年度预算管理”和“年度预算包干管理”。政府预算对军费支出的模式决定了军费预算的宏观管理方式。为此，军队预算制度必须与政府预算制度相适应，使军队预算经费分配与管理符合政府预算的要求。所以说它必须与政府体制相适应。

2. 与军队财务管理原则相一致。军队财务管理原则是军队财务活动的基本准则。“统一领导，按级负责”作为我军财务管理原则的重要内容，既是财务管理工作的指导思想，又是处理部队各级、各部门之间关系的基本准则，因此军队财务管理法律制度具备与军队财务管理原则相适应的特点。我军驻地分散、执行任务复杂，因而要根据实际情况因地制宜解决实际问题。因此，我军财务工作必须在中央军委统一领导下实行各战区、军种和军以下单位分级管理。

3. 与财权配置相协调。经费分配权力的配置是否科学，直接决定着军队财务管理的科学性和有效性。在通常情况下，经费分配权力的配置主要是上级管理主体对下级管理主体的集权，或者是下级管理主体对上级管理主体的分权。根据经费分配权力的配置不同，可将军队财务管理体制区分为高度集权、适度集权与分权、高度分权三种模式。根据经费分配优化管理的实际需要，设计能有效协调、层次合理的行政组织机构体系，科学配置其职权，从而使经费分配系统协调有效运转。这充分显示了它与财权配置相协调的特点。

（三）军队财务管理法律制度的地位和作用

军队财务管理法律制度是军事法规的重要组成部分，加强军队财务管理法律制度建设，进一步完善军队财务法规体系，既是依法治军的必然要求，也是依法理财的客观要求。法制性是军队财务管理的基本特征之一，军队财务管理的高效运行是建立在法制基础上的。

我军历来重视军队财务管理法律制度建设，经过几十年的不断发展，目前已形成一个相对独立的体系。从总体上来看，基本保证了军队财务活动的正常运行。但随着我国社会主义市场经济迅速发展和新军事变革的推进，引起了军队财务领域的深刻变革。针对军队财务工作出现的许多新情况、新问题，有些财务制度已明显暴露出其滞后性，导致军事财经领域各种违纪事件不断出现。从适应信息化战争时代需要，结合军队财务工作的实际，完善现行军队财务法规体系具有十分重要的意义。

二、军队财务管理法律制度的主要内容

军队财务管理法律制度应包括军队预算法律制度、军人保险法律制度、军人工资法律制度、军队住房资金法律制度等方面。

（一）军队预算法律制度

军队预算管理制度是军队财务管理法律制度的重要组成部分，是军队各单位、各部门及其相关人员组织预算收支活动的准则。它贯穿于预算编制、执行全过程，涉及经费标准、管理规定等问题。军队预算，是指按法定程序编制和审批的一定时期内军队经费收支计划，是组织与实施经费保障的重要工具，是国家财政预算的组成部分。它是军队财务的主导环节，是军费分配的基本形式。它体现着国家的战略方针、政策，反映和调控军队建设规模、结构、重点和发展方向，其法定的程序编制就是军队预算管理制度。

为了改进和规范军队预算编制工作，强化预算分配和监督职能，提高经费使用效益，2001 年原总后勤部依据《军队预算编制改革实施方案》制定了《军队预算编制暂行规定》，军队预算编制改革原则是：坚持与国家新的预算制度相衔接，体现军事经济管理的特殊性；充分发挥预算的宏观调控作用，特别是在当前应集中一切可以集中的财力，加快军事斗争准备；强化监督制约，规范预算行为；坚持可能、可行、可操作相统一，整体筹划，逐步推进。本规定指出原总后勤部财务部是全军预算工作的主管部门，各级后勤财务部门是本级预算工作的主管部门。其中还规定军队按规定请领预算经费、独立编制预算的团以上单位及部门的经费，统一划分为维持性经费、建设性经费和代管经费，分别编制维持性经费预算、建设性经费预算和代管经费预算，形成军队特色的预算制度新体系。

为了加强军队预算外经费管理，根据《中国人民解放军后勤条例》和有关规定，制定了《中国人民解放军预算外经费管理规定》，本规定所称预算外经费，是指军队单位在国家分配的军费之外，按照国家和军队的有关规定组织收入的经费，包括专项收入、事业有偿服务收入、行政与执法收入、保障性和福利性企业收益等。本规定指出预算外经费管理，遵循统一领导、财务归口、收支有序、加强监督的原则，实行制度化、规范化管理。

（二）军队资金管理法律制度

军队资金管理法律制度包括货币资金管理法律制度、军队住房资金管理法律制度和军人保险法律制度。

军队住房资金法律制度是军队财务管理法律制度的重要组成部分。从1992年以来，以中央军委颁发的三个房改“方案”为主要标志，军队住房资金法律制度从无到有，在房租补贴、住房公积金、住房补贴等方面建立起了一系列的制度规范，并不断调整完善。

1992年3月，中央军委颁发了《军队住房制度改革实施方案》，其针对军队住房资金方面的主要内容有：一是改革住房低租金，实行逐步提租并给予提租补贴；二是实行住房公积金制度。1995年，中央军委颁发了《深化军队住房制度改革方案》，其针对军队住房资金方面的主要内容有：一是积极推进军队住房租金改革；二是完善军队住房公积金制度，对军队住房公积金制度在构成、管理和使用等方面进行了规范和完善。1999年9月，中央军委颁发了《进一步深化军队住房制度改革方案》，该方案提出建立军队住房保障“三结合”的新体系，采取军队保障与社会保障相结合、公寓住房与自有住房相结合、实物供应与货币供应相结合的方式，逐步实现住房社会化、专业化、规范化管理。2003年，原总后勤部发布《军队住房公积金管理规定》，对军队住房公积金的归集范围与账户管理、支取、贷用等作了明确规定。

随着社会主义市场经济体制和社会保障事业的发展、国防和军队建设改革的不断深化，中央军委在《“九五”期间军队建设计划纲要》中提出，要适应国家社会保障制度改革，建立军人保险法律制度。1998年7月，原四总部联合印发了经国务院、中央军委批准的《军人保险制度实施方案》，明确了实行军人保险制度的指导思想、原则与目标，确定开设军人伤亡保险、军人退役医疗保险、军人退役养老保险三种险种，以及根据国家建立多层次社会保障体系的要求和军队建设的需要，在适当时机开设其他军人保险项目。同时，还对军人保险的对象、基金的筹集与管理、给付标准、实施步骤、管理体制及其他相关问题作出了原则性的规定。

为适应军队财务正规化建设，促进军人保险待遇政策落实，切实维护军人合法权益，2004年10月，原总后勤部发布了《军人保险工作规范化管理规定》，使军人保险管理工作逐步走向规范化轨道。为了建立健全军人保险法律制度，完善国家社会保障体系，2012年4月，全国人大常委会发布了《军人保险法》，该法对于推动军人保险事业发展、规范军人保障待遇政策，具有十分重要的意义。

（三）军人工资法律制度

新中国成立初期，我国军人生活待遇实现了供给制向薪金制的过渡，

1955 年开始实行级别薪金制，这是我国军人待遇史上的一次历史性变革。以后又因适应国家经济体制和收入分配制度改革的需要，而对其不断完善和发展。新中国成立以来，我国军人工资待遇法律制度的演变大致经历了津贴制、改供给制为薪金制、国家行政级别工资制、以行政级别工资为主的结构工资制、以职务工资为主的结构工资制、职务军衔薪金制、“职务、军衔、基础、军龄”四结构工资制、“职务、军衔、军龄”三结构工资制等八个阶段，形成了具有我军特色的工资制度。

1. 津贴制阶段（1949 年 10 月 ~1954 年 12 月）。1950 年至 1954 年，由于当时财政经济比较困难，加上军队由战时转入和平时期，仍有部分部队在执行作战任务，所以这个阶段仍然实行津贴制。考虑到当时的经济条件和物价因素，津贴标准先后采取过三种形式，分别为：以实物规定津贴标准、实行工资分和设定固定的货币标准。

2. 改供给制为薪金制（1955 年 1 月 ~1964 年 12 月）。随着工农业生产的恢复，大规模经济建设的发展，国家的财政状况已根本好转。根据国家的财政情况和人民的生活水平，以及我军过去供给制的水平，1954 年 11 月 19 日，国防部颁发了《中国人民解放军薪金、津贴暂行办法》，决定全军从 1955 年 1 月起在军官中实行薪金制，到 1965 年 5 月停止，历时十年。工资制实行后，军官的薪金水平及结构合理，使军队干部的生活得到了显著改善，调动了广大干部的积极性。

3. 国家行政级别工资制阶段（1965 年 1 月 ~1980 年 3 月）。1964 年，党中央提出要逐步缩小党和国家机关人员同广大人民群众的生活差距。据于此，军委决定改革军官薪金制度，取消军龄补助金，降低军官薪金标准。从 1965 年 6 月开始，军队干部改按国家机关行政干部行政级别发工资。这次工资改革，虽然起到了军政、军民团结和缩小差别的作用，但也存在一些问题，主要不能体现按劳分配原则，不能体现所担负责任与得到利益的对称性。

4. 以行政级别工资为主的结构工资制（1980 年 4 月 ~1985 年 6 月）。从 1980 年 4 月 1 日起废止单一的国家行政级别工资制，实行由职务工资与级别工资相结合、以级别工资为主体的工资制度，也就是级、职工资制。级、职工资制中的级别工资保留原国家性质级别，但降低了各级标准，按照担任的职务情况，新增设职务工资。职务工资按照干部的类别不同，分为行政干部、科学技术文职干部和体育干部。这次工资制度改革，是军队工资制度改革的一次重大突破，朝着按劳分配的方向迈出了重要一步。

5. 以职务工资为主的结构工资制（1985 年 7 月 ~ 1988 年 9 月）。1985 年国家进行工资制度改革，我军干部的工资制度随之再次进行改革。改革后，军队干部的工资由基本工资和补助工资两大部分构成。这次工资改革是在恢复军衔制度以前采取的过渡办法，主要目的是进一步理顺工资关系，改善工资结构，为过渡到军衔工资创造条件。改革后，军队干部工资结构由职务工资、级别工资和军龄津贴三部分组成，以职务工资为主，故称之为职、级工资制。

6. 职务军衔薪金制（1988 年 10 月 ~ 1993 年 9 月）。为了贯彻中央确定的军队干部与地方干部的工资关系原则，保证干部生活水平不降低，于 1988 年 10 月对干部工资结构又进行了调整。一是军官薪金完全消除了国家机关行政级别的因素，军官薪金结构基本上摆脱了国家机关干部工资的制约，军官薪金政策的独立性得到了进一步增强；二是提高了职务工资标准；三是引入了军衔薪金的因素，在我军军人待遇历史上首次将军衔薪金纳入军官薪金范畴。

7. “职务、军衔、基础、军龄”四结构工资制（1993 年 10 月 ~ 2006 年 6 月）。1993 年我军对军队干部工资制度进行了较大调整，将军官和文职干部的工资并轨，军队干部工资改为由职务工资、军衔工资、基础工资和军龄工资组成的四结构工资制，并在体现军队特色、理顺工资关系、完善增资机制等方面较以往的工资制度有了很大改进。这次改革的主要内容包括：一是建立了军人职业津贴；二是完善了定期增资机制；三是增加了基础工资。

8. “职务、军衔、军龄”三结构工资制（2006 年 7 月至今）。2006 年 7 月 1 日起，根据我军《军队工资制度调整改革方案》、《军队工资制度调整改革方案实施办法》，调整了干部工资结构，将原来的基本工资“四结构”工资制改为由职务工资、军衔工资、军龄工资组成的“三结构”工资制，取消了基础工资，以职务工资为主，适当加大军衔和军龄工资比重，实行“一职多薪、一衔多档”的工资模式。同时，结合军队实际，逐步调整完善军队津贴补贴、专业岗位津贴和地区性津贴制度。

三、军费预算制度的改革发展

（一）军费预算制度的产生

军费预算是政府财政预算的一个重要组成部分，其与政府财政预算有着不可分割的血缘关系，军费预算制度是伴随着政府预算制度的产生而产生的。国防是阶级斗争的产物，伴随着阶级和国家的形成而产生。大约公元前21世纪，中国古代社会开始由原始氏族公社制社会进入奴隶制社会，并出现了国家。从此，作为对于外来侵略和征伐别国的武备——国防的雏形便产生了。随后的几千年征战中，为保家卫国，逐渐形成了国防制度和理论，其中就包括军费预算制度的产生。

军费预算制度是在清朝末年出现的。中国封建社会的政治、经济和社会结构，使得封建制度难以解体，而在封建制度下，皇室私人收支与国家财政收支混在一起，最终的决策权都集中在封建帝王手里，不可能产生以政治民主为基础的现代政府预算制度。直到1896年，深受西方民主思想影响的康有为才提议要建立政府预算、公开财政收支，主张政府每年的出、入款项要分门别类地列为一表，按月刊报，但因变法最终夭折，并未得以实施。到清光绪三十四年（1908年）起，由户部的清理财政处负责全国的预算编制工作，这是中国两千多年以来的封建王朝第一次在主要由外力推动下所被迫建立的政府预算制度。清朝末年，由于清政府的腐败和挥霍无度，政府财政收不抵支，只能向国外大量借债，并以关税和盐税作为抵押，由此政府也就丧失了关税权。外国政府通过对关税权的控制进一步控制了中国的财政经济命脉，胁迫清政府编制年度预算，公开财政收支账务。其基本程序是：首先由各省预计并汇报本省的年度财政收支数据，然后由度支部加以审核汇总，报资政院加以修改，最后奏请实施。在随后拟定的《预算册式及例言》中，对政府预算年度、预算收支分类和编制方法等又作了进一步规定，以每年的正月初一到十二月底作为预算年度，预算册内先列岁入，后列岁出，各分为“经常”和“临时”两门，门内分类，类下设款，款下分项，项下分子目。当时的预算岁入主要包括田赋、盐茶课税、洋关税、常关税等十项，预算岁出主要包括行政费、军政费、交通费、民政费、司法费、教育费、各省应交赔款等十九类。

清政府在1910年正式编制了我国历史上第一个政府预算，并将“军政费”列入“预算岁出表”里，可视为军费预算的雏形。1911年辛亥革命爆发，清政府被推翻，其政府预算制度只实行了一年，且只有预算而没有决算，但它却是中国历史上第一部正规的政府预算。在后来的北洋军阀和国民党时期，也曾编制和执行过政府预算，但这些政府预算都具有半封建半殖民地性质，而且预算收支混乱，执行中的随意性很大。

（二）军费预算制度改革发展状况

我军历来重视加强军费预算制度建设，并根据形势的发展不断加以改进和完善。我军军费预算制度萌芽于革命根据地，其中，财政收支中的重要内容就是有关军队建设和作战保障所需费用。我军军费预算制度的改革发展大致经历了红军时期、抗日战争时期、解放战争时期、新中国成立后等几个历史时期。

1. 新中国成立前我军军费预算制度的改革发展。1931 年 11 月 7 日，在江西瑞金成立了中国工农民主政府，颁布了《中华苏维埃共和国暂行财政条例》，并建立预算制度，统一了根据地的财政收支。抗日战争时期，八路军、新四军在总结经验的基础上，大力加强各项财经制度建设，对预决算制度进一步进行了完善。但由于战时特殊情况，各部队各自编制和执行自己的预算，我军没有形成统一的预算。解放战争期间，随着我军队伍不断壮大，正规化建设日益加强，军队财务保障日益复杂，以及经费筹供任务的急剧加重，对军队预决算制度也提出了更高的要求。人民解放军的经费筹供分别由各大战略区进行管理，因而军费预决算的分类并不一致，一般由各部队根据经费保障情况和管理的方便与否来具体规定。

2. 新中国成立后我军军费预算制度的改革发展。新中国成立初期，随着政府实行统一的财政拨款制度，军费预算由分区管理走向全军统一，初步形成了统一的预算制度。1956 ~ 1965 年，我军围绕军费预算权限的“收”与“放”以及军费预算经费管理办法等，对军费预算制度作了多次调整。1978 年以来，由于国家进入改革开放新时期，为适应经济体制改革和军事战略方针转变的要求，我军对军费预算制度进行了一系列调整和改革，包括调整预算分配原则，集中财力保障重点等。

从新中国成立后我军军费预算制度调整和改革的历史轨迹来看，在新中国成立后到改革开放前的三十年期间，计划经济体制运行相对稳定，使基数型军费预算制度基本上处于稳定发展的时期。在改革开放以来近四十年间，在国家经济体制改革和新军事变革的推动下，军费预算制度出现了较大调整。2001 年，在国家经济体制改革和新军事革命的浪潮推动下，对军费预算制度实行了“分类预算、零星预算、综合预算”的重大改革，标志着我军预算制度步入了一个新的历史阶段。但由于基本上是在传统预算体制之内的调整，尚未触及预算体制旧模式的核心，即政府对军费预算规模的确定仍以过去的规模为主要参考依据，现行的军费预算制度仍具有典型的传统的基数预算特征。

（三）军费预算制度改革发展规律

引起军费预算制度改革发展的原因是多个方面的，涉及政治、经济、军事等诸多因素。既受国家经济形势、国家预算制度改革等外部环境的影响和制约，也有军队内部处于加强预算管理、提高效率、利益争夺等内部因素的作用。总的来看，军费预算制度改革发展是适应制度运行环境变化，各种内外部因素相互交织综合作用的结果。

1. 适应生产力发展规律。马克思将社会的发展与演进总结为生产力和生产关系、经济基础和上层建筑的矛盾运动。根据马克思主义经济学的观点，归根结底，军费预算制度不断改革发展的内在动力根源于社会生产力的发展要求与社会生产关系或经济制度所产生的矛盾运动。其中，生产力是最活跃的因素，是引起最终制度变革的根本性因素。因此，军费预算制度的绩效从根本上讲也最终体现在能否适合适应生产力的发展。

2. 制度效率递减规律。任何一种制度都有其生命周期，都有一个从产生、发展、繁荣最后逐渐衰亡的过程。军费预算制度也不例外，随着时间的推移，其效率也不是一成不变的。在军费预算制度效率分析中，一旦引入时间概念，就不存在一成不变的最优制度。因此，军费预算制度效率本质上是一个历史的动态的范畴，它有生命周期，同样存在制度效率递减规律。

3. 受政府预算制度制约。军费预算是政府预算的组成部分之一，因此，军费预算制度必须要与政府预算制度相适应，前者受到后者的制约。长期以来，国家财政部一直是代表政府一方作为军费预算的供给方，后勤主管机关则代表军队作为军费预算的需求方，军队预算经费的供需达到相对均衡是通过政治选择实现的，双方往往就预算额度问题进行讨价还价式的谈判。2001年军费预算制度改革后，尽管在军队内部预算编制实行“零基预算”法，但由于政府财力所限等因素的影响，其分配的军费总额仍然是以上年为基数进行适当增加，因此，我军目前的军费预算制度总体上仍具有“基数预算”制的特征。

第三章

国防科技工业法律制度

国防科技工业法律制度是调整国防科学技术研究及成果应用、武器装备生产及生产企业管理活动中社会关系的法律规范的总称，是维护和促进国防科技工业发展，巩固社会主义国防，加强国防物质力量的法律保障。

第一节　国防科技工业法律制度概述

一、国防科技工业法律制度的特点与内容

我国的国防科技工业法律制度的特点及内容总结如下：

（一）国防科技工业法律制度的特点

1. 国防科技工业法律制度的调整对象是国防科学技术研究、生产和管理活动中的社会关系，即它的调整领域仅限于国防科学技术研究、生产和管理方面。

2. 国防科技工业法律制度调整的社会关系具有综合性的特点，包括科技关系、生产关系、行政关系、军事关系、经济关系等。

3. 国防科技工业法律制度调整的是国防科技研究、生产和管理活动中形成的特有的社会关系，如国防科技法调整的科技关系不是一般的科技关系，而是其中带有国防色彩的特殊部分，而一般的科技关系则由科技法调整。

4. 国防科技工业法律制度表现形式比较灵活。国防科技工业法律制度是

国防科技工业领域的各种法律规范的总和。它既包括国防科技工业基本法，也包括国防科技工业方面的法规和规章。和其他宏观调控法相比，国防科技工业法律制度在立法和执法以及法律的表现形式等诸多方面，都具有较强的灵活性。

（二）国防科技工业法律制度的内容

从内容上来看，国防科技工业法律制度包括国防科技法、国防工业法、武器装备国际合作法律制度和国防知识产权法四个部分。国防科技法包括武器装备预先研究法律制度、武器装备型号研制法律制度、武器装备试验法律制度；国防工业法包括武器装备生产体制法律制度、武器装备生产的组织实施法律制度、武器装备生产的质量监督法律制度。国防知识产权法包括国防著作权法律制度、国防专利权法律制度、国防商标权法律制度等。

二、国防科技工业法律制度的地位和作用

国防科技工业法律制度是保护和促进国防科技工业发展的重要手段之一，国防科技工业法律制度的发展，直接关系着国防和军队建设的现代化程度，对于战争的进程和结局有决定性的影响，其作用主要表现在以下几个方面：

（一）保护和促进国防科技工业的顺利发展

国防科技工业是国防建设系统工程中的一个子系统，同时它本身也是一个庞大的系统工程。随着现代科学技术的发展，军队武器日趋高技术化。越是高技术武器的研制与生产，越是需要协调好各方面的关系，求得最佳整体效益。因此只有建立起必要的法律制度，这个系统才能高效、正常运转。国防科技工业法通过一系列法律制度保证各项工作得到必需的经费、物资、情报资料、人才等，为国防科研生产创造一个良好的工作环境，同时又严格规定了国防科技工业活动中各个环节上的程序，为国防科研生产工作的顺利进展提供了有力的法律保证。

（二）确定国防科技工业在国家建设及国防建设中的地位和作用

邓小平同志指出，科学技术是第一生产力。国防科技工业是国家科技工业的重要组成部分，许多项目是军民兼容的国防科技工业的发展，对于提高部队战斗力、促进国民经济和国防经济的协调发展具有十分重要的作用。国防科技工业在国家建设中的这一地位和作用，需要通过法律确定下来，上升为国家意志。

（三）促进科研成果的应用，提高部队战斗力

国防科研的直接目的在于研制新型武器装备，提高部队战斗力。科研成果如果不应用、推广，就无法转化为直接的生产力、战斗力。国防科技工业法体系中很重要的一部分内容就是关于科研成果的鉴定、定型、奖励、专利、转让等方面的规定，从法律上鼓励、促进技术成果的应用与推广。这对于增强军队技术保障能力和提高部队的战斗力是十分必要的。

三、基于军民融合的国防科技工业法律制度完善

（一）基于军民融合的国防科技工业法律制度的现状

我国的基于军民融合的国防科技工业法律制度，经历了 1949～1977 年的“军民分离”时期、1978～1991 年的积极推进“军转民”时期、1992～2006 年的“军民结合”步入正轨时期以及 2007 年之后的逐步推进“军民融合”时期等四个阶段。

在新的国防科工委成立之初，政府就提出要建立“小核心、大协助”的国防科研生产新体系，要建立“军民结合、寓军于民”的新体制。“小核心”是要求把国防工业中的总装、设计开发、检测装备、关键核心配套件交由核心企业来做；“大协助”就是一般的配件面向全国放开，通过资格认证来核准，同时要把国防工业建立在整个国民经济发展的基础之上。

2004 年 6 月，国防科工委、国家发改委联合发布的《国防科技工业产业政策纲要》中指出：“推进国防科技工业投资主体多元化”，“重点支持武器装备科研生产核心能力、普通加工制造能力原则上向全社会开放，形成有利于适度竞争的武器装备科研生产能力。”这更加明确了国防科技工业改革与发展的范围和目标。更为重要的是，“十一五”规划和 2020 年远景规划提出要建立军品市场准入和退出制度，鼓励符合资质的多种所有制企业通过参加投标、参股、收购或者兼并现有国防工业企事业单位等方式，进入军品生产领域。对于武器装备总成、关键部位分系统，在行业内部实施跨行业的重组或者兼并，在保持国有股优势的前提下，引入各类国有或者非国有资本进行股份制改造，实行投资主体多元化。

2005 年 2 月 24 日颁布的“非公经济 36 条”在第六条中提出：“允许非公有资本进入国防科技工业建设领域”，坚持军民结合、寓军于民的方针，发挥市场机制的作用，允许非公有制企业按有关规定参与国防工业的科研生产任务的竞争以及国防工业企业的改组改制，鼓励非公有制企业参与军民两

用高技术发及其产业化。2005 年 3 月胡锦涛同志在十届人大三次会议解放军代表团全体会议上，提出“把国防建设融入现代化建设全局之中”。2005 年 5 月 18 日国防科工委颁布《武器装备科研生产许可实施办法》，对于民营企业从事武器装备科研生产作出了规定等。这一时期开始将“军民结合、寓军于民”作为国防科技体制改革目标，这一时期我国国防建设与经济建设的关系有所调整，更加强调两者之间相互促进、协调发展，并在经济发展的基础上持续加强国防和军队现代化建设。国防科技工业和武器装备管理体制发生了 30 年来最重大的调整，国防科研生产管理机制也随之发生了重大改变。2010 年 5 月国务院进一步发布了旨在拓宽民间资本的投资领域和投资范围的《关于鼓励和引导民间投资健康发展的若干意见》（以下简称“新 36 条”）。2013 年 3 月 11 日，习主席在解放军代表团全体会议上强调要进一步做好军民融合式发展这篇大文章。此后，习主席在不同场合多次强调了军民融合的重要性和紧迫性，他特别指出：“要拓展军民融合的领域和范围，积极推进国防经济和社会经济、军用技术和民用技术、部队人才和地方人才兼容发展。”2014 年《中共中央关于全面深化改革若干重大问题的决定》也强调：“推动军民融合深度发展。健全国防工业体系，完善国防科技协同创新体制，改革国防科研生产管理和武器装备采购体制机制，引导优势民营企业进入军品科研生产和维修领域。”

（二）国防科技工业法律制度的完善

目前，我国国防工业“军民结合、寓军于民”的思路已经非常清晰，政策和制度也在逐步建立，但从目前我国的国防工业发展状况来分析，还有许多制度亟待完善。

1. 军品定价制度。当前，我国对军品的定价制度有一些探索，但是，目前主要仍然沿用计划经济体制下形成的定价模式：“定价成本 + 定价成本乘以 5% 的利润”。这种定价模式在计划经济体制下有一定的合理性，而且也曾为武器装备的发展作出了贡献，但随着市场经济体制的建立，它的弊端就凸显出来。其中最为重要的是，这种定价模式没有体现出军品的“商品”属性，它不随市场行情和供求关系的变化而变化，更不随产品性能、质量的变化而变化，背离了商品的价值规律。在这种定价模式下，唯一起作用的是“成本”，“成本”越高，价格也就越高，相应的企业利润也就越高。于是，企业将制造成本、人工成本、管理成本等统统计入生产成本，没有了“消肿”的愿望，而技术水平高、性能质量好的产品并不能为企业带来高利润，企业也就缺乏进行技术改造和创新的动力；相反，技术越落后，成本越高，利润越大。在目前的分配制度下，这显然是有悖于规律的。

2. 本国国防工业的保护制度和军品出口制度。在修改的《中华人民共和国军品出口管理条例》中，并未体现本国国防工业的保护制度，也没有对军品出口制度进行根本的改革。

新中国成立初期到改革开放前夕，我国长期奉行“不当军火商”的政策，中国军品贸易远离国际军品市场。到了20世纪70年代末80年代初，我国开始有步骤地开展对外军品贸易。不过，当时扩大军品出口还是初步的，军品进出口贸易严格置于国家的统一领导之下，认真执行国家的对外政策，遵守国家对外贸易行政管理制度，按照国家规定的原则、程序和批准的经营范围进行，绝不允许各个部门和单位各行其是。不经国家和中央军委批准，任何单位和个人都不得与外商洽谈军品贸易业务。自20世纪80年代末至90年代初，我国军品外贸开始走向正常化道路，但一方面我国的武器与国际市场的需求不对路，产品结构不合理。另一方面就是体制问题，多头对外、互抢生意等现象时有发生。收益分配不合理、创汇资金集中使用不够等问题也存在。这些都妨碍了中国军品外贸的进一步发展和经济效益的提高。因此，建立一套完整的管理体制，确保军品贸易健康、有序、高效的发展就成为中国军品外贸的重要任务。

3. 扩大军品市场制度。近年来，我国政府相继制定和出台了一系列有关非公有制经济参与国防科技工业建设的政策。如，2010年国务院、中央军委颁布的《关于建立和完善军民结合寓军于民武器装备科研生产体系的若干意见》，工信部、原总装备部发布的《武器装备科研生产许可实施办法》，以及2013年6月国防科工局、原总装备部出台的《武器装备科研生产许可退出管理规则》等，鼓励非公有制企业参与国防科工领域的科技创新。但从民参军企业发展遇到的体制机制、政策障碍来看，今后政府还应进一步扩大军品市场范围，引入适度竞争；对军用标准进行“军民通用化”改革，提高资源配置效率；合理运用法规和政策扩大军品采购范围，提高军方产品、技术需求的透明度，从需求上引导民用高新技术产业走军民融合发展道路。

（三）国防科技工业法律制度的创新

1. 建立多元化的投融资渠道。2005年国务院发布的“非公经济36条”已有“允许非公有资本进入国防科技工业建设领域。坚持军民结合、寓军于民的方针，发挥市场机制的作用，允许非公有制企业按有关规定参与军工科研生产任务的竞争以及军工企业的改组改制。鼓励非公有制企业参与军民两用高技术开发及其产业化”的明确规定。应该说，这已经给私营经济发放了国防工业的“入场券”，但这也仅是一张“入场券”，对于政府的框架性文件，缺乏配套措施，或者说还尚未制定法律制度。在现实环境下，如果没有政府部门的积极推进，这些政策无疑又会流于空谈。

与此同时，现有的法律框架内，私营经济进入国防工业还存在一些实实在在的障碍。如从2000年起，国防科工委逐步对所有参与军品生产的企业进行认证，只有企业在获得军品科研生产许可证、保密认证和质量认证之后才能参与军品生产。实际上，在《国务院对确需保留的行政审批项目设定行政许可的决定》、《武器装备科研生产许可实施办法》、《武器装备科研生产许可现场审查规则》、《武器装备科研生产许可专业（产品）目录》、《武器装备科研生产许可办理程序》等法规文件中，并没有区分国有经济和私营经济成分。比如在《武器装备科研生产许可办理程序》中，只是申明了申请单位应当具备的条件：法人资格；与申请从事的武器装备科研生产许可专业（产品）相适应的技术力量、设备、设施条件和经济实力；相应等级的武器装备科研生产保密资格认证；健全的组织机构和完善的管理制度；完善的质量管理体系；健全的安全生产管理体系和相应的安全生产条件；申请从事武器装备总体和系统科研生产的，还应当具有相应的工程组织协调能力。

2. 放开军用技术中有军民两用特征的技术成果的管制。应该积极推进军民两用技术的双向流动，建立能军能民的产业基础。对于那些承担军品科研任务的单位，在组织项目开发研究的同时，要充分考虑转移民用的问题，使之产生更大的经济效益和社会效益。民用部门在重大工程和高新技术开发上也要采取公开招标的办法，为军民两用技术及产品进入市场营造公开、公平、公正的政策环境。

3. 建立有效的国防知识产权保护法律制度。国防知识产权制度有利于维护国家安全，提高国防科技自主创新能力，有效配置国防科技资源，促进国防科技工业的转型与升级，引导建立公平竞争的环境，促进国际技术交流与合作。然而目前我国在国防知识产权法规建设方面还存在较大不足，除《国防专利条例》对国防专利作了专门规定以外，没有其他规范国防知识产权的专门法律法规，配套规章制度也不够完善，立法内容不够合理，在已有的相关法律法规中没有对国防知识产权进行专门规定，这种现状已经不能适应国防科技工业军民融合制度建设的现实需要。

当前国防知识产权保护法律制度立法重点：一是应合理确立国防知识产权归属。在国防科技工业自主创新中研究国防知识产权归属时，既要考虑保护国家利益，也要考虑切实保障科技人员的知识产权权益，允许成果完成人通过转让、作价入股等方式获得合理收益，正确处理好国家、国防技术创新成果完成人和使用者之间的权利和义务关系。结合我国实际国情而言，可以规定企业在国防科技工业自主创新活动中自筹资金开发形成的创新成果所有权和占有权均归企业所有，但国家有优先使用的权利并且对企业给予合理的经济补偿，以激励技术创新。在确保国家利益的基础上，应努力激发自主创新单位和个人加强技术创新、成果转化的内在动力，特别是要激励开发和形成我国自主的国防知识产权，形成有利于发明创造和技术成果的推广应用、促进国防科学技术进步和创新的激励机制。对于应用科技成果后装备质量和技术水平明显提升的产品，国家应当按照“物有所值”原则和优质优价办法，给予较高的利润率，以激励技术成果占有单位和技术成果受让单位实现技术创新。二是实行国防科技成果所有权与占有权两权分离。为了兼顾保护国家和创新成果完成单位的利益，可以实行国防科技创新成果所有权与占有权相对分开和科技成果有偿转让的办法。国家经费投资形成的国防科技成果（包括发明创造、产品设计图、计算机软件、技术资料、科技作品等）所有权属于国家所有，其占有权属于完成科研成果的单位所有，军队使用部门根据合同在作战、训练、维修中对科技成果具有无偿使用的权利。根据国防科研生产需要，装备发展部、各军种装备部门有权决定成果的推广使用范围，批准指定的其他承制单位在规定的范围内应用科技成果，取得应用许可的受让单位应该付给科技成果占有权单位合理的使用费，创新成果的使用费应该体现其市场价值和起到激励技术创新的作用，由受让单位支付。三是要加强国防知识产权管理支撑体系建设。要加强国防知识产权信息服务系统建设，建成基本满足技术创新单位需求的知识产权检索与服务平台。加大对国防科技工业科技创新中的相关责任人员的管理。支持从事国防知识产权服务的中介机构发展，在做好保密工作的前提下，支持和鼓励有资质的中介机构从事国防知识产权信息服务、知识产权评估和许可转让等业务的开展，建立相应制度鼓励培养一批能够熟练掌握知识产权法律法规和相关业务的高水平国防知识产权代理中介机构。

第二节　国防科技法律制度

一、国防科技法律制度的概述

（一）国防科技法律制度的概念和特征

国防科技是指直接为国防服务的科学技术，主要包括国防科技研究、国防技术基础、国防技术合作等内容。国防科学技术的发展，对于战争的进程和结局有决定性的影响，也直接关系着国防和军队的现代化建设程度。国防科学技术的发展，推动了国防科技活动的发展，亦促进了国防科技法的产生。所以我国的国防科技法是调整国防科学技术活动中各种社会关系的法律规范的总称。具体而言，我国的国防科技法律制度包含以下几个方面：

1. 国防科技法律制度调整的对象是国防科学技术研究和管理活动中的社会关系，即它仅限于国防科学技术研究和管理方面。

2. 国防科技法律制度调整的社会关系具有综合性，包括科技关系、行政关系、军事关系、经济关系等。

3. 国防科技法律制度调整国防科学技术活动中形成的特有的社会关系。

4. 国防科技法律制度是国防科技领域的各种法律规范的总称。它既包括国防科技基本法，也包括国防科技方面的法规和规章。

（二）国防科技法律制度主要内容

国防科技法律制度的体系由国防科技领域中各种社会关系的内容所决定。主要包括以下几个方面：

1. 国防科研管理法律制度。它涉及国防科研管理体制、科研计划、科研机构、科技干部、经费物资、研制责任、科研成果、军品价格等一系列管理制度。

2. 国防技术监督法律制度。它是关于军用标准、军品质量和国防计量等方面的一系列法规和制度。

3. 特殊国防技术法律制度。它主要规定原子能、人造卫星、航天、激光等高技术装备或具有极大的杀伤力、破坏力的武器装备为研究目的、研制程序、管理使用办法等。

（三）国防科技法律制度的立法原则

国防科技法律制度是国家关于国防科技的发明、研制、生产、使用和管理的法律支撑，它是国防科学技术与武器装备研究管理的基本依据。其立法原则主要包括：

1. 军民融合原则。随着军民一体化发展战略逐步占据国防科技发展战略的首要地位，引导民用技术向军事技术转移，利用民用高新技术为军队建设和作战服务也被放到了优先发展的地位上。2010 年国防科学技术工业局颁布的《武器装备科研生产许可实施办法》，取代了以前的《武器装备科研生产许可证管理暂行办法》和《武器装备科研生产许可证管理暂行办法实施细则》，为国防科技建设提供了重要的法律保障，是军民融合原则在国防科技立法中的具体体现。因此，军民融合已经成为国防科技立法的必然趋势和原则之一。

2. 效益优先原则。目前我国还处于社会主义初级阶段，财力有限，我们不能同发达国家比国防投入，必须走一条经费投入比较少而效益比较高，具有中国特色的国防和军队现代化建设路子，并且越是高技术武器的研制与生产，越是需要协调好各方面的关系，求得最佳整体效益。所以在国防科技法律制度的立法中，必须以效益优先来决定社会资源的配置，提高国防科研经费使用的宏观效益，为国防科技各项工作的顺利展开提供有效的法律保障。

3. 激励原则。由于国防科技工业是一个高技术知识密集型保密行业，国防科技的发展又涉及国家安全和国际战略地位，因而从事国防科技事业的科技工作者很难公开自己的科技成果。为了稳定国防科技队伍，调动国防科技工作者的积极性与创造性，吸引更多的人才去从事国防科技事业，必须将激励原则作为国防科技立法的基本原则，以激励性的规范为重点，这也是国防科技法律制度和其他国防法律规范最大的区别。以此为原则，为了鼓励自主创新，促进国防现代化建设和国民经济的发展，国防科技工业局颁布了《国防科学技术奖励办法》（2010 年）、《国防科技工业企业管理创新成果评审奖励办法》（2014 年）等相关法律规章，奖励在推动国防科学技术进步中作出突出贡献的单位和个人。

4. 安全保密原则。高新技术已经成为国家军事安全的核心技术和支撑力量，是决胜的关键。军事技术的尖端性与保密性特征要求我们不能把它当作一般的商品来对待，否则一旦出现战时紧急状态，平战转换能力较弱，就很难快速实现战时装备动员。因此，国防科技法律制度要体现安全保密原则。

《国防专利条例》就规定，涉及国防利益或者对国防建设具有潜在作用被确定为绝密级国家秘密的发明不得申请国防专利，以减少国防安全潜在的隐患。《武器装备科研生产许可实施办法》也综合考虑了武器装备及其组成部分的重要程度、技术难度、安全保密和经济性等因素，对许可专业（产品）实施了分类管理，划分为一类许可和二类许可，对武器装备的总体、关键分系统、核心配套产品科研生产这一类许可实行数量限制。

二、国防科研管理法律制度

（一）国防科研计划管理

国防科研计划是国家科研指令性计划的组成部分，是开展国防科学技术研究和武器装备研制的依据，也是分配国防科研试制费、签订科研合同的依据。我国国防科研一直实行指令性计划管理，在长期的计划管理实践中，通过立法，建立起了从计划的编制、审批、下达，到实施、监督、检查的一整套较为完备的计划管理制度。这方面的立法主要有《国防科学技术研究和武器装备研制计划管理暂行办法》、《国防科技工业基础科研工作计划和经费管理暂行办法》等。我国的国防科研计划实行统一计划、分级管理的原则。计划的主要内容通常由武器装备研制计划，应用、基础研究计划和技术基础研究计划构成。从时间上分，又可分为中长期计划和年度计划。

1. 国防科研中长期计划。国防科研中长期计划是由综合计划和专项计划组成的。综合计划的主要内容是：国防科学技术研究和武器装备研制的指导原则、发展目标、技术政策和主要任务，科研项目的安排和科研试制费指标的分配以及为完成计划需采取的措施。专项计划主要包括：武器装备研制中长期计划、大型试验中长期计划、预先研究中长期计划、技术基础研究中长期计划及电子元器件研制中长期计划等。编制中长期计划的主要依据是：国家经济建设和国防建设的方针政策，中央军委批准的武器装备的发展方向、重点和体制、系列，国家经济水平和国防科技工业部门的经济、技术能力，国内外科学技术和武器装备的发展趋势。国防科研中长期计划和年度计划由国家计委牵头，武器装备主管部门具体组织使用部门和工业部门编制。其编制程序分五个阶段，即国防科学技术研究和武器装备研制发展战略研究阶段，综合论证阶段，科研试制费指标分配阶段，专项计划编制阶段，综合平衡并编制统一的中长期计划阶段。

2. 国防科研年度计划。国防科研年度计划由武器装备主管部门会同国家发改委组织使用部门和工业部门编制。编制年度计划的主要依据是已经批准的国防科研中长期计划和已经签订的科研合同。对于虽未列入中长期计划但急需追加的科研项目，按一定程序和审批权限批准，也可列入年度计划。编制年度计划时，还必须考虑国家拨给的年度科研试制费指标和可能的技术保障条件及上年度科研任务及合同执行情况。国防科研计划系国家指令性计划，计划执行部门必须认真组织实施，定期检查落实情况。其基本的检查考核制度是：对年度计划每半年进行一次全面检查，全年要进行总结和考核。

3. 国防科研计划的检查、考核与修改。按有关规定的要求，各工业部门对中长期计划和年度计划要认真组织实施，定期检查计划的落实情况。对年度计划每半年进行一次全面检查，全年要进行总结和考核并要提出书面报告。执行计划中出现的问题，要抓紧进行研究，并采取有效措施及时解决。各级主管部门和基层计划单位必须维护计划的严肃性。计划一经确定并下达，就不得任意更改。如遇到国家重大决策有改变或任务需求发生重大变化不需要继续执行原计划时，以及在执行计划中发生不可抗拒的因素或技术上确有困难难以继续执行时，经有关方面研究同意并报原批准单位批准后，可以变更原计划。

（二）国防科研经费管理

国防科研经费主要指国家财政支出的国防科研试制费其他用于国防科研的资金。按照对国防科研经费管理方式的不同具体分为预先研究经费、军品生产项目经费、科技计划专项经费等。相关法规主要包括《国防科研试制费管理规定》、《国防科研计价管理办法》、《军品价格管理办法》等一系列规范、规章及相关纲领性文件。

根据我国《国防科研试制费管理规定》等相关法规，国防科研试制费是指国家用于国防科学技术研究和武器装备研制的专项经费，主要用于装备的预先研究、研制以及与装备科研有关的技术基础工作，分为装备预先研究经费、装备型号研制经费和装备技术基础经费。国家财政部根据确定的指标将国防科研试制费分配给装备发展部。装备发展部受理国防科技工业各部门及军队各单位的预算、拨款、决算，并统一向财政部编报预算和决算，经装备发展部审核后拨款。

装备预先研究经费又分为基础研究经费和应用研究经费，用于较为广泛的基础性研究方面，研究成果具有较高的不确定性与风险性，经费需求预先估计较难，因此主要采取经费计划管理形式，经费由总装备发展部直接拨付到科研单位。武器型号研制是在预先研究的基础上，将理论研究应用于武器型号装备的工程化研究，以达到武器批量生产的能力，一旦国家有需要就可以投入生产。武器型号研制经费采用的是在国家计划概算的指导下的合同制，因此可以说是以合同制为表现形式的计划管理方式。装备技术基础经费是用于国防技术标准化和国防科技情报、计量、成果管理等技术基础和技术服务工作的专项经费。

国防科研试制费实行统一领导、按级负责、分工管理、专款专用的原则，使用范围包括：国防科研项目成本、收益和技术协调费。国防科研项目成本是指按照国家有关规定、为开展国防科研工作而发生的费用。收益是指国防科研项目价款扣除项目成本费用后的差额部分，在完成研制（究）任务后按规定结转。技术协调费是指军工集团公司或项目总承包单位负责系统技术协调的费用，只能用于项目需要的专家咨询费、会议费、差旅费和总装产品靶场试验期间的专用通信费。

（三）军工产品定型管理

军工产品定型，是指国家军工产品定型机构按照规定的权限和程序，对研制、改进、改型和技术革新的军工产品进行考核，确认其达到研制总要求和规定标准的活动。为加强军工产品定型工作的管理，国家颁布了《军工产品质量监督管理暂行规定》、《武器装备质量管理条例》等一系列管理制度以明确军工产品定型工作的基本任务、基本原则、基本内容、管理体制、工作机制等，充分体现了新形势下军工产品定型工作的新特点、新要求，为建立协调有序的军工产品定型管理体制和运行机制奠定基础。军工产品定型管理制度是促进国防现代化建设的重要制度，是军工产品质量控制的关键措施，是武器装备采购和配发部队的重要前提。军工产品定型一般分为设计定型和生产定型，并且必须按照国家规定的标准化、系列化、通用化等原则成套定型、投入生产。

三、国防技术标准与计量法律制度

（一）国防技术标准化法律制度

国防技术标准化是在国防科技工业的科研、生产、管理工作中，对实际的或潜在的重复性问题，通过制定、发布和实施标准，达到统一，以求获得最佳秩序以及最大经济效益、军事效益和社会效益的活动，是为满足国防要求而制定的技术标准。可以说，国防技术标准化是在国防科技工业领域里制定标准、实施标准并对标准的实施情况进行监督的活动。国防技术标准化是国防现代化建设中一项综合性的技术基础工作，对促进国防科学技术进步，加速发展军事技术装备，增强部队战斗力，具有重要的战略意义，搞好国防技术标准化，是促进国防科学技术的进步、提高武器装备的水平、实现我军现代化、正规化建设的一项基础技术工作。我国相关的国防技术标准法规包括《军用标准化管理办法》、《武器装备质量管理条例》、《船舶工业标准体系》等等。具体而言，国防技术标准化的内涵有以下四个方面：

1. 国防技术标准化的范围为国防科技工业的科研、生产、管理工作领域，主要是指核、航天、航空、船舶、兵器等行业武器装备和主导产业的科研、生产、管理工作，以及其他有关行业军工配套产品的科研、生产、管理等工作。

2. 国防技术标准化的对象是武器装备和主导产业产品科研、生产、管理工作领域的重复性问题。标准化不仅是对“实际”问题，也对“潜在”问题制定共同使用和重复使用的规则，使标准化工作不但具有现实性，而且具有前瞻性。

3. 标准是标准化工作的成果，它是以科学技术和实践经验的综合成果为基础，经有关方面协商一致，由主管机构批准，以特定形式发布，作为共同遵守的准则和依据。标准是实践经验的总结。具有重复特征的事物，才能把以往的经验加以积累，标准就是这种积累的一种方式。一个新标准的产生是这种积累的开始，标准的修订是积累的深化，标准化过程就是人类实践经验不断积累与不断深化的过程。

4. 标准化的目的是建立最佳秩序和取得最佳效益。即通过实施标准使标准化对象的有序化程度提高，发挥出最好的功能，产生理想的效果。国防技术标准化的效益主要指军事效益、经济效益和社会效益。

而国防技术标准化法规的任务即是在国防科技工业范围内制定标准；组织实施标准；对标准的实施进行监督。标准的制定，主要是指在武器装备和主导产业产品研制、生产过程中，针对需要统一的技术、管理要求，根据标准的使用范围分别制定为国家军用标准、行业标准和企业标准。国防科技工业领域应制定的标准有：产品或系统通用技术要求；研制生产方负责组织试验的试验方法；质量管理、可靠性等方面的要求；工程管理方面的要求；通用的基础要求；通用设计要求和计算方法；元器件、原材料技术要求；安全、卫生、环保要求等。标准的组织实施，主要体现在两大方面：一方面是在武器装备和主导产业产品的研制过程和开发过程中组织实施标准；另一方面是在武器装备和主导产业产品生产过程组织实施标准。标准的实施监督，是指在不同类型的工作中，组织相应的工作组织对标准的实施情况进行监督检查，并对不执行标准的行为采取相应的纠正措施。例如，在武器装备型号研制和产品开发工作中，可以建立型号标准化工作系统，并借助使用方的力量开展标准的实施监督。在企业的科研、生产工作中，可以通过企业标准化机构、驻厂军代表行使标准的实施监督职能。

（二）国防计量监督法律制度

国防计量是军工产品研制、试验、生产、使用全过程中的计量工作，是国家计量工作的组成部分。国防计量是国防科技工业和武器装备发展的重要技术基础，是鉴定国防科研成果水平、保证产品质量、评价武器装备性能、提高技术经济效益的重要手段和科学依据，是国防现代化建设中一支不可缺少的力量。随着社会的发展和进步，在科学技术向着全球化发展的今天，计量已远远超过了度量衡的范围，在一定意义上，它标志着一个国家的现代化水平。

为了加强国防计量工作的监督管理，保证军工产品的量值准确一致，国家制定了《国防计量监督管理条例》、《国防科技工业计量监督管理暂行规定》、《国防军工计量技术规范体系》等法规。国防计量监督相关规定主要包括国防计量机构、国防计量标准、国防计量检定、国防计量保证与监督四个方面的内容，其相关法规为促进国防科技工业进步，保证武器装备科研、生产的顺利进行，发挥着不可替代的技术支持和技术保障作用：

1. 支持国防科学研究。国防科学研究是实现武器装备可持续发展和军工产品现代化水平不断提高的重要途径，而国防计量在为国防科研服务中，不仅通过研建计量标准，开展测量方法研究来保证量值准确一致，而且还根据国防科研工作需要，研制型号工程专用测试设备，并承担专用测试设备的校准工作，对国防科学研究工作的顺利进行，并取得圆满成功起着重要的技术支撑作用。

2. 保证军工产品质量。军工产品，尤其是复杂的武器装备，需要多个单位甚至多个部门、多个地区的协作才能完成。保证军工产品各个工序、各个零部件以及生产过程各个环节的量值准确一致十分重要。国防军工计量科技工作者不仅要保证军工产品生产过程测量器具的量值准确一致，还有责任深入生产第一线或开展专项计量科研工作，解决生产过程中的测量问题和测量质量问题。随着国防科技工业改革的深入，国防军工计量在保证军工产品质量的同时，还必须利用计量优势，为产品全过程提供计量服务，为保证民品质量发挥作用。

3. 服务国民经济建设。作为国家计量体系的重要组成部分，国防军工计量长期以来虽然受现行法制管理体制和制度的约束，但在可能的条件下，国防军工计量还是为国民经济建设作出了和正在作出贡献。随着改革开放的深入，国防军工计量在不断探索和研究如何坚持军民结合，开拓计量服务领域，利用计量技术和资源优势，在为国防现代化建设服务的同时，也在努力为国民经济建设服务。

第三节　国防工业法律制度

一、国防工业法律制度概述

（一）国防工业法律制度的概念和体系

国防工业是指研制、生产和经营军事武器及相关军品两用高技术产品的产业合集。国防工业是国防经济的核心，是国防力量的重要组成部分，是国家战略性产业，在国家工业体系中占有特殊地位，是国家综合实力的重要标志。我国国防工业结构，主要包括兵器、工程机具、航空、航天、船舶、军用电子设备、核武器及其他国防工业等部门。国防工业法律制度是调整国家管理国防工业企业和国防工业企业在生产经营活动中即军品生产、分配、交换和消费诸环节所发生的各种国防经济关系的法律规范的总称。

国防工业法律制度大体上包括两大部分：一是国防工业产业法律制度，主要包括国防工业产业管理、国防工业产业组织、国防工业产品质量、国防工业产业区域经济协调发展等方面的法律制度。二是国防工业生产法律制度，其主要包括国防工业生产计划、军工产品质量、国防工业生产监督等方面的法律制度。

（二）国防工业发展的方针和原则

根据世界国防工业的发展趋势，我国的国防工业经历了不同时期的发展，已经形成了一套符合国防建设规律，适应我国国情的方针和原则，而其中一些已经相当成熟并被立法所确认。根据我国《国防法》、《武器装备科研生产许可管理条例》、《关于大力发展国防科技工业民用产业的指导意见》等法规以及其他有关法律的规定，这些方针和原则主要包括：坚持军民融合、寓军于民，产业格局的优化，“高、精、尖”技术的发展。

1. 军民融合的方针。从改革开放以来，邓小平同志提出的“军民结合、平战结合、军品优先、以民养军”的十六字方针到习主席提出形成军民深度融合；走军民融合发展道路，是党对国防科技工业的明确要求。我国《国防法》第三十条就规定：“国防科技工业实行军民结合、平战结合、军品优先、以军养民的方针。”其基本思路就是按照有利于军民互动、有利于平战转换、有利于提高经济效益的原则，围绕产业结构优化升级、建设资源节约型和环境友好型社会以及国民经济信息化的要求，大力发展军民结合高技术产业，继续发展军民结合优势产业，积极发展现代服务业，形成产品向产业提升、效益与规模并举、军民相互促进、全面协调发展的新格局，推动军民结合升级。

国防工业实行军民融合的方针，是国防发展战略的重要组成部分。按照这一方针要求，国防工业具有亦军亦民的双重属性，担负着国家经济建设和国防现代化建设的双重责任。

2. 优化国防产业格局的原则。在军民融合战略的指引下，我国围绕国防工业的产业结构，优化资源配置，按照“小核心、大协作、寓军于民”总体构架，对国防产业进行整合，充分发挥民用产业生产资源优势，实现国防产业优化升级新格局。我国《国防法》第三十条第二款规定：“国家统筹规划国防科技工业建设，保持规模适度、专业配套、布局合理的国防科研生产能力。”按照这一法律规定，国防工业产业结构优化具体应围绕以下五点：(1) 促进产业组织由封闭型向开放型转换，实现产权主体多元化，加强相互技术合作，增强军民转换能力。(2) 主动融入市场经济，遵循市场供求规律，提高国防工业企业的竞争力。(3) 按照国防科研生产项目、生产能力进行合理布局，促进国防工业生产区域化，实现国防工业与区域经济协调发展。(4) 保证科研与生产的有机结合，实现国防科研成果转化效益最大化。(5) 产业结构满足平战转换的弹性需求，满足国防建设和经济建设需求，军民融合度高。

3. 发展高新技术的原则。目前，我国国防工业产业结构中高新技术产业比重相对较小，无法完全满足国防建设需要，也不能适应国民经济发展要求，而随着我国特色军事变革的不断推进，武器装备更已呈现系统化、集成化、信息化、高技术化以及投入大等特点，这就要求我们充分利用国防工业和国民经济的基础，在优化军工产业结构的基础上，更要注重发展高新技术，开放式发展武器装备。我国《国防法》第三十一条规定："国家促进国防科学技术进步，加强高新技术研究，发挥高新技术在武器装备发展中的先导作用，增强技术储备，研制新型武器装备。"所以按照法规要求，我们必须加强高新技术的研究，集中力量发展电子信息、核等技术优势产业，努力实现高新技术的新突破，建设经济有效的国防。

（三）国防工业法律制度的作用

国防工业法律制度可以使国防生产力的整个发展过程规范化，保障国防工业发展战略目标、战略重点的实现，从而保障国防和军队建设现代化。因为，国防工业是国防生产力的主要部分，对国防力量的影响作用最为突出，特别是高技术武器装备的生产，是国防生产力的中坚部分，关系到国家的安危，是国家在战争中取胜的最重要的物质基础。国防工业生产力的情况如何不仅影响到安全效果，同时影响到整个国民经济的发展，影响到地域生产综合体以及城市发展的速度、规模、方向和其在国家地域分工中的地位和作用；不仅影响到经济效果，也影响到民族关系、城乡关系等。因此，国防工业必须用法律制度加以规范，否则就无法实现国家的国防战略步骤。

二、国防工业产业法律制度

（一）国防工业产业法律制度概述

国防工业产业法律制度，是调整国家国防工业产业政策实施过程中发生的各项经济关系的法律规范的总称。主要包括体现国防工业产业政策实体性内容的法律规范与国防工业产业政策制定和实施程序的法律规范。前者规定国防工业整体上的基本发展方向、发展目标与重点及国防工业产业政策实施保障措施。后者将产业政策的制定和实施纳入法制化的轨道，保障其制定和实施的合法性。根据《鼓励和引导民间资本进入国防科技工业领域的实施意见》、《关于深化国防科技工业投资体制改革的若干意见》和《关于推进军工企业股份制改造的指导意见》等法规，我国的国防工业产业发展方向、目标与重点是促进国防工业产业军民融合深入发展，全面实施军民融合发展国家战略。即加强军工产业与民营产业的衔接与协调，促进军用与民用科学技术资源、技术开发需求等方面的互通交流和技术双向转移，大力发展军民转换能力强的产业，实现国防工业产业的合理布局，保证国防安全和国民经济均衡发展。

国防工业产业法律制度是实体法与程序法的统一与结合。其的调整对象是国防工业生产力的布局及其过程中所产生的各种关系。其主要特征包括：(1) 综合性，主要包括以下两个方面的综合性特点：一是国防工业产业法调整对象的综合性，即国防工业产业政策制定和实施过程中发生的经济关系，既有竞争关系，也有国防工业产业管理关系。二是国防工业产业法调整方法的综合性，即国防工业产业政策主要由国家和军队依法运用经济、行政、法律手段制定和推行，其法律规范的表现形式，既有任意性规范、授权性规范和鼓励性规范，也有一些限制性和义务性规范的形式。(2) 协调性，这一特点是前述综合性特点的延伸。由于国防工业产业政策要通过多种政策手段才能实现，一项国防工业产业政策至少要涉及包括财政、货币、对外贸易、收入分配和竞争政策的相互综合运用，与此相关的法律制度就显得十分复杂，只有注重众多法律制度的相互之间的配套使用，才能使国防工业产业法与相关法律制度在互动中得到实施。(3) 灵活性，国防工业产业法律制度以国家和军队的国防工业产业政策为其基本的规范内容。所以国防工业产业法较之其他宏观调控法，在立法和执法以及法律的表现形式诸多方面，具有很强的灵活性。当然，对于重要的国防工业产业政策，应采取法律的形式，以及对国防工业产业政策的制定和修改规定统一和严格的程序，是十分必要的。

（二）国防工业产业的立法原则

国防工业产业具有全局性和长远性的特征，在我国工业产业体系中占据着举足轻重的地位。国防工业产业设置是否合理，不仅关系到短期内建设成本、投资效益、经济发展、安全效果等方面的好与坏，更直接关系到国防生产力的发展，关系到未来国家国防安全的保障。所以在国防工业产业这个纵横交织的复杂系统中，我们必须确立国防工业产业的立法原则，以保证国防工业产业的布局合理、结构科学，实现国家国防战略。

1. 前瞻性原则。高新技术的发展使得电子设备、武器装备等军品更新换代的周期更短，为了使国防工业产业的发展方向符合国民经济和国防发展战略目标，保证产业的安全效果和经济效益，确实形成全要素、多领域、高效益的军民融合深度发展格局。在制定国防工业产业相关法律规定时，必须全面分析评价国防工业产业现状及其基本特点和主要问题，总结国防工业总体布局的经验教训，确定国防工业总体产业发展战略方向，充分考虑所立之法对军民融合深度发展促进与限制之间的关系，防止所立之法落后于军民融合的发展进程。

2. 协调性原则。所谓协调性原则，既包括与国防工业产业体系发展协调，又包括与整个国家工业体系发展相协调。这就要求我们必须依据国防工业总体产业规划，确定各类国防工业分业开发的总体目标和具体规划；明确它们分别在国防工业分工中的地位、作用和联系，充分考虑国防工业产业与国家经济之间的联系以及综合情况。因此，对国防工业产业的立法只有与国防工业军民融合式发展相协调，才能相互促进，相得益彰；只有坚持国防工业产业的立法与整个工业体系立法之间的协调，才能达到国防工业产业立法的一系列法规规章与国家立法之间相互补充，相互完善。

3. 效益性原则。制定国防工业产业相关法律法规时，要充分考虑法律调整引起的产值增减与所花费代价之间的关系，充分考虑通过国防工业产业立法进行资源的配置，是否能够实现国民经济效率最大化；国防工业产业的相关法律法规在运行过程中是否能以最小的投入获取最大的社会效益、经济效益、安全效益等。所以，国防工业产业立法应确认和维护国防工业产权关系；确认和保护国防工业产业最有效的经济运行机制，促进经济效率。同时能够通过程序法实现国防工业产业法律法规自身的效益最大化。

（三）国防工业产业法律制度的主要内容

1. 国防工业产业结构法律制度。国防工业产业结构问题，既关系到国防工业资源经济效率的高低，也影响国防工业资源安全效率的高低和国防现代化建设的步伐。国防工业产业结构法律制度，是根据国民经济状况和国防发展规划对国防工业产业结构政策进行立法，并以此为依据，对特定时期内需要优化升级的各级国防工业产业结构进行合理调整，保证其充分服务于现代化国防建设的法律制度。一般来说，国防工业产业结构法律制度包括综合性立法和与其相配套的单项立法，它具有产业法律制度的一般特征。

目前，我国尚未制定国防工业产业结构基本法，2004 年国务院颁布《国防科技工业产业政策纲要》以及与此相配套的《产业结构调整指导目录》，是内容较为全面的产业结构法规。依据相关法律规定及其配套措施，国防工业产业结构法律制度基本内容可概括为以下几点：

（1）国防工业产业结构规划制度。根据国防工业产业发展过程及其演变规律，按照国民经济条件及新形势下发展要求，特别是现阶段国防发展水平和未来国防发展的需求，提出未来对国防工业产业发展目标和方向的规划。

如根据《国防法》、《中华人民共和国军品出口管理条例》等相关法律规章，大力发展高新技术国防工业产业，合理调整军品贸易进出口结构，加快高新技术武器装备发展的步伐，实现国防工业产业结构的全面优化升级。

（2）保护战略国防工业产业制度。战略国防工业产业是指涉及国家国防安全且具有较高需求弹性的产业，在我国国防工业产业中具有核心地位，对战略国防工业产业保护制度亦是国防工业产业结构法的重要内容，其有关的保护措施主要包括军品出口许可的授予、限制所保护的同类国外产品的进口、限制国外私人直接投资等。

（3）国防工业产业管理制度。国防工业产业管理制度主要包括两个方面：一是根据国防工业产业中的普遍问题，制定的适用于所有国防工业产业管理的法律规范。二是根据国防工业中各业的特殊问题，分业制定的适用于特殊国防工业产业管理的法律规范，包括特殊的武器装备制造业、一般的武器装备制造业、军品生产业等的国防工业产业管理法律规范等。

2. 国防工业产业组织法律制度。国防工业产业组织调整的是国防工业产业各生产企业之间的关系和企业内部组织形态。国防工业产业组织法即是调整和处理国防工业产业内各生产企业的组织及其关系的法律规范总称，即国防工业产业组织法律制度是国防工业产业组织政策的法律化，其目的是实现国防工业组织的合理化。其主要内容可以概括为以下几点：（1）国防工业产业组织的政策目标规定。（2）国防工业产业内企业的竞争规则，如依法鼓励竞争、限制垄断规定等。（3）国防工业产业内企业组织规模和数量规模合理化的规定。（4）国防工业产业组织保护的规定。

3. 国防工业产业布局法律制度。国防工业产业布局法律制度，是国防工业产业区域发展的法律保障。其主要规定有：

（1）国防工业产业与区域经济协调发展。2015年年初，根据国务院统一部署，国防科技工业局编制了《国防科技工业“十三五”规划总体思路》，其更加注重推动军工融入区域经济，带动地方发展的产业发展方向。要求注重与经济和社会发展相衔接，与国家发展战略相衔接，与地方经济发展相衔接，引导军工企业将军品配套任务进一步分解扩散到地区具有相对优势的民口企业特别是民营企业承担。鼓励军工集团公司与地方政府加强战略合作，落地了一批军民融合重大项目。鼓励军工单位参与地方创新科技园和军民融合产业基地建设，带动地区经济发展。

（2）国防工业产业配置的集群化。国防工业产业集群化是一些相互联系的军工企业和机构在特定区域所形成的产业空间集聚现象，即是指在一个较长时期内，以某一大型军工集团为核心和依托，众多企业出于相似目的，在资源、技术和信息交流与协作中形成相对稳定的区域经济组织。根据《国防科技工业产业政策纲要》、《关于推进军工企业股份制改造的指导意见》等法规精神，发展国防工业产业，必须要因地制宜地发展国防工业集群，合理调整国防工业集群布局，充分发挥其对区域经济的拉动作用。所以，国防工业产业配置应当在军工融入区域经济的前提下，坚持合理的、规模适度的工业集群化。

三、国防工业生产法律制度

（一）国防工业生产法律制度概述

国防工业生产是国防经济生产经营活动中的基本组成部分，它直接为国防武装力量和战争需要提供武器装备、被服、装具等必要的物质手段，是国防工业中最前沿的环节，对于增强国防力量、保障国家安全、提高国民经济等方面具有举足轻重的影响力。随着国防工业生产地位的日趋重要，各国都加强了立法建设，美国有《国家安全战略》、《国防生产法》、《国防战略指南》等法律法规，俄罗斯则有《国防法》、《国防工业综合体发展》联邦专项纲要等法律规章；而我国国防工业生产法律制度则是指调整国防工业生产经营活动及其生产活动中各环节所产生各种社会关系的法律规范总称，它主要包括国防工业生产计划、国防工业生产管理等方面的内容。我国《国防法》第五章对国防工业生产做出了原则性规定，对国防工业生产中的相关问题，《武器装备科研生产许可管理条例》、《武器装备质量管理条例》、《中国人民解放军驻厂军事代表工作条例》等法律规范则做出了具体规定。

（二）国防工业生产法律制度的主要内容

1. 国防工业生产计划制度。根据《国防法》、《武器装备科研生产许可管理条例》、《武器装备科研生产许可实施办法》等法律法规的规定，国家对国防科研生产实行统一领导和计划调控，即对武器装备的总体、系统、专用配套产品及其原材料等实行指令性计划管理，列入国家计划，遵循统筹兼顾、合理布局、鼓励竞争、安全保密、严格管理、公平公正的原则。国务院领导和管理国防科研生产，所属国防科技工业局为主管部门。武器装备发展规划、计划由国家国防科技工业局会同军委主管机关共同制定、发布、审核，经由国务院、中央军委批准。在生产计划下达后，国防科工局及其省、自治区、直辖市国防科技工业管理部门、派驻军事代表机构负责生产计划的实施，协调、解决有关问题，保证武器装备等军工产品生产计划的完成。

2. 国防工业生产管理制度。国防工业生产监督主要是指在军工产品的论证、研制、生产、试验和维修过程中对其质量的监督管理工作。根据《武器装备质量管理条例》等法规的相关规定，其主要包括：论证质量管理；研制、生产与试验质量管理；维修质量管理；质量监督。论证质量管理制度即是根据论证任务需求，统筹考虑武器装备性能（功能特性、可靠性、维修性、保障性、测试性和安全性等）、研制进度和费用，提出相互协调的武器装备性能的定性定量要求、质量保证要求和保障要求。研制、生产与试验质量管理制度是指对武器装备的研制、生产、试验过程中的性能指标、质量保证要求、依据的标准、验收准则和方法作出质量评价的管理过程。维修质量管理制度即是保持和恢复武器装备性能法规制度。质量监督制度是指国务院国防科技工业主管部门和装备发展部联合组织对承担武器装备研制、生产、维修任务单位的质量管理体系实施认证，对用于武器装备的通用零（部）件、重要元器件和原材料实施认证。

第四节 国防知识产权法律制度

一、国防知识产权概述

国防知识产权并不是单独的知识产权类型。将国防知识产权作为独立的研究范畴，根本的原因在于，国防是一个比较特殊的领域，国防领域的智力资源和智慧成果在培育、配置和调控等方面有其特殊的规律，知识产权制度在国防领域的运行往往表现出有别于其他领域的特征。

（一）国防知识产权的内涵

关于国防知识产权的内涵，目前尚没有明确的权威说法，国外也没有“国防知识产权”这一专门的术语。不过，由于国防是一个特殊的领域，在国家安全与经济建设中占有重要位置，基于有效管理的考虑，许多国家都对国防领域中的知识产权做出了特殊的规定，采取了特殊的管理。因此，事实上可以认为，在国外实际上也存在我们所定义的“国防知识产权”。

一般认为，国防知识产权是与国防和军队建设有关的知识产权，包括国家为国防和军队建设直接投入资金形成的并用于国防目的的知识产权，以及其他投入产生并专用于国防和军队建设的知识产权。其中，“其他投入”主要包括国家投入的其他资金、单位或个人的投入。

国防知识产权的定义方法，不外列举法和概括法两种。列举法是通过系统地列举所保护的权项，划定国防知识产权权利体系的范围。概括法则是通过对保护对象的抽象描述，简要说明国防知识产权的“属加种差”。列举法清晰、明确，易于把握，但是往往显得繁琐并难免有遗漏。概括法简要、凝练，便于操作，但是常常无法做到包容性的最大化。因此，对国防知识产权的定义，我们兼采了上述两种方法。从逻辑关系分析，国防知识产权是知识产权的下位概念，国防知识产权的定义必须以知识产权的定义为前提。如果采用概括法，国防知识产权可以定义为在国防和军队建设中产生和使用的知识产权。如果采用列举法，国防知识产权是由专利权、商标权、技术秘密权、集成电路布图设计专有权 、著作权等权利构成。

（二）国防知识产权的外延

国防知识产权主要以专利权、技术秘密权、著作权、集成电路布图设计专有权等形式存在。国防知识产权涉及国防和军队建设，就其具体产生、运用和管理的范围来讲，主要包括：（1）武器装备的科研、生产、试验、采购、使用、保障、退役处理等过程中产生和使用的知识产权。（2）民用航天、民用飞机、民用核能、高技术船舶科研、生产、经营中产生和使用的知识产权。（3）国防基础科研、国防高技术研究和涉及国防建设的国家重大专项中产生和使用的知识产权。（4）国防基础设施建设中产生和使用的知识产权。（5）在军事训练、演习、后勤保障等军队建设中产生和使用的知识产权。（6）在技术引进、军品贸易等对外军事技术合作中涉及的知识产权。（7）其他与国防和军队建设有关的知识产权。

（三）国防知识产权的特征

由于国防知识产权并非新的知识产权类型，所以国防知识产权具有知识产权的基本特征。也就是说，国防知识产权也具有客体的非物质性、效力上的专有性、空间上的地域性以及时间上的有限性。由于国防领域的特殊性，国防知识产权除了具有知识产权的一般特征外，还具有一些自己的特性。归结起来，国防知识产权有以下主要特点：

1. 保密性。国防知识产权涉及国家秘密，其交流与使用受到严格限制，往往要在保密环境下进行。国防知识产权保密性的特点，既防止了涉及国防利益的发明创造因充分公开而危害国家安全，起到保护国防利益的作用，又在限定的范围内促进了国防技术交流，同时保护国防专利权人的合法利益，促进了国防科学技术的应用。

2. 非完全市场性。由于国防具有保密、市场参与者数量有限、技术与设备专用性强等特点，决定了国防知识产权是在不完全市场环境下运行。

3. 权益分配的特殊性。一般知识产权的权利归属遵守“谁创造、谁拥有”的原则，权利人可以自由处分其权利。国防知识产权的权利归属通常也遵循上述原则，但是出于国防利益的需要，国家对权利人行使其收益、使用、处分权要进行必要的限制。

二、国防知识产权法律制度

（一）国防知识产权制度的作用

国防知识产权制度有利于维护国家安全，提高国防科技自主创新能力，有效配置国防科技资源，促进国防科技工业的转型与升级，引导建立公平竞争的环境，促进国际技术交流与合作。国防知识产权制度是国家知识产权制度的重要组成部分，对促进国防和军队建设以及国民经济建设，具有全局性、基础性、长期性和关键性的作用。

（二）国防知识产权法律制度框架

我国国防知识产权的立法思路是专门立法与分散立法相结合。在遵循国家知识产权法律、法规基础上，制定专门的国防知识产权法规，如根据《专利法》制定《国防专利条例》；在与国防相关的法律、法规中，增加知识产权内容，如在《装备条例》中增加装备知识产权内容。目前，我国已经初步建立起法律—行政法规—部门规章三级一体的国防知识产权政策法律体系雏形。涉及国防知识产权的法律包括：《国防法》、《保守国家秘密法》、《专利法》、《商标法》、《著作权法》、《科学技术进步法》、《促进科技成果转化法》等；涉及国防知识产权的法规包括：《装备条例》、《军品出口管理条例》、《技术进出口管理条例》、《国防专利条例》等；涉及国防知识产权的规章包括：《军工单位技术秘密管理与保护规定》、《国防科学技术奖励办法》、《国防高技术研究发展计划管理办法》等。

（三）存在的主要问题

我国在国防知识产权法规体系方面，存在较大不足。目前，除《国防专利条例》对国防专利作了专门规定以外，没有其他规范国防知识产权的专门法律法规，配套规章制度也不够完善，在已有的相关法律法规中没有对国防知识产权进行专门规定，这种现状已经不能适应国防知识产权制度建设的现实需要。

1. 调整国防知识产权的基本法缺位。基本法在国防知识产权法规体系中居于最高地位，一般规范法规体系的基本原则和基本问题。目前，由于国防知识产权的特殊性和重要性，普通知识产权的法律并不能完全适用于国防领域，而在国防领域的基本法——《国防法》中也没有针对国防知识产权的专门规定。目前现行的国防知识产权法律规范大多属行政法规或者军事法规，立法层次不高，普遍适用效果不好，在军民技术双向协调互动中可能会遇到难以逾越的制度性障碍。因此，应当提高现行法律规范的位阶层次，由全国人大或者其常委会制定法律，确保法律的权威性，作为构建国防知识产权法律体系的制度基础。

2. 国防知识产权相关的法规、规章不健全。在法规层面，除了《国防专利条例》外，目前还没有其他有关国防知识产权的专门法规。同时，对国防知识产权的管理缺乏相关法规，使得管理工作难以适应不断变化的现实要求。另外，现存规章对国防知识产权的许多具体问题缺乏细致规定。以《国防专利条例》为例，其针对国防专利补偿、保密与解密、转让实施、国防专利代理机构等都缺乏更为细致的配套规章，急需制定包括《国防专利补偿费评定办法》等在内的多项规章，以增强条例的可操作性，最大限度地维护国防利益和国防专利权人的合法权益。

3. 立法内容不够合理。有些政策与法规之间存在冲突。如《国防专利条例》规定国防专利应当有偿使用，但是在《军品定价办法》中，并没有将知识产权产生、维护、转移的相关费用列入成本计算中。这就造成军品技术研制方的智力投入不能得到合理补偿，无法从项目的应用、转化收益中取得应得的利益，创新激励机制不足。市场经济鼓励主体合法主张自身的权益，而计划经济体制下形成的军队与研制方固定化的交互模式不能很好地保障市场经济环境中研制主体的合法权益，不利于形成武器装备研制的持续创新力。

三、《国防专利条例》的主要内容

国防专利制度是一种保密专利制度，外国对保密专利的管理是通过制定专门法规或者在专利法中予以规定。国防专利是国家专利的重要组成部分，是衡量国防知识产权状况的重要标志。我国国防知识产权工作起步于20世纪80年代，1985年4月1日，首批国防专利申请的受理，拉开了我国国防知识产权工作的序幕。1990年7月30日，经国务院、中央军委批准，当时的国防科工委颁布实施《国防专利条例》，标志着我国国防专利制度正式确立。《国防专利条例》是一部法令，主要是针对在国防建设中遇到的专利问题而设置的条令。2004年9月17日，国务院、中央军委颁布实施新的《国防专利条例》，这部法规成为我国国防知识产权领域现阶段重要的专门法规。《国防专利条例》共5章36条，其主要内容包括以下几个方面。

（一）国防专利的基础规定

国防专利是指涉及国防利益以及对国防建设具有潜在作用需要保密的发明专利。

涉及国防利益或者对国防建设具有潜在作用被确定为绝密级国家秘密的发明不得申请国防专利。

国防专利权的保护期限为20年，自申请日起计算。

需要委托专利代理机构申请国防专利和办理其他国防专利事务的，应当委托国防专利机构指定的专利代理机构办理。专利代理机构及其工作人员对在办理国防专利申请和其他国防专利事务过程中知悉的国家秘密，负有保密义务。

（二）国防专利的申请、审查和授权

1. 申请。国家国防专利机构负责受理和审查国防专利申请。经国防专利机构审查认为符合本条例规定的，由国务院专利行政部门授予国防专利权。装备发展部的国防知识产权局是国防专利机构，国务院专利行政部门是国家知识产权局。国务院国防科学技术工业主管部门和中央军委装备发展部分别负责地方系统和军队系统的国防专利管理工作。

申请国防专利的，应当向国防专利机构提交请求书、说明书及其摘要和权利要求书等文件。国防专利申请人应当按照国防专利机构规定的要求和统一格式撰写申请文件，并亲自送交或者经过机要通信以及其他保密方式传交国防专利机构，不得按普通函件邮寄。国防专利机构收到国防专利申请文件之日为申请日；申请文件通过机要通信邮寄的，以寄出的邮戳日为申请日。

国防专利机构定期派人到国务院专利行政部门查看普通专利申请，发现其中有涉及国防利益或者对国防建设具有潜在作用需要保密的，经国务院专利行政部门同意后转为国防专利申请，并通知申请人。普通专利申请转为国防专利申请后，国防专利机构依照本条例的有关规定对该国防专利申请进行审查。

2. 审查。国防专利机构对国防专利申请进行审查后，认为不符合本条例规定的，应当通知国防专利申请人在指定的期限内陈述意见或者对其国防专利申请进行修改、补正；无正当理由逾期不答复的，该国防专利申请即被视为撤回。国防专利申请人自申请日起 6 个月内或者在对第一次审查意见通知书进行答复时，可以对其国防专利申请主动提出修改。申请人对其国防专利申请文件进行修改不得超出原说明书和权利要求书记载的范围。

国防专利申请人陈述意见或者对国防专利申请进行修改、补正后，国防专利机构认为仍然不符合本条例规定的，应当予以驳回。

国防专利机构设立国防专利复审委员会，负责国防专利的复审和无效宣告工作。国防专利复审委员会由技术专家和法律专家组成，其主任委员由国防专利机构负责人兼任。

国防专利申请人对国防专利机构驳回申请的决定不服的，可以自收到通知之日起 3 个月内，向国防专利复审委员会请求复审。国防专利复审委员会复审并作出决定后，通知国防专利申请人。

3. 授权。国防专利申请经审查认为没有驳回理由或者驳回后经过复审认为不应当驳回的，由国务院专利行政部门作出授予国防专利权的决定，并委托国防专利机构颁发国防专利证书，同时在国务院专利行政部门出版的专利公报上公告该国防专利的申请日、授权日和专利号。国防专利机构应当将该国防专利的有关事项予以登记，并在《国防专利内部通报》上刊登。

任何单位或者个人认为国防专利权的授予不符合本条例规定的，可以向国防专利复审委员会提出宣告该国防专利权无效的请求。

国防专利复审委员会对宣告国防专利权无效的请求进行审查并作出决定后，通知请求人和国防专利权人。宣告国防专利权无效的决定，国防专利机构应当予以登记并在《国防专利内部通报》上刊登，国务院专利行政部门应当在专利公报上公布。

（三）国防专利的实施

1. 实施的申请与批复。国防专利机构应当自授予国防专利权之日起 3 个月内，将该国防专利有关文件副本送交国务院有关主管部门或者中国人民解放军有关主管部门。收到文件副本的部门，应当在 4 个月内就该国防专利的实施提出书面意见，并通知国防专利机构。

国务院有关主管部门、中国人民解放军有关主管部门，可以允许其指定的单位实施本系统或者本部门内的国防专利；需要指定实施本系统或者本部门以外的国防专利的，应当向国防专利机构提出书面申请，由国防专利机构依照职责分工报国务院国防科学技术工业主管部门、装备发展部批准后实施。国防专利机构对国防专利的指定实施予以登记，并在《国防专利内部通报》上刊登。

国防专利权人许可国外的单位或者个人实施其国防专利的，应当确保国家秘密不被泄露，保证国防和军队建设不受影响，并向国防专利机构提出书面申请，由国防专利机构进行初步审查后及时报送国务院国防科学技术工业主管部门、装备发展部审批，应当自国防专利机构受理申请之日起30日内作出批准或者不批准的决定；作出不批准决定的，应当书面通知申请人并说明理由。

2. 实施费用。实施他人国防专利的，应当向国防专利权人支付国防专利使用费。实施使用国家直接投入的国防科研经费或者其他国防经费进行科研活动所产生的国防专利，符合产生该国防专利的经费使用目的的，可以只支付必要的国防专利实施费；但是，科研合同另有约定或者科研任务书另有规定的除外。国防专利实施费，是指国防专利实施中发生的为提供技术资料、培训人员以及进一步开发技术等所需的费用。国防专利指定实施的实施费或者使用费的数额，由国防专利权人与实施单位协商确定；不能达成协议的，由国防专利机构裁决。

3. 补偿费。国家对国防专利权人给予补偿。国防专利机构在颁发国防专利证书后，向国防专利权人支付国防专利补偿费，具体数额由国防专利机构确定。属于职务发明的，国防专利权人应当将不少于50%的补偿费发给发明人。

4. 专利转让。国防专利申请权和国防专利权经批准可以向国内的中国单位和个人转让。

转让国防专利申请权或者国防专利权，应当确保国家秘密不被泄露，保证国防和军队建设不受影响，并向国防专利机构提出书面申请，由国防专利机构进行初步审查后，及时报送国务院国防科学技术工业主管部门、装备发展部审批。

国务院国防科学技术工业主管部门、装备发展部应当自国防专利机构受理申请之日起30日内作出批准或者不批准的决定；作出不批准决定的，应当书面通知申请人并说明理由。

经批准转让国防专利申请权或者国防专利权的，当事人应当订立书面合同，并向国防专利机构登记，由国防专利机构在《国防专利内部通报》上刊登。国防专利申请权或者国防专利权的转让自登记之日起生效。

禁止向国外的单位和个人以及在国内的外国人和外国机构转让国防专利申请权和国防专利权。

（四）国防专利的管理与保护

1. 管理机构。国务院有关主管部门、中国人民解放军有关主管部门和各省、自治区、直辖市的国防科学技术工业管理部门应当指定一个机构管理国防专利工作，并通知国防专利机构。该管理国防专利工作的机构在业务上受国防专利机构指导。

承担国防科研、生产任务以及参与军事订货的军队单位、国务院履行出资人职责的企业和国务院直属事业单位，应当指定相应的机构管理本单位的国防专利工作。

2. 《国防专利内部通报》。国防专利机构出版的《国防专利内部通报》属于国家秘密文件，其知悉范围由国防专利机构确定。《国防专利内部通报》刊登下列内容：（1）国防专利申请中记载的著录事项；（2）国防专利的权利要求书；（3）发明说明书的摘要；（4）国防专利权的授予；（5）国防专利权的终止；（6）国防专利权的无效宣告；（7）国防专利申请权、国防专利权的转移；（8）国防专利的指定实施；（9）国防专利实施许可合同的备案；（10）国防专利的变更密级、解密；（11）国防专利保密期限的延长；（12）国防专利权人的姓名或者名称、地址的变更；（13）其他有关事项。

3. 纠纷处理。国防专利机构应当事人请求，可以对下列国防专利纠纷进行调解：（1）国防专利申请权和国防专利权归属纠纷；（2）国防专利发明人资格纠纷；（3）职务发明的发明人的奖励和报酬纠纷；（4）国防专利使用费和实施费纠纷。

除《中华人民共和国专利法》和本条例另有规定的以外，未经国防专利权人许可实施其国防专利，即侵犯其国防专利权，引起纠纷的，由当事人协商解决；不愿协商或者协商不成的，国防专利权人或者利害关系人可以向人民法院起诉，也可以请求国防专利机构处理。

第四章

军事经济交易法律制度

军事经济交易活动是一项相当复杂的市场交易活动，其实质是通过交易的方式，借助行政、市场等多种手段对军事经济资源进行优化配置，最大限度实现军事经济利益。军事经济交易活动涉及国家、军队、企业以及其他个人与组织等相关主体，其内容涉及军事采购、军品交易等诸多的军事经济活动。作为一种特殊社会关系，军事经济交易活动也必须受到相应法律规范的调整，这一类法律规范就是军事经济法律。军事经济交易法律制度就是调整军事经济交易活动所形成的各种社会关系的一系列法律规范的总称。了解军事经济交易法律制度，对于维护军事经济交易秩序，实现军事经济利益最大化的目标具有重要作用。

第一节　军事经济交易法律制度概述

一、军事经济交易法律制度的特点与内容

（一）军事经济交易法律制度的特点

军事经济交易法律制度一般具有以下几个特点：

1. 军事经济交易法律制度具有综合性。军事经济交易法律制度由于其调整范围涉及的内容十分广泛，因此具有明显的综合性特点。首先，军事经济交易法律制度调整的对象具有综合性，既包括市场中的一般经济交易活动主

体，还包括了军队、国家这两个特殊的经济交易活动主体；其次，军事经济交易法律制度调整的内容也有综合性，既有军事经济交易活动的规则制度，也有对军事经济交易活动秩序的维护和监督制度；最后，军事经济交易法律制度的法律责任具有综合性，既有民事责任，也有行政责任和刑事责任，是三种责任的综合使用。

2. 军事经济交易法律制度具有公法和私法的双重性。军事经济交易法律制度从其性质上来说，应当是具有公法和私法的双重性质的法律制度。尽管为了保障国家的军事利益，军事经济交易法律制度的公法性质更为浓厚一些，但是由于参与军事经济交易活动的主体不仅有国家和军队一方，还有更多的市场中的一般经济主体，为保证军事经济交易活动的顺利进行，军事经济交易法律制度还必须为市场中的一般经济主体的合法权益提供制度保障，保证其合法利益的实现，因此，从这一点来说，军事经济交易法律制度又不可避免地带有私法的性质。

3. 军事经济交易法律制度具有实体法和程序法的双重性。军事经济交易活动中，交易主体应当为怎样的行为，禁止怎样的行为，具有哪些权利和承担哪些义务，这些都是军事经济法律制度应当规范的内容，因此，军事经济交易法律制度具有明显的实体法的性质。但是军事经济交易活动主体权利的实现和救济还必须通过程序来保障，例如军队采购活动中，供应商进入的条件设置、交易的审批手续以及交易主体的权利受到侵害时法律上的救济程序等内容，都体现军事经济交易法律制度的程序法的性质。因此，军事经济交易法律制度同时具有实体法和程序法的双重性质。

（二）军事经济交易法律制度的内容

由于军事经济交易活动涉及的范围十分广泛，从一般的通用市场产品到特殊的武器装备都属军事经济交易的范畴，因此军事经济交易法律制度的内容十分繁杂，归纳起来，军事经济交易法律制度的内容可以分为以下几个方面：一是军队物资采购法律制度，这类军事经济交易法律制度主要规范的是军队从市场通过交易方式获取一般的通用产品的军事经济交易活动。二是军品贸易法律制度，这类军事经济交易法律制度主要规范的是特殊的产品——武器装备的交易活动，它既包括了国内的武器装备交易活动，也包括了国际的军品进出口贸易活动。三是军事合同法律制度，这类军事经济交易法律制度主要规范的是军事经济交易合同相关的交易活动。由于合同是交易的主要方式，军事经济交易活动作为市场交易活动的一部分同样主要以合同的方式进行，因而军事经济交易法律制度中必然要规范军事经济合同的相关内容，以保证军事经济交易活动的顺利进行。

二、军事经济交易法律制度的地位与作用

（一）军事经济交易法律制度的地位

军事经济交易法律制度主要是适用于军队内部的军事经济活动的法律规范，但由于军事经济活动又不仅限于军队内部，许多情况下，它又直接与市场中的经济主体产生关联，因此，考查军事经济交易制度的地位，可以从以下两个方面来考查。

1. 从军队角度来看，军事经济交易制度是军事经济制度的重要组成部分。根据马克思主义经济理论，交换是社会再生产过程的重要环节。军事经济活动作为社会再生产活动的一种特殊形式，军事经济交易活动实现了资源交换这一环节。无论是从宏观上看的军费划拨、军费使用等活动，还是从微观上看的军事采购（如武器装备、通用物资的采购等）行为，其实质都应属于军事经济交易活动。可以说，军事经济交易活动从始至终贯穿于军事经济活动之中，并且是军事经济活动的最主要活动形式。因此，作为规范军事经济交易活动的军事经济交易法律制度，必然是军事经济制度之中的重要组成部分，它的好坏直接影响着军事经济活动效益的高低，影响着军队战斗力的生成。

2. 从市场角度来看，军事经济交易制度是国家的市场经济交易制度在军队经济活动中的延伸。我国当前确立的有中国特色的社会主义市场经济从本质上来说是一种法治经济，市场中的每一个交易活动都由市场交易法律制度进行规范。军事经济是国家经济的组成部分，它依赖于国家经济基础，并与市场中的其他主体通过交易方式产生密切联系，因此，军事经济交易制度的设置正是在军事经济交易活动中贯彻国家的市场经济交易制度的必然要求，它是国家的市场经济交易制度在军队经济活动中的延伸。

（二）军事经济交易法律制度的作用

对于军事经济交易法律制度的作用，这里借助于制度经济学的交易成本理论进行分析。

1. 军事经济交易法律制度有助于抑制机会主义。制度经济学通过最简单的“囚徒困境”博弈告诉我们，某些抑制人的机会主义行为、促进合作的制度的形成就是在交易双方长期的交往和博弈中自发地形成的，人们创立各种

制度的目的主要就是为了规范和约束人的机会主义行为。军事经济交易活动之中，涉及主体众多，博弈活动更加复杂，正是在这些复杂的军事经济交易活动的博弈之中，人们逐步总结了能够抑制机会主义行为的军事经济交易制度，从而保障军事经济交易活动能够取得最优的效益。

2. 军事经济交易法律制度有助于降低不确定性。制度经济学认为，人们进行经济选择所面临的环境是复杂和多变的，充满了不确定性。而不确定性会给人们的选择或决策带来困难，增加经济活动中的交易费用和生产费用。越是能够使经济体系的“不确定性”趋向最小，“确定性”趋向最大的产权安排或制度建构，就越是能够促成资源或产权最佳配置的安排或制度，也就越是能够降低交易成本的产权安排或制度。军事经济交易活动是一个复杂的巨系统，其不确定因素众多，每一个因素的变化都可能影响军事经济交易制度的制定和运行。例如，国家安全环境的变化、国家军事战略的制定、国家经济发展水平等都会直接影响着军事经济交易活动，提高了军事经济交易活动的不确定性。军事经济交易制度正是通过规范和约束军事经济交易活动来降低军事经济交易活动中的不确定性的一种制度安排。

3. 军事经济交易法律制度有助于降低交易成本。制度经济学家科斯最早提出了交易成本的概念。科斯指出：“为了进行市场交易，有必要发现谁希望进行交易，有必要告诉人们交易的愿望和方式，以及通过讨价还价的谈判缔结契约，督促契约条款的严格履行，等等。这些工作常常是花费成本的，而任何一定比率的成本都足以使许多无须成本的定价制度中可以进行的交易化为泡影。”由此看来，市场中的交易过程不是没有代价的，并不像传统经济学所假定的那样，价格信息是充分的并为一切交易当事人所掌握。交易当事人在寻找、谈判、履约，有时甚至寻求法律的救济，这一切都需要花费一定的交易费用，而制度具有降低交易费用的功能。军事经济活动同样具备一般经济活动的特点，每一种军事经济活动都可以看作是一个交易行为，在这些军事经济活动中，从军费拨款到军费使用，每一个行为都同样需要花费交易成本。军事经济交易法律制度正是为了降低军事经济活动中的交易成本而设置的一项制度安排。

总之，军事经济交易法律制度从制度经济学的角度来说，其核心作用就是通过抑制军事经济交易活动中的机会主义，降低军事经济交易活动中的不确定性，最终实现军事经济交易活动中的交易成本的降低，提高军事经济活动的效益。

第二节　军事采购法律制度

一、军事采购法律制度概述

（一）军事采购的概念

军事采购是指军队部门为履行作战、训练和建设等军事职能，通过市场交易获得所需货物（包括通用物资及装备）、工程、服务的过程。军事采购行为一旦受到法律调整，将形成军事采购法律关系。

军事采购的一方主体是军事采购主管部门和军事采购机构，另一方主体是供应商或承包商。军事采购法律关系的内容是指主体享有的权利和义务，对权利的约束与控制是立法的着眼点。军事采购的客体具体包括对物的采购（也可称为军品采购）、对知识产权的采购以及作为采购对象的行为（如服务类行为和完成工程类行为），还包括军事主管机关的管理行为和军事采购机关与供应商之间有关采购的具体操作行为。

军事采购的模式与政府采购的模式是基本一致的。在具体方法上，可采用公开招标、邀请招标、竞争性谈判（属于下列情形之一的，可以采取竞争性谈判采购方式：因涉及军事秘密或者应急保障需要，不宜按照招标方式采购的；没有供货企业投标或者没有合格标的；有特殊技术要求的；招标采购成本过高，与采购项目的价值不相称的；业务主管部门认定的其他情形）、询价（属于标准产品且价格弹性不大的）、单一来源（属于下列情形之一的，可以采用单一来源采购方式：只能从特定供货企业采购，或者供货企业对订购产品拥有专利权且无其他合适替代品；原采购项目的后续维修、零配件，由于兼容性或者标准化的需要，必须向原供货企业采购的；对原采购进行扩充的；订购部门有充足理由认为适宜从特定供货企业进行采购的；业务主管部门认定的其他情形）等方式。军事采购不论采用何种订购方式，订购部门都应对供应商履行合同的能力和履行合同的历史情况进行审查，都必须依法订立书面合同。

（二）军事采购法律关系的构成

1. 军事采购的主体。在军事采购中享有权利、承担义务的人成为法律关系的主体。具体来说，军事采购法律关系的一方主体应是军事采购主管部门与军事采购机构。军事采购机构分为集中采购机构和非集中采购机构。集中采购机构（军事采购中心）是具体负责办理军事采购的机构；非集中采购机构是指各预算单位，负责自行组织除集中采购业务范围之外的国防采购项目，主要是小额采购和专用商品的采购。军事采购机构与采购主管机关不是代理与被代理的关系，军事采购机构以自己的名义与供应商签订合同，采购机构是缔约主体和诉讼主体。军事采购的另一方主体是供应商。除了专业要求之外，军事采购还应对准入的供应商有更高的要求。军事采购涉及国家安全，应加强对供应商的资信审查。

2. 军事采购法律关系的内容。军事采购法律关系的内容是指主体享有的权利和承担的义务。军事采购主管部门与缔约主体军事采购机构的权利义务应在立法中体现为相互监督与制约。具体来讲，军事采购主管部门的权利义务应包含以下内容：制定全军军事采购中长期规划；管理和监督军事采购活动；组织军队采购人员的培训；审批进入军事采购市场的供应商的资格；确定并调整军队集中采购目录和公开招标采购范围的限额标准；汇总、编制军队年度采购预算；处理军事采购中的投诉事宜；办理其他有关采购事务。

军事采购机构的权利义务应包括下列内容：依法自行实施采购，以自己的名义签订军事采购合同；接受军事采购管理部门的管理和监督；拟制本区采购计划和预算；收集、发布和统计本级机关的采购信息；工程建筑招标、服务机构竞价。

供应商的权利义务应包括知情权、申诉权等内容。

对军事采购双方主体而言，当供应商发生违约时，采购机构应依法追究供应商的违约责任，当采购机构违约时，应依法向供应商承担违约责任。

3. 军事采购的客体。从军事采购制度的特性上看，军事采购的对象必须是军队需要但自身无法生产的；必须是单项金额或单位批次金额较大的。因此采购的对象不是各军事单位所需的全部货物、工程和服务，而是需要在平时进行采购的为保证军队建设和训练所需的物资、工程和服务及未来战争储备物资。

军事采购的客体具体包括：

（1）物。军事采购法所指的物，具有法律意义上物的特征。它具有经济价值，能为人类所利用，并为法律所规定。军事采购这一客体，既包括军用品，如武器装备、军械装备，又包括军民通用品，如军民通用的车辆、办公用品。对物的军事采购可称为军品采购。

（2）行为。行为可分为服务类行为和完成工程类行为两类。将工程作为政府采购法律关系的客体已是国际上的立法惯例。军事采购所指的完成工程类行为包括完成军事专用设施的建设、军事生活设施工程的建设。服务类行为包括直接为军队的物质文化生活提供服务的行为，如军队食堂、招待所、理发室、浴室的服务；直接与军队物资资料生产有关的行为，如军事运输行为、装备维修行为、医疗卫生及科学研究行为。

（3）知识产权及其他无形资产。专利、数据与版权也可成为军事采购的客体。关于数据权，《美国联邦采办条例》在第 27.401 条规定：为了完成政府的任务和计划，政府各部局和所属各部门都必须获取或利用在履行其合同过程中出现的和使用的各种数据。与此同时，政府也承认承包商对私人投资项目获得的数据拥有产权或其他正当的经济利益；并且承认，为了预防危及该项产权或经济利益、防止承包商的商业地位受到损害和政府接触或使用这类数据的可能性受到影响，保护这些数据及其他可供政府利用的数据不被随意使用或泄密是必要的。

二、军事采购法律制度的主要内容

我军全面推进军事采购制度改革以来，法制建设取得了长足的发展，制定颁布了一系列军队物资、工程、服务及武器装备采购法规制度，基本涵盖了军事采购各个部门和采购业务各个层面。

（一）国家法律层面

在国家法律层面，相关法律对于军事采购具有约束和指导效力，是军事采购的上位法。主要包括：《中华人民共和国国防法》、《中华人民共和国政府采购法》、《中华人民共和国招标投标法》、《中华人民共和国反不正当竞争法》、《中华人民共和国产品质量法》等。

（二）军队法规层面

在军队法规层面，物资采购、物资进口、服务采购、工程采购在各自业务范围内，分别出台了一系列具体规章，武警部队除参照执行上述规章外也结合其特点制定出台了部分专门规定。当前军队采购与进口产品标准较为完善，大量采纳了国际、国家和行业标准，部分制定了国家军用标准，采购与进口信息类标准制订工作正在进行，取得了较大进展；但采购与进口工作的基础类、管理类和服务类标准较为缺乏，特别是如民族产业保护、供应商准入标准、绿色采购标准等能够体现政策性功能的标准不够完善，见图4-1。

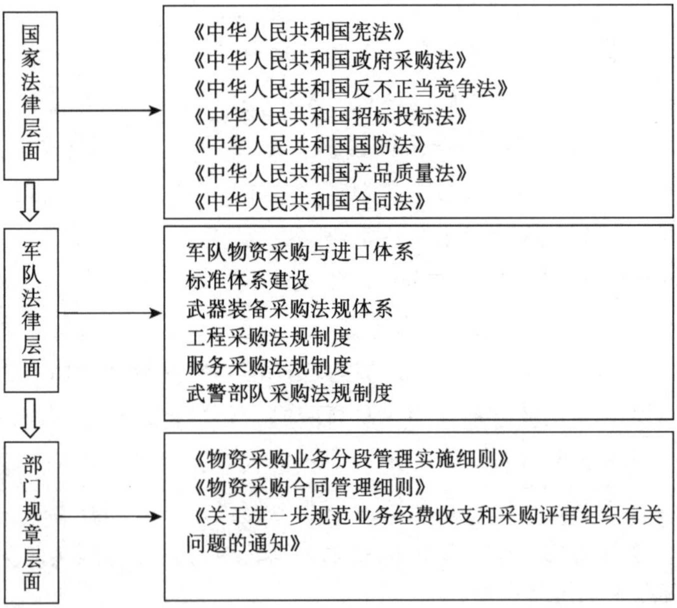

图4-1 我国现行军事采购政策制度体系

1. 军队物资采购法规制度现状。以中央军委2001年批转原总后勤部《关于深化军队物资、工程、服务采购改革总体方案》为标志，原总后勤部相继颁布了《军队物资采购管理规定》、《军队物资招标管理规定》、《军队物资采购合同管理规定》、《军队物资、工程、服务采购审计规定》、《军队物资供应商库管理办法》、《军队物资采购信息公告管理办法》、《军队物资应急采购管理规定》、《军队物资采购机构管理规定》、《军队物资采购监督管理规定》、《军队物资采购投诉处理办法》等系列配套法规，对采购目录、采购实施、招标投标、采购程序、采购方式、采购机构、合同管理、信息公告、投诉处理和采购监督等作出了明确规定，各级机关和部队也制定了相应的实施办法和细则，基本形成上下衔接、相互配套的军队物资采购管理规章体系。

2. 军队物资进口法规制度现状。加入WTO以来，适应市场开放和国家外贸体制改革，原总后勤部相继颁布了《军队物资进口管理规定》、《军队物资国际招标管理规定》、《军队物资进口委托代理规定》、《军队物资进口供应商库管理规定》、《军队免税进口物资监管规定》和《军队物资进口正规化管理规定》等11部法规，对进口计划、进口方式、进口实施、委托代理、国际招标、自行报关、免税监管等作出了明确规定，基本规范了军队物资进口的方式方法、程序步骤和监督管理。具体情况如图 4－2 所示。

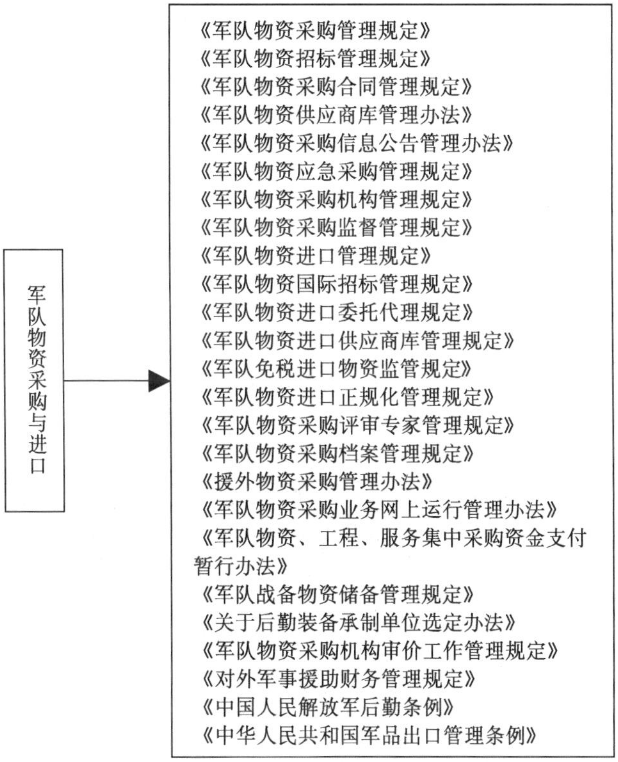

图 4－2　我国现行军队物资采购与进口法律制度体系

3. 武器装备采购法规制度现状。我军武器装备采购按照装备预研、装备科研、装备购置和装备维修四个阶段，先后制定了《装备预先研究条例》、《装备科研条例》、《装备采购条例》、《装备维修工作条例》以及《武器装备研制单位资格审查暂行办法》、《武器研制项目招标管理办法》等法规。其中，《装备采购条例》对采购计划制定、采购方式确立、装备采购程序、采购合同订立、采购合同履行以及国外装备采购工作作出了明确规定。

4. 工程采购法规制度现状。1994 年原总后勤部发布的《军队工程建设施工招标投标管理办法》是目前全军规范工程施工招标采购的权威性文件。2002 年以来，原总后勤部又先后颁布了《军队工程采购管理规定》、《军队工程建设项目施工招标管理办法》、《军队工程采购评标专家管理规定》等配套规章。各大单位依据相关法规，制定颁发相应实施细则。经过多年建设，基本规范了工程采购的组织体系、方法程序和配套建设，初步形成工程采购法规制度体系。

5. 服务采购法规制度现状。2002 年以来原总后勤部先后发布了《军队服务采购管理规定》、《总部机关物资、工程、服务集中采购目录》、《军队物资、工程、服务集中采购资金支付暂行办法》、《军队物资、工程、服务采购审计规定》、《关于建立后勤装备终身维修服务机制的实施意见》等法规，对军队服务采购的规范运行起到了较好的保障作用。具体情况如图 4－3 所示。

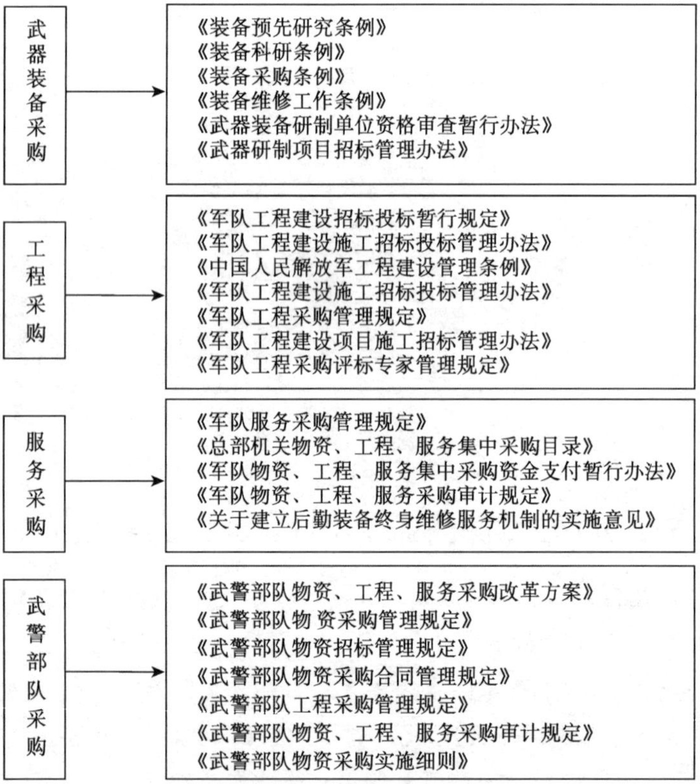

图 4－3　军队采购法律层面其他领域采购法律

三、军事采购法律制度的完善

（一）不断健全完善军事采购政策法律体系

军事采购是政府采购的一部分，大多数发达国家均在国家层面制定有专门的军事采购法律，或在国家政府采购法规中做出了明确的规定，成为军事采购的基本依据。在此基础上，建立了涵盖国家、国防部、业务部门等多层级的配套完整的法律体系，既确保了军事采购与国家政府采购政策的对接，又将军事采购运行的全过程纳入了法制化的管理。例如，美国有《武装部队采购法》、《联邦采购条例》，国防部制定有《国防采购条例》，对国防采购的基本政策、审查程序以及采购计划、预算的综合编制方法等内容做出了系统的规定。

（二）积极提高军事采购制度的国际适应性

国际采购协议和规则的出发点在于促使成员之间最大化开放政府采购，形成公平、平等、开放的全球化政府采购市场。然而，世界各国制定的军事采购法规却在价值取向、操作规范等方面与国际采购有不一致的地方，甚至相冲突。为适应国际采购的要求，世界上许多国家通常都重新制定或修订相应的法律法规，提高采购制度的国际适应性，军事采购也不例外。例如，GPA 各参加方通常依据签署 GPA 时的承诺，修改补充本国军事采购相关法律法规，主要是强调坚持对境外供应商的国民待遇和非歧视原则。典型的如美国对《联邦采购条例》进行了修改，给予 GPA 参加方的供应商国民待遇。我国军事采购在加入 GPA 的过程中，同样需要对现行的军事采购法律法规进行修改和补充，以适应 GPA 的要求。

（三）充分发挥军事采购的政策导向职能

军事采购作为政府采购的重要组成部分，在保护国内民族产业、重要产业方面具有较强的政策导向和支持作用，因而，许多国家也普遍利用军事采购的政策作用，来保护和扶持本国的重要产业和幼稚产业。例如，美国的《国防采购条例》特别规定，国防部在招标采购中要注意照顾以下投标企业：（1）残疾人企业；（2）少数民族企业；（3）中小企业；（4）劳改企业；（5）对人体产生危害的生产企业。并在近几次国会和议会的法律修改中，不断加强对弱势群体企业和中小企业的扶持和帮助力度，对竞争力相对较弱的产业尽量不参与国际采购市场，使其免受冲击；同时，以立法作保证，与国家法律相衔接配合，规定军事采购保护本国产业的方式方法，充分发挥军事采购作为国家产业保护最后屏障的作用。

（四）建立健全军事采购的审查救济制度

军事采购具有一定的特殊性，但随着军事采购国际化、专业化不断深入发展，军事采购法规制度体系中应当设立程序，对在采购活动的各阶段所发生的申诉案件进行听证和审查，确保尽可能公平迅速地解决供应商与采购机关之间的关于军事采购所发生的纠纷。至于救济程序的具体内容，则由军事采购依据具体情况制定。各国在采购立法中都规定了救济制度程序，允许采购双方通过司法、行政等手段对不当采购行为提出质疑。对于军事采购活动中出现的纠纷，目前主要是通过政府采购的救济程序进行解决，随着军事采购不断面向国际市场进行拓展，就需要为军事采购建立了专门的救济渠道。

（五）逐步完善军事采购法规的执行监督

在军事采购制度不断演化的过程中，世界主要发达国家相继建立了具有本国特色的军事采购法规执行监督体系，并不断发展完善。如美军国防采办管理监督体系主要包括三大部分：内部监督、外部监督和对承包商的监督。内部监督是指采办管理部门的自我监督，包括财务监督、质量监督、内部审计，由国防财会局、国防合同管理局和国防合同审计局等机构履行。外部监督是国防部独立的监督部门以及国防部以外部门进行的监督，包括外部审计、监察监督、司法监督和社会监督，由国家的审计、监察、司法部门和社会力量承担。对承包商的监督是国防采办管理重要的监督内容，主要有合同审计、财务监督、质量监督和绩效监督，也是由国防部的内部监督机构负责。这些监督机构和监督机制的建立和健全，强化了军事采购的法律约束力。

第三节　军品贸易法律制度

一、军品贸易法律制度概述

（一）军品贸易的性质

军品，主要包括三类，一是可直接用于军事消费或战争消费的武器装备；二是可直接用于武器装备生产的军事生产资料和军事战略物资；三是可直接或间接用于军事生产的科学技术。国际的军品流通叫军品贸易，是国际贸易的一个特殊组成部分。不管是资本主义国家，还是社会主义国家，军工部门都不是非商品生产的封闭部门，而是与整个国民经济，乃至世界经济有着广泛商品经济联系的生产部门。它们的生产技术、原材料来源、机器设备都是通过商品交换方式取得的。因而，它们的产品也必须以商品的形式出现，以贸易或交换的方式流通。同时，军品是军工部门生产劳动者的共同劳动生产出来的，不仅有使用价值，还具有剩余价值，也要通过交换来实现。军工部门只有把自己生产的军品出售给本国的武装部队或其他国家的武装部队，才能得到进行再生产的各种物资和资金。现代国际军品贸易作为整个国际商品贸易的一个组成部分，既是以国际政治、军事、经济条件的具体发展为前提，又是以社会化大生产为基础的。社会化大生产的一个根本特点就是交换的扩大，并且从国内交换发展到国际交换。也就是说，军品生产作为社会化大生产的产物，总是首先在不同的国家相对独立地发展起来，当社会化大生产发展到一定的程度，如果供给大于需求，则必须要寻找国外市场，否则只能部分地闲置军工生产能力；如果供给小于需求，则又必须要从国外购置，否则就不能适应政治和军事上的需要。因此，那些较为发达的军品生产部门，就会率先要求到国外去寻找销售市场或所需的原材料，以及较好的投资场所。如果不是个别国家，而是许多国家参与这一活动，超出国家界限的世界军品市场就产生了。与一般商品的国际贸易相比较，军品贸易除了其生产和发展的原因不同，还具有极强的政治性、军事性和统制性。大多数情况下，军品贸易都是在有关国家政府的直接统制下进行的，或者受到政府不同程度的管制，完全的自由放任的军品贸易只能是少数的例外。政府对军品贸易的干预，通常是较为广泛的，它包括诸如谁买、卖给谁；进行贸易的时间、贸易项目的选择、品种、规格、数量、价格、支付方式和支付期限；附加条件等。这种干预的程度，随着国际形势以及当事国的实际情况、战略方针的变化而变化。作为间接的军事斗争手段，军品贸易在调整多边关系、改善战略态势、平衡战略力量等方面发挥着独特的作用，具有政治、军事、外交方面的重要意义。同时，作为世界上最赚钱的买卖之一，它也是有关国家获取更大经济利益，保证本国军事工业生存与发展的重要途径。

（二）军品贸易的特点

军品贸易作为国际政治、经济、军事的一个重要组成部分，随着国际形势的变化，也发生了深刻变革，在战略层面上呈现出一些与冷战时期完全不同的特征。

1. 军品贸易的政治和军事斗争性。冷战时期，由于东西方激烈的对峙，国际军品贸易作为一种军事斗争的手段，也带有强烈的对抗性。作为各自阵营的主要军火供应者，美苏两个超级大国在向自己的盟友或准盟友提供武器装备时，主要考虑的不是经济利益，而是政治与军事利益。如美国在《武器出售控制法》中就明文规定："只有在能够明确地证明出售武器能够加强美国的国家安全并且和美国的对外政策相一致的情况下，才能批准出口。"因此，和美国具有军贸关系的国家，一般首先是直接的同盟国，其次是间接的同盟国或友好国家。美国不仅原则上严格禁止向信仰共产主义的国家出售武器，而且对发展中国家出售武器也有诸多限制。军火贸易不仅包括武器即硬件本身，还包括训练、维修、补给以及军事教育等软件。在教育训练的过程中，武器进口国不可避免地受到武器出口国政治和意识形态的影响。东南亚地区历来是美国的武器市场，当俄罗斯以廉价武器与美国价格昂贵的武器竞争的时候，他们的政治影响也势所必然地进入了东南亚地区。俄罗斯通过军火贸易，扶植印度的军火工业，把印度重新纳入自己的势力范围。

2. 军品贸易的功利性。军品出口虽然和政治、军事紧密相连，但越来越多的国家已把经济利益放在更明显的地位。因为军品工业能在一定程度上支撑繁荣的局面，解决部分就业问题，还可以获取大量外汇。美国、俄罗斯、法国、德国等军火出口大国已更多地着眼于经济利益。20 世纪 80 年代中期，苏联武器出口达到高潮时，对华约成员国及其友好国家的易货贸易和无偿援助达 300 亿美元。现在则不同了，虽然军事、政治联盟很重要，但首先要考虑经济利益。美国资深国际问题专家安德鲁·内森和罗伯特·罗斯曾指出："对于美国和俄罗斯这样的大国来说，军火销售是维持和平时期军工生产的重要的收入来源和对武器进口国施加影响的工具。"

3. 军贸市场呈现多极化。冷战时期，美苏两强争霸，世界分为东西两大阵营。与此相应，世界军品市场也像国际市场一样被分割为阵线分明的东西两个体系。当时，美苏为严防自己的先进武器流入对方，双方都互相对敌方实行严密的封锁，都只向各自的盟国和"友好"国家供应武器装备。为此，美国曾建立机构庞大的巴黎统筹委员会，专门控制苏联和东欧国家购进、"窃取"西方的先进武器和可用于制造新式武器的尖端技术工艺；苏联也相应采取了许多防范措施。这期间，美苏两国为了争夺全球战略优势，加紧军备竞赛，不断制造和挑起冲突，世界军工生产和军品贸易随之水涨船高。苏联解体和华约解散后，由于国际形势和地缘政治的变化，原先划定的泾渭分明的界限不复存在，世界军火市场重新成为统一的市场。美、英、法等西方国家开始向捷克、波兰、印度等由苏联控制的所谓"东方武器系列"国家出售武器；俄罗斯等独联体国家也把军品贸易扩展到土耳其、以色列等传统的美国武器销售国家。

军品贸易是军事经济活动的重要组成部分，是当今世界国际贸易交往关系上的一个客观事实。军品贸易不同于一般的经济贸易，既属于军事领域的经济活动，又具有政治和军事战略的内涵。开展军事高技术的引进和与国际军事合作，是提高武器装备水平，提高武器装备自行研制能力，缩短与国外差距的重要途径，对促进我国装备现代化建设具有十分重要的理论和现实意义。

二、武器装备中外合作法律制度

（一）武器装备中外合作法律制度概述

武器装备中外合作法律制度，是国家、军队的有关部门、单位、人员共同遵守的关于武器装备中外合作过程中决策、研制、生产、使用、管理等活动的程序、标准、规定等法律规范的统称。它是由相关的各个领域、各个层次、各个部门和单位的具体制度构成的规范体系。它既在一定程度上体现了一国涉外军事经济交往的原则和政策，也反映了特定国际军事斗争形势下人们对武器装备中外合作的认识态度。它根据国际军事、政治、经济形势的发展需要，并随着武器装备科学技术的发展而不断更新和完善。

武器装备中外合作法律制度的概念有广义和狭义两种。广义的武器装备中外合作法律制度，是指调整涉及对外武器装备合作领域各种关系的法律规范的统称。它由在世界军事合作领域具有普遍约束力的武器装备合作的国际法规和规章或约定，对合作双方的政府、军队、企业等特定部门均具有约束力的武器装备对外合作法规，以及微观层次的武器装备中外合作规章三部分组成。狭义的武器装备中外合作法律制度，是指由专门的军队军事经济管理机构根据宪法、军事法律的有关规定，对本国武器装备中外经济合作活动制定和颁布的条令、条例、决定、规定等规范性文件的统称。它是调整军队内部各个层次、各个部门有关武器装备中外军事合作行为关系的基本准则，是军队内部各级机关和部队进行武器装备中外合作的根本依据。

（二）武器装备中外合作法律制度的主要内容

1. 武器装备中外合作合同法律制度。合同是实现中外武器装备军事合作的基本形式。建立对外武器装备合作制度必须实行合同制。1979 年 1 月，邓小平在听取当时军委三总部负责同志的汇报时就提出要改变传统的供求关系，实行合同制。尽管当时针对的还是实行军内定货合同制，但时至今日，以法律的手段来约束对外武器装备合作已成为大多数国家的共识。中外武器装备合作合同应一律采用书面形式，以国家批准的武器装备研究的中长期计划和按计划程序批准的项目为依据，必须符合国家法律、法规和有关对外经济政策、计划的要求，服从加速武器装备发展的大局，贯彻平等互利、协商一致、等价有偿的原则。

随着对外军事经济合作的不断发展，合同的内容越来越具体，也越来越需要双方对其中的条款进行仔细斟酌，一般的武器装备合作合同应包括以下内容：标的；产品的名称、品种、规格、型号、战术技术性能指标；产品的数量和计量单位；产品的配套要求；产品的质量标准和包装要求；产品检验、验收的条件和方法；产品的研制和交货进度；产品的单价、总价、结算方式、开户银行、账户名称和账号、结算单位；产品的交货单位、交货方法、运输方式、发运和到货地点、交货日期；产品“四包”（包修、包换、包退、包赔）的内容和期限；可能出现的重大技术关键问题的范围及解决方法；产品售后技术服务项目；违约责任的承担；合同签订的时间、地点、生效及失效期限及方式、方法；双方协商同意需要在合同中明确规定的其他事项。中外武器装备合同一般需要国家指令性计划予以保证并须经国家或军队外事经济主管部门报军委主管机关和国防科工委备案。

在签订中外武器装备合同的过程中，还应注意以下几点：一是择优选择合作方。对于合作方的选定要作出科学的实事求是的论证和评估，兼顾需要和经费的承受能力进行装备选型，选择生产状态好劳动效率高的国外工厂定点生产。二是合理选择合同的形式。对于合作周期长、不可预见因素多、风险大的研制或开发项目，可以签订分阶段合同。对于一些大型武器装备的联合研制和开发，可依据签订合同时项目的多少、技术状态确定的情况、企业生产情况、不确定因素多少等分别采用不同的合同形式，以便于采用相应的价格形式，使合同价格更为合理，从而可以分阶段实施控制和管理。三是增强合同的制约力，维护我方的权益。装备的质量和研制进度是军事经济效益的重要标志之一，为避免拖欠，应当明确合同双方的责、权、利，建立相应的合同监督制约机制，提高合同的可操作性。

武器装备合作合同一经订立，双方应当全面履行。若订立合同所依据的国际条约或规章及单方国家计划被修改、取消，或发生不可抗力以及其他合法原因使合同不能履行或不能全部履行时，可以变更或解除武器装备合作合同。当事人一方违反武器装备合作合同时，应当负违约责任，按规定偿付违约金、赔偿金。

2. 武器装备中外合作招标竞标法律制度。采用招标和竞标，是实现武器装备合作生产和研制的有效措施。许多国家的军工生产以招标竞标的方式大大调动了军工企业的积极性。由于武器装备研制费用高，产品价格昂贵，利润和风险都比较大，所以必须注重这一方面的法律制度研究，从而利用招标竞标机制保证本国武器装备的良好供应。

20 世纪 80 年代以来，我国在军事订货中引入了竞争机制，不但采用合同制，而且通过招标实行择优订货，取得了明显效果。但是对外军贸市场仍未放开。这是由于相当一部分武器装备具有严格的保密要求，而且涉及国家间的军事利益的彼此消长。但是对于一些非保密性的武器装备而言，采取国际招标和竞标机制，可以从国际武器装备生产和流通的实际需求出发，降低武器装备的研制难度和资金耗费，引进和开发先进的武器装备。我国的武器装备招标竞标法律制度应当结合我国国情、军情，以国家和军队计划的协调和落实为前提，通过招标方式赋予认购单位取得军品研制或生产的许可权，并以质量、管理、价格、信誉等多种指标为依据，优中选优。中标单位以其先进生产技术、优惠销售价格、科学管理方式和最佳服务质量取胜，这不仅有利于促进我国武器装备整体效能的提高，而且也有利于促进我国军工企业改善经营管理，提高产品技术含量，为日后实现产品出口、开拓国际武器装备合作市场打下良好的基础。

3. 武器装备中外合作审价定价法律制度。中外武器装备合作的审价定价，是武器装备合作开发法律制度的主要内容之一，其基本依据是我国有关军工产品价格的方针、政策和有关审价定价工作的规定和国际军事贸易领域的有关规定。武器装备合作审价定价法律制度的基本内容是：遵照国际军品价格政策以及有关的要求和规定，审查考核武器装备的工时定额、材料消耗定额、专项费用和废品损失等情况，并进行分析研究，与承制单位协商确定产品价格并举行一定范围内的价格听证；参加承制单位的经济活动和产品成本分析工作，向其提出降低成本的建设性意见；建立健全武器装备成品档案，并对国际武器装备成品价格作出适当预测；适时向合作方提供产品价格变化信息。

4. 武器装备合作检验法律制度。武器装备合作检验法律制度是指武器装备中外合作过程中，需方与供方共同依照合作合同的规定对武器装备的实用性和技术含量联合查验、验收而遵循的程序类法律规范的总称。它是保证武器装备质量的最强有力的法律手段。其具体程序应当包括购进检验、工序检验和成品验收检验、质量问题的处理四个阶段。

5. 武器装备中外合作质量监督法律制度。武器装备的质量监督法律制度是指合作双方为保证武器装备满足合同的质量要求，而对承制方的生产程序、方法、条件、过程和服务进行评价、分析、记录所要遵循的法律规范的总称。可分为质量管理法律制度和质量监督法律制度两个部分。其主要内容包括：生产方质量保证体系监督法律制度；生产过程质量监督法律制度；生产条件监督法律制度。

6. 技术合作法律制度。武器装备技术合作法律制度是指武器装备合作双方在武器的合作研发和使用阶段为使需方尽快熟悉武器装备的操作和技术性能而要求供方提供技术服务，而需方予以配合的法律制度的总称。

为使武器装备的一方在尽可能短的时间内熟悉和掌握武器装备的使用、维修和储存技能。需要以法律的方式规范双方在技术服务过程中各自所享有的权利和义务。其主要内容包括：技术培训的人员与期限设置；维修保障的实施及费用承担；技术、质量的反馈及档案设置；技术难题的解决与处理等内容。

三、军品出口贸易法律制度

（一）军品出口贸易法律制度概述

军品贸易出口法律制度有广义和狭义之分。从广义的角度看，军品贸易出口法律制度是指在国际范围内对所有军品贸易出口国在军事装备、军用物资技术和军事服务出口方面所必须遵守的法律规范和国际条约规章的总称。其不仅在一国范围内具有约束力，而且在国际军品贸易领域对所有的缔约国也产生法律效力。而狭义的军品贸易出口法律制度是指在一国的军品贸易出口管理部门在从事军事设备、技术及军事服务出口方面所应遵循的具有法律约束力的法律规范的总称。其对军品贸易相对方一般不具有法律约束力，只在本国范围内有法律效力，其表现形式也多为行政规章和条例。我们一般所指称的是狭义的军品贸易法律制度。

多年来，我国根据本国的防扩散政策和出口管制实践，并参照其他国家的做法，不断完善有关出口管制机制，加强出口管制的立法工作。1994 年颁布实施的《中华人民共和国对外贸易法》明确规定国家禁止或限制危害国家安全或社会公共利益的货物和技术的出口。此后，国家又相继颁布实施了一系列关于敏感物项的出口管制法规，其中包括：《中华人民共和国监控化学品管理条例》、《中华人民共和国核出口管制条例》、《中华人民共和国军民两用品及相关技术出口管制条例》、《中华人民共和国军品出口管理条例》和《中华人民共和国导弹及相关物项和技术出口管制条例》。这些法规的颁布和实施对于规范我国有关出口管理、落实国家防扩散政策、维护国家安全和社会公共利益、履行有关国际义务起到了积极的作用。

（二）军品出口贸易法律制度的内容

《中华人民共和国军品出口管理条例》（国务院、中央军事委员会第234号令，1998年1月1日起施行）所称军品出口，是指用于军事目的的装备（包括警用装备）、专用生产设备及其他物资、技术和有关服务的贸易性出口。中华人民共和国国家军品贸易管理委员会（以下简称国家军品贸易管理委员会）在国务院和中央军事委员会的领导下，主管全国的军品出口工作。中华人民共和国国家军品贸易局（以下简称国家军品贸易局）是国家军品贸易管理委员会的执行机构，对全国的军品出口实施监督管理。

我国是一个爱好和平的国家，在处理外交关系的基本原则即和平共处五项原则的指引下，我国对外军品贸易出口方面所应遵循的基本原则是：有助于接受国的正当自卫能力；不损害有关地区的和世界的和平、安全与稳定；不干涉接受国的内政；国家平等以及公平公正的原则。

1. 军品出口的原则。为了加强对军品出口的统一管理，维护正常的军品出口秩序，国家实行统一的军品出口管理制度，禁止任何损害国家利益和安全的军品出口行为，依法保障正常的军品出口秩序。军品出口应当遵循下列原则：（1）有助于接受国的正当自卫能力；（2）不损害有关地区的和世界的和平、安全与稳定；（3）不干涉接受国的内政。

2. 军品贸易出口的主管部门及基本职责。军品贸易出口的主管部门是指在军品贸易出口中负有特定职责，对一国对外军品贸易具体实施组织和管理的政府机构或军事组织。我国军品贸易出口是在国务院和中央军事委员会的统一领导下，由国家军品贸易管理委员会主管全国的军品出口工作。国家军品贸易局则是国家军品贸易管理委员会的执行机构，对全国的军品出口实施监督管理。其主要职责是禁止任何损害国家的利益和安全的军品出口行为，依法保障正常的军品出口秩序，切实维护国家和军队在对军品出口贸易方面所享有的权利，并履行必要的义务。

3. 军品贸易出口的主体及其基本的权利和义务。军品贸易出口的主体是指一国对外军品贸易的主要参加者和受益者，一般各国对从事军品贸易出口的单位或组织均予以特定的资格认证，并以法律、规章的形式对其享有的基本权利和义务予以明确规定。国际上的军品贸易出口组织有巴黎统筹委员会、欧共体军品贸易管理委员会等。西方发达国家其国内从事军品贸易出口的主要是一些大的军用或民用企业及财团。我国军品贸易出口的主体是军品贸易公司，它是经过国务院和中央军委的联合审批取得军品出口经营权，并在核定的经营范围内从事军品出口经营活动的企业法人。

我国军品贸易公司的军品出口经营权，由国家军品贸易管理委员会审查批准，并经国务院和中央军委备案。作为企业法人，其享有的基本权利是军品出口权；排除妨害请求权（即可以请求国家军品贸易局对妨碍正常的军品出口秩序的行为进行处理）；委托代运权（即委托经批准的军品出口运输代理企业，代为办理军品出口运输及相关业务）。其基本义务包括：依法自主经营、自负盈亏；应当信守合同，保证商品质量，完善售后服务；按照军品贸易管理委员会的规定，如实提交与其军品出口经营活动有关的文件及资料，不得损害国家或军队的利益；遵守国家安全法规，不得危害国家安全或者社会公共利益；应当遵守法律和行政法规的规定，维护正常的军品出口秩序；不得以不正当竞争手段排挤竞争对手；不得侵害中华人民共和国法律保护的知识产权，不得伪造、变造、骗取或者转让军品出口项目批准文件、合同批准文件、许可证和接受国的有效证明文件等单证，不得超越核定的经营范围经营等。

4. 军品贸易出口许可法律制度。我国对军品出口实行许可证审批制度。军品出口项目，由国家军品贸易局或者由国家军品贸易局会同国务院、中央军事委员会的有关部门审查批准。军品贸易公司凭借军品出口合同批准文件和军品出口许可证，可以对外签订军品出门合同，并在合同签订后，向国家军品贸易局申请审查批准，申请时须附送接受国的有效证明文件。国家军品贸易局应当自收到申请之日起 15 日内，作出批准或者不批准的决定。军品出口合同获得批准，方可成立。对重大的军品出口项目、合同，应当经国家军品贸易管理委员会审查，报国务院和中央军事委员会批准。军品贸易公司在军品出口前，应当凭军品出口合同批准文件，向国家军品贸易局申请领取军品出口许可证。符合军品合同规定的，国家军品贸易局应当自收到申请之日起 5 日内签发军品出口许可证。海关凭军品出口许可证接受申报，并按照国家有关规定验放。

5. 军品贸易出口法律责任的承担。未取得军品出口经营权的任何单位或者组织，不得从事军品出口经营活动。国家禁止个人从事军品出口经营活动。军品贸易公司在军品出口经营活动中，应当遵守法律和行政法规的规定，维护正常的军品出口秩序。

军品贸易公司在军品出口经营活动中，不得有下列行为：（1）危害国家安全或者社会公共利益；（2）以不正当竞争手段排挤竞争对手；（3）侵害中华人民共和国法律保护的知识产权；（4）伪造、变造、骗取或者转让军品出口项目批准文件、合同批准文件、许可证和接受国的有效证明文件等单证；（5）超越核定的经营范围经营；（6）违反法律和行政法规规定的其他行为。对于军品贸易公司在军品出口贸易活动中违反军品出口管理规定的，应当承担受处罚、限期改正、警告及军品出口经营权的撤销等行政法律责任。国家军品贸易局认为必要时或者根据军品贸易公司的请求，可以对妨碍正常的军品出口秩序的行为进行处理。

对于国家军品贸易管理工作人员玩忽职守、徇私舞弊、滥用职权，或者利用职务上的便利收受、索取他人财物，构成犯罪的，依法追究刑事责任；尚不构成犯罪的，依法给予行政处分。属于单位犯罪的，依法追究单位的刑事责任。

第四节 国防合同法律制度

一、国防合同的内涵

（一）国防合同的概念

以合同手段来实现一定的目的，不仅仅只存在于民事领域，近代合同制度在沿革中，已经超出民商法范畴，扩展到法律的各部门和法学各领域。由于合同涵盖的关系日益复杂，其外延扩大而导致内涵减少，合同已成为一种形式化的法律制度，已成为国家进行个别性调整的法律手段。

军事领域并非因为它的封闭式管理而成为一个与社会绝对隔离的地带，不应该忽略、甚至排斥有利于实现军事利益最大化的手段。就客观现实来看，军用物资的采购、军队士官的选拔、军队的社会化保障、军事行动的军令状、国防知识产权的转让、军队对地方建设的支持等等军事现象，实际上就是采取合同这种形式来满足军事需求，强化行为责任，从而为军事活动，尤其是为军事经济活动的开展提供可预期的行为模式。按照我国《合同法》的规定："合同是平等主体的自然人、法人、其他组织之间设立、变更、终止民事权利义务关系的协议。婚姻、收养、监护等有关身份关系的协议，适用其他法律的规定。"这里采取狭义式和排除式对合同进行了定义。就合同的本质而言，它其实就是一种法律行为。就合同的适用范围而言，显然我国的合同法所调整的仅仅是民事领域的合同关系。由于军事机关的国家代表性，大部分军事活动是在体现国家意志的状态中出现的，军事利益的实现就是国家利益的捍卫，就是全社会人民安全利益的保障，在军事活动中存在的合同被赋予了更为特殊内涵的法律形式。国防合同仍然具有合同的内核，即它仍然是渗透着合意法律行为。在契约中我们看到了两个意志的关系，它们成为共同意志。但是这种同一的意义只是相对的普遍意志，被设定的普遍意志，从而仍然是与特殊意志相对立的。合同的基本矛盾已由个别合同中特殊意志与共同意志的矛盾，发展成为特殊意志与社会普遍意志的矛盾。合同一方面要实现权利义务的创设自由，另一方面又要实现国家对合同的救济，在军事活动中，合同中体现的普遍意志增加，合同逐渐从它作为本质的个别契约自由发展成为一种设定特定权利义务的形式。

从合同的内核、特殊主体所代表意志，以及利益的属性和目的的追求而言，国防合同是为了一定的军事目的，实现军事利益最大化，设立、变更或者终止军事活动主体权利义务关系的协议。

（二）国防合同的法律特征和本质

国防合同，与其他合同相比较，它除了具有合同的一般特征之外，还有本身所具有的特质。

1. 主体的特殊性。基于军事目的产生的合同法律关系的主体，是国防合同的主体，应当履行特殊的军事义务，享有特殊的军事权利。军事活动的主体一般可有包括全国人大、国务院、中央军委、军队、武警、民兵、各党派、企业、公民等，其中中央军委、军队、武警、民兵经常从事军事活动，表现为显性军事主体，其他主体则是间断从事军事活动，表现为非显性军事主体。如果这些主体参与了军事活动并产生了合同关系，就成为国防合同关系的主体，反之亦然。如果不是基于特殊的军事职责而与其他主体产生合同关系，则不具备国防合同主体的属性，不享受其军事权利，也无须尽其军事义务。

2. 目的的特殊性。民事合同的目的是双方通过一种约定，使双方权利和义务的辩证运动达到一种均衡，一种双方边际利益相等的动态均衡，从而在一定资源条件下实现合同主体的利益最大化，利益指向的主体更多的是个体。国防合同的目的是通过一种契约，确认在战争或危险条件下社会共同生存利益、安全利益比个体利益、局部利益、微观利益的优先性和重要性，使权利和义务的配置向着有利于社会整体利益的方向运动，从而实现社会整体利益、全社会成员的利益最大化。军事活动的目的是军事利益（国家利益的核心要素）的至上性，它在利益体系中是第一层次的，是社会主体的第一生存需要，国防合同无论在缔结、生效、变更、履行等各个阶段必须以军事利益为基准，合同一方在追求自身利益的同时，必须服从军事利益。军事利益处于国防合同关系的主导地位，“两利相较取其重”，在多数情况下，国防合同所体现的边际效应走向，是在特殊情况下使非显性军事主体的利益转化为军事利益，从而使国家安全利益最大化，非显性军事主体利益的让渡则通过其他手段来加以弥补或者被国家无偿占有。国防合同作为追求安全利益的有效手段，直接决定了国防合同存在的价值，决定着国防合同的内在本质。

3. 主体意志的特殊性。合同的本意在于意思自治，在于它是各种意思参与形成了一个共同意志。国防合同所体现的是国家主体的意志，是通过共同意志实现国家主体、社会整体利益的最大化。而民事合同所体现的是平等主体的意志，是通过所谓平等主体的共同意志实现个体、微观利益的最大化。一定条件下国家（包括其代表）可以作为民事主体存在，但大多数情况国家主体的意志是处于主导地位的，其共同意志往往在个体意志与社会普遍意志的斗争中建立，此时势必会出现国家意志的干预，两者的合意依然存在，只是并非完全的所谓的“任性”。

4. 权利义务关系的特定性。国防合同设立、变更、终止军事权利、义务关系。这种权利和义务与民事权利和义务有着本质的区别，它强调的是国家、全社会的生存权利和义务，而不是个体的生存权利和义务，也不是社会整体或个体的发展权利和义务。

二、国防合同的运行与管理

在国防合同法律关系中，国防合同主体之间缔结、履行、变更、解除、救济或监管国防合同的各种活动构成了国防合同行为。国防合同的运行与管理指的是国防主体对以自身为当事人的国防合同依法进行订立、履行、变更、解除、转让、终止，以及审查、监督、控制等一系列行为的总称。虽然国防合同含有双方合意的成分，它的做出需要双方当事人协商一致，但由于国防合同里面渗透着国家组织管理因素，使这种行为具有行政管理和经济调控性，能够直接产生法律效果。在构建国防经济行为模式时，对于国防合同的调整，不能完全按照民事合同进行管理。

（一）国防合同行为的缔结与履行

国防合同的缔结同一般民事合同缔结的规则没有什么体质的区别，也要经过要约和承诺过程，但国防合同大多由军事机关提出要约。

国防合同的运作是为了实现军事经济利益而采取的交易行为，这其中的军事特性显而易见，所以在追求其中经济效益的同时，必须注重安全效益。国防合同的缔结应遵循三个原则：

1. 出于军事需要。军事机关缔结国防合同不能随心所欲，必须出于军事需要，这种需要不一定有明确的法律规定，虽然国防经济领域涉及国家管理，但是这种管理不是纯粹的军事行政行为，和单方的军事行政行为不同，它必须基于双方当事人的合意，因此，只要确属军事需要即使没有法律明文规定也应该允许缔结国防合同，但是对于涉及重大军事秘密的、长远军事斗争准备或动用巨额军费的军事经济行为，必须有法律明文规定，以此来对国防合同的缔结实施准入，限制军事职权的滥用，确保国家军费的适当支出，使军事经济走入秩序化、法制化的轨道，以此我们可以根据国防合同所涉及军费的多寡来实施缔结控制，同时辅之以其他军事特别条件（主要是针对作战准备的）作为兜底，是国防合同缔结处于稳定的状态，从而符合我国军事供给的能力，使战斗力可持续性增长。

2. 主体必须适格。缔结合同无疑要求缔约人具备行为能力，否则会导致合同出现效力缺陷。对于军事机关而言，不得超越其职权，只能在自己管辖的军事经济事务范围内有缔结合同的权力，所以作为国防合同的执行管理机关，军事后勤部门与军事装备部门必须理顺权力的划分，必须理顺管理执行机关的关系，必须理顺上下级的权限。在涉及有重大军事经济利益的合同有权限争议时，各机关应当依托上级机关取得明确授权。如果在其权限以外签订合同而导致效力缺陷时，并对善意一方造成了损害的，上述机关应当承担缔约过失的责任。在武器装备日益高新化、专业化的状况下，对于军工企业应当明确其供应范围，从而使其具有一定范围的缔约能力。而对于其他非军事主体的交易方应实行严格的资格审查制度，对其信用程度、保密措施、经营范围包括该组织以前的交易历史等都应该纳入审查的范围，以此来确定其是否能够进入军事经济领域。

3. 合同中的内容与范围为国家法律和政策所允许。也就是说，凡是国家法律和政策所明确禁止的内容和范围，军事主体不得和任何其他组织缔结国防合同。尤其当前对于通用物资的订购上，不能以军事利益至高为名，而大肆买卖走私车或者药品，以及为军工企业提供生产的原料，也不得购买次品以次充好，一定要在保障部队战斗力的同时，严格遵守国家的现行法律和政策规定，保证通过国防合同所获取的收益合法有效。

缔结国防合同的方式，主要有以下几种：

第一，采购方式。按照我国《政府采购法》的规定，主要包括公开招标、邀请招标、竞争性谈判、单一来源采购、询价等，招标是最常用最主要的一种方式，它是一种要约邀请，投标为要约，定标为承诺。这种缔结方式，往往使利用军费开支的军事经济行为实现公平、公正、公开。在此，军事主体主要是国防合同的执行管理机关只能和要价最符合军事经济利益实现的投标方缔结合同，不能在中标人以外自由选择合同的当事人，而且使投标当事人自由竞争，如此调控是以最小的成本获取最大预期，非常经济。当然为使军事招标方有一定的选择余地，当其对中标的投标方不满意时，可以不批准这次招标而举行第二轮招标。采购的方式使国防合同的军方主体一方拥有了自由选择合同当事人的权利，对于公开招标以外的其他方式，《政府采购法》有明确的规定，对于提高军费的使用效益、发挥军事机关的主导作用，是最为有利的缔约方式。

第二，直接磋商。这与传统的民事合同的缔约方式差别不大，赋予了军事机关更为广泛的自由选择权，这种缔约方式一般出现在购买小额的必需品和服务上，该军事机关的级别档次比较低，或遇有紧急情况，最大的特点就是简便、明了。

第三，强制缔约。这是个人或其他组织负有应对方的请求与其订立合同的义务，换句话说，是指对方的要约非有正当理由不得拒绝承诺。比如军人保险合同，以及战时有关军方主体的战斗力形成、补充、增长所需要的消费等，在这种情况下，缔约义务人对要约的沉默通常可理解为默视承诺，关于缔约内容，必须有明确国家军事标准。否则强制缔约就会失去意义，缔约义务人在无正当理由的情况下拒绝缔约，致使对方损害的，应承担损害赔偿责任。

一般国防合同的缔结必须采取书面形式，而且大部分是以标准合同的面目出现，合同一经缔结就具有法律效力，如果该合同仍需要上级机关的批准或者牵涉第三人的权利而有待于得到其同意，此时合同并非无效，而是给付不能，比如军队社会化保障合同，从整体考虑不仅牵涉整体经济利益，而且密切关系广大官兵的生活利益，而在《军队饮食保障和商业服务社会化管理暂行办法》关于合同的缔结中，只是规定了合同履行的风险抵押金制度，对于获取此利益第三方在此没有发表意见的权利，而且也无法直接了解合同的缔结的过程，显然对于个体生活利益的保护不够，该合同即使有效，也有必要明确规定个体参与建议权，避免给付不能的现象，切实在合同的缔结阶段就能够保障广大官兵的利益。

国防合同双方当事人都要严格履行，除了遵循我国《合同法》所规定的有关合同履行的原则外，还应当把军事经济利益的实现放在首要位置，在权利义务的配置上，大多数场合限制供应方的抗辩权利，确立军事主体所享有的优益权，无论在执行合同义务的准备、具体合同义务的执行、义务执行的善后，权利应有所侧重，军方主体可以行使指导与监督权，对履行不适当的义务相对方具有强制执行权和制裁权，以具有军事行政的职权来抵消契约自由所带来的流弊。为了保证军事机关在履行国防合同时不滥用权利，有必要考虑建立有效的履行程序来保证合同中自由合意的实现，以及规范和控制军事机关主导性权利的行使。

（二）国防合同的变更和解除

国防合同缔结后，同传统的合同一样可依法变更或解除。所不同的是，国防合同并非完全的民事合同，具有混合合同的性质，而且在确立了军事经济利益为合同的预期的导引后，军事机关显然在这方面享有特权，它有权单方面做出变更或解除，但对相对方由此引起的损失须做补救。相反相对方当事人要求变更或解除合同，须经军事机关同意，否则不能成立，如果给予相对人《合同法》所规定的相对自由的变更和解除权利，那么军事机关所面对交易方的信用处于不稳定状态，交易的风险就会增大，虽然能够平衡双方的利益，但是军事机关所遵循的隐性利益，比如安全效益会逐渐被侵蚀，根本无法实现军事安全利益的最大化。

军事机关的在合同中所享有的主导性权利，主要包括直接解除权、单方变更权以及限制权。显然在权利义务的配置上军事机关在多数场合处于优势地位，有必要在程序设计上规范国防合同在变更解除时的流程，能够提供各方交易的理想空间，促进意见疏通，扩大选择范围，调和彼此的利益；能够消除地位差异的隔阂，实现一定的合意自由；能够以程序的保障，是军事机关行使主导性权利合乎理性。为达到这些效果，在程序设计上就必须考虑该合同当事人以及利益受到该合同影响的其他人员提供一个自由交换意见的理想空间和场所，这种场所的构建是以协商与听证为核心的，保证信息的公开，选择的公正，避免内幕交易的行为及其裙带关系等腐败的滋生，为国防合同的运作打开一扇透明的窗户，限制军事机关恣意的经济管理行为。

（三）国防合同的救济和监管

国防合同为权利义务的设立、变更、终止提供了行为模式，如果合法合理按照这种一般模式运行，军事经济行为就会很快的产生效益，同时双方的预期也可以实现，但是在此合同行为蕴涵着各个主体对各自利益最大化追求的矛盾，蕴涵着普遍意志同个体意志的矛盾，存在着以利益为根源的对抗矛盾，这些矛盾在合意的平衡、制度的调控下是可以解决的。一般的合同救济模式是从私法角度来构筑的，它往往不顾忌国防合同中的不亲和性时，运作时难以使双方同时让渡利益，这在很大程度上因为缺少公法救济途径与结构的缘故。必须将私法救济和公法救济的模式相结合来创立国防合同的救济模式，这其中具体制度表现为协商、仲裁或军事机关的内部裁决等司法外解决方法或者诉诸司法途径。由于军事法院至今仍不受理当事人一方为非军方的案件，针对国防合同中的行政管理的诉讼，军队也未开展行政诉讼的实践，这方面有必要交与地方法院审理，或者经地方高级法院和解放军军事法院协商可由双方组成联合法庭审理涉及重大军事秘密，或标的额巨大的国防合同纠纷。

国防合同管理表现为管理主体的多层次性，管理对象的广泛性，以及管理内容与方法的复杂性。一般的国家合同监管体系应该是以企业为基础，以工商行政管理部门为主导，以有关主管部门为骨干，以公证机关、仲裁机构和人民法院相配合，工商行政管理部门统一监督、有关主管部门和专门机构分工协作、企业自我约束相结合的，最大限度地调动全社会力量搞好合同管理工作的管理体系。国防合同的监管体系也可以借鉴国家合同的监管体系，充分发挥军队财务、审计部门的军费支付、监督的职能，与地方有关工商质检部门相配合，加强对有关合同的审批、合同履行的监管、合同的审计、合同质量的验收、合同文件的保管等环节，建立供应商的评审制度，提高监管的效率。尤其在军队饮食保障和商业服务社会化合同和军事通用、专用物资、服务和工程的采购中，从人员、服务质量、财务、军队资产等方面应该强化监管，权责明确，实施服务的“全过程”管理，实施工程装备的“全寿命”监督，保证军事消费向战斗力的转化。

三、国防合同法律制度的构建

（一）当前国防合同法律制度存在的问题

1. 国防合同法律制度建设严重设滞后。随着军队一系列采购制度的出台，有力地推动的国防合同实践的开展，在现实中出现了大量的有名的和无名的合同，这些合同亟待有关合同制度对其进行规范。而目前的国防合同制度建设缓慢，大多数还是在市场经济初建时期制定的，带有较深的计划经济的烙印，严重滞后于国防合同交易活动的迅速发展，不能适应当今军队市场化建设需要。

2. 国防合同法律制度体系不完善。国防合同法律制度体系是由一系列相互联系的制度构成，这些制度构成了合同运行的基本框架，规范着合同主体的行为和运行轨迹，确保合同朝既定的方向运行。从目前国防合同的现状来看，国防合同法律制度体系相当不完善：

首先，从纵向上看，还缺少一部国防合同制度建设的牵头的法律，即国防合同法。该法是国防合同法律制度建设的基本法律，也是国防合同法律制度的一般法，它规范军地双方的行为，规定国防合同的大政方针和基本原则，因此，缺少该法不仅影响了国防合同法律制度体系建设的统一和协调，也使国防合同执行的效力不高，影响了法律执行的严肃性。

其次，从横向上看，缺少一部与国家《合同法》相衔接的法律文件，现行的国防合同法律制度体系中与国家合同法相对应的主体制度、合同订立制度、合同履行制度、违约责任制度以及救济制度还相当缺损和不完善，致使在合同的运行过程中的一些环节无章可循，从而造成管理中的混乱，不可避免地出现各种各样的问题，加大了合同履行的风险。

3. 国防合同法律制度体系内部未形成有机联系的体系。虽然近些年来，国家和军队在国防合同法律制度建设方面制定、颁布了许多有关国防合同的法律法规，例如在武器装备合同制度建设方面，有《装备研制条例》、《武器装备研制合同暂行办法》、《装备采购条例》等，但这些法规基本上是按照科研、订购和维修保障分段制定的，形成了各阶段在立法上各自为政的局面，彼此之间缺乏有机衔接，不仅影响了国防合同效力的发挥，还影响了合同全系统全寿命的管理效益。

4. 国防合同立法技术有待提高。现行军事合同对于权利义务的规定不具体、不规范、不严密，对于程序规定的条款过于原则性，缺乏可操作性，并且随意性条款较多，操作弹性较大，给执行者留下了较大的自由裁量权，也为它们利用制度缺陷进行腐败活动留下了较大的制度空间。

（二）国防合同法律制度的构建

1. 从国防合同法律制度体系角度进行构建与完善。从国防合同法律制度体系角度来说，国防合同法律制度体系应当是一个覆盖国防合同运行与管理的全过程的、法律效力层次齐全、法律规范内容完整的制度体系。在国防合同核心法律上，由于国防合同不同于一般的合同，因此，应尽早出台规范国防合同基础性内容的《国防合同法》（或《军事合同法》），该法是国防合同法律制度建设的基本法律；在国防合同法规、规章层面，应在整合现有各种国防合同相关法规的基础上，出台规范国防合同运行与管理的各类条例与规定，让协调一致的国防合同制度更加有效地保障国防合同目的的实现。

2. 从国防合同法律制度运行流程角度进行构建与完善。

（1）国防合同缔结与履行制度方面。国防合同缔结的中心任务就是选择合适的供应商，并与之签订合同，为下一步合同的履行做好前期准备。由于国防合同的性质所决定，它的缔结方式与民事合同有所不同，体现在两个方面：一是军方有优先要约的地位。二是军方选择相对人的权利。这些都是为了军方选择最具有履约能力的相对人，保证国防合同的目的得以更好的实现。因此，缔结制度的建设主要体现在两个方面：一是通过择优手段选择适合的供应商，例如，建立国防合同供应商资格认证制度、国防合同审查制度等。二是设计出科学合理的条款，例如完善格式国防合同的使用制度等。另外，国防合同主体制度建设和客体制度建设都是缔结制度建设的重要方面，例如，在国防合同主体制度建设中，军队代理机构、代理人员的资格认定与管理制度等就是亟待建设的国防合同法律制度。

国防合同的履行制度是国防合同制度的中心内容，是国防合同制度中其他一切制度的最终归宿和延伸。国防合同的履行过程中的制度建设要以合同的安全履行为中心，确保合同目的的最终实现，例如完善国防合同履行担保制度等。

（2）国防合同变更与解除制度方面。合同双方在签订合同时，总希望合同在执行过程中不发生变化，但由于国防合同的履行易受国际、国内环境变化的影响，在实际执行过程中发生变化是常有的事。例如据统计数字表明，美国军事合同变更每年都超过 2000 次，因此，完善国防合同变更和解除制度，以及由此而造成违约责任的规范尤显重要。

（3）国防合同监督与救济制度方面。由于许多国防合同研制周期长、技术复杂、管理难度大，为降低国防合同的履行风险，保证国防合同完成的质量和履行的进度，对国防合同的执行过程实施有效的监督和控制必不可少，以及时发现问题和解决问题，通过对国防合同履行过程的适时控制，使国防合同的履行朝着事先预定的方向进行，达到预期效果。国防合同监督与救济有所不同，监督立足点在于事前调整，在于防患于未然；而救济的立足点是事后调整，在于恢复被破坏的军事合同法律关系。在合同监督与救济方面，有必要在现有制度规范的基础上，进一步完善国防合同的内部监督制度、外部监督制度、责任追究制度、国防合同管理考评制度等国防合同监督制度，以及有关国防合同仲裁、诉讼等救济制度。

第五章

国防资产管理法律制度

国防资产是国防和军队建设的物质基础，是国有资产的重要组成部分。近些年，随着国家对国防和军队建设投入的不断加大，国防资产的规模也在不断扩大。如何加强国防资产管理，保障国防资产的安全、完整和有效使用，已经成为迫在眉睫的问题。只有进一步健全国防资产管理法律法规制度，科学合理地配置国防资产，完善国防资产管理的监督、控制和保护措施，才能更好地发挥国防资产效能，做到财尽其力、物尽其用。

第一节　国防资产管理法律制度概述

一、国防资产的概念和特征

关于国防资产的概念，理论上已经出现“军事设施”、“武器装备”、“国防工程”、“军产”、“军费”等若干种。这些概念分别从物质形态、具体用途、隶属关系、产权归属等不同侧面反映了客观物质与国防、军事的关系。但是，这些概括还仅仅是一种层次较低的局部概括和反映，不是对用于国防的物质技术资源的一个科学的统领性称谓，不能完全满足国防立法的要求。直到 1994 年之后进行国防立法讨论时，才有人提出使用国防资产这一概念。1997 年 3 月 14 日，全国人民代表大会颁布了《中华人民共和国国防法》（以下简称《国防法》），明确使用了国防资产的概念。根据《中华人民共和国国防法》第三十七条的规定，国防资产是指国家为武装力量建设、国防科研生产和其他国防建设直接投入的资金、划拨使用的土地等资源，以及由此形成的用于国防目的的武器装备和设备设施、物资器材、技术成果等。《军队国有资产管理规定》进一步明确："凡属于国家所有，由军队依法占有、使用、管理的货币资金、武器装备、房地产、设施设备、物资器材、科研成果和其他财产及权利，无论是机关、部队和事业单位占有、使用、管理的行政事业性资产，还是军队企业和实行企业化管理的事业单位占有、使用、管理的经营性资产，都在军队国有资产管理的范围之内。"

国防资产具有以下特征：第一，专属性。从资产来源和产权关系上看，国防资产是国家以货币或实物形式投入形成的资产，其产权属国家所有，专属于国有资产的组成部分。第二，专用性。从地位和作用上看，国防资产是直接为国防活动服务，为国防活动提供间接服务的资产不属于国防资产。国防资产构成了国防建设的物质基础和国防斗争的物质手段，具有特殊地位和特殊用途。第三，多样性。从资产构成形式上看，国防资产具有多样性，既包括直接用于武装力量建设和其他国防建设的货币资金、土地等资源，又包括由此形成的武器装备、国防设备设施、国防物资器材、国防无形资产等。

国防资产与国有资产、军队资产（军产）有着密切的联系和明显的区别。国有资产是国家依法取得和认定的或者由于资本金投入及其收益、拨入经费、接受馈赠等形成的各种形态的资产。军产是指专门用于军队的资产，包括依据国家法律规定由军队占有、使用的资产，由军费投入及其收益形成的资产，接受捐赠和战争缴获等形成的资产，军队单位或其派遣、聘、雇人员从事生产经营获利形成的资产。国防资产、军产均属于国有资产的特殊形态，它们分别是国防领域的国有资产和军队国有资产。同时，军产又是国防资产的主体部分，是武装力量占有的国防资产的最重要内容。国防资产与国有资产、军产同在国家财产的概念体系之中，国防资产从属于国有资产，军产从属于国防资产。

二、国防资产管理法律制度的主要内容

通过法律法规的方式加强国防资产的管理，是确保国防资产完整、有效地服务于国防建设的前提。国防资产作为国有资产的一部分，国防资产的管理不能脱离国家对国有资产管理的大环境。新中国成立以来，经过60多年的建设和发展，我国已经积累了数额巨大的国有资产，这些资产是社会主义

公有制经济的物质基础，是国家财政收入的主要源泉，也是推进社会主义建设和改革、不断改善全国人民物质文化生活的重要保障。国家历来都十分重视国有资产的管理，1990 年 7 月国务院《关于加强国有资产管理工作的通知》指出："加强国有资产的管理，保护国有资产及其权益不受损害，并合理配置和有效经营国有资产，提高经济和社会效益，对于克服当前经济困难，实现国民经济持续快速稳定协调发展，充分发挥社会主义制度的优越性，都具有重大意义。"1995 年《中共中央关于制定国民经济和社会发展"九五"计划和 2010 年远景目标的建议》提出："搞好配套改革，重点是建立权责明确的国有资产管理、监督、营运体系，促进政企分开、加快建立健全社会保障制度，为改革创造良好条件。"20 世纪 90 年代后，我国制定了一系列的国有资产管理法规、规章。毫无疑问，国防资产的管理也必然步入法治轨道，《国防法》规定："国家根据国防建设和经济建设的需要，确定国防资产的规模、结构和布局，调整和处理国防资产。国防资产的管理机构和占有、使用单位，应当依法管理国防资产，充分发挥国防资产的效能。"《国防法》明确国务院管理国防资产、中央军委会同国务院管理国防资产，为国防资产的依法管理明确了管理体制并提供了基本的组织保障。

国防资产管理法律制度是指调整有关国防资产的占有、使用、处置、保护等管理关系的法律规范的总称。如前所述，由于国防资产具有多样性的表现形式，对其的管理亦具有差异性，因此，国家和军队根据具体情况进行了相应的立法，初步形成了国防资产管理的法律体系。主要包括：（1）国防工业资产管理法律制度；（2）军费管理法律制度；（3）军队房地产管理法律制度；（4）军事设施保护法律制度；（5）武器装备管理法律制度；（6）物资器材管理法律制度；（7）国防知识产权管理法律制度。

国防资产包括国防工业资产和军队资产。国防工业资产具有经营性，而且相当一部分已经转为民用，在内容和用途上与军队资产有明显的差异。但无论是国防工业资产还是军队资产，都不能脱离整个国防资产的管理体系。完善国防工业资产管理法律制度，应当明确现行的国防资产管理体制，加强资产运营管理活动的程序性立法，确定资产评估的法定标准，建立完善的国防工业资产申报制度，健全资产运营和监管基本管理制度。完善军队资产管理法律制度，应当明确军队资产的管理机构和职权划分，规范军队资产配置、核算、处置的程序和条件，建立军队资产统计报告制度，加强军队资产的监督检查，明确军队资产管理的法律责任。

第二节 军队房地产管理法律制度

一、军队房地产管理法律制度概述

军队房地产管理法律制度是调整军队房地产关系的法律规范的总称。军队房地产是保障部队工作、生活和进行各项建设的重要物质条件，是军队的必要资产。根据《中国人民解放军房地产管理条例》的规定，军队房地产是指依法由军队使用管理的土地及其地上地下用于营房保障的建筑物、构筑物、附属设施设备，以及其他附着物。

对军队房地产的管理与保护，我军历来十分重视，特别是在国家进行以市场经济为价值取向的经济改革以来，加大了立法保护的力度，先后颁布了一系列的军队房地产管理的法规、规章，主要有：《中国人民解放军房地产管理条例》（中央军委 1990 年颁布、2000 年重新颁布）、《中国人民解放军土地使用管理规定》（原三总部 1991 年联合颁布实施）、《军队房地产经营管理规定》（原三总部 1991 年联合发布施行）、《军队房地产开发管理暂行规定》（原总后勤部 1992 年发布施行）、《军用土地使用权转让管理暂行规定》（原三总部 1995 年发布）、《军队经济适用住房建设管理办法》（原总后勤部 1999 年发布实施）、《军队公寓区与售房区划分管理规定》（原总后勤部 1999 年发布实施）、《军队现有住房出售管理办法》（原总后勤部 1999 年发布实施）、《进一步深化军队住房制度改革方案》（中央军委 1999 年颁发实施）。

二、军队房地产管理法律制度的主要内容

（一）军队房地产的权属及管理主体

军队房地产的权属归中央军委，其土地使用权和建筑物、构筑物以及其他附着物的所有权，由军委后勤保障部代表行使。军队房地产管理的业务工作由各级后勤（联勤）机关营房管理部门归口管理。军队房地产按其用途分别由有关单位和业务部门具体负责使用和管护。

（二）军队房地产管理的基本原则

军队房地产管理的基本原则是：保障战备，保证生活，依照法规，依靠科技，合理规划，统一调配，坚持管理正规化标准，推行保障社会化改革，走投入少、效益较高的路子。

（三）军队房地产管理部门的职责

1. 军委主管机关的职责。军委主管机关在房地产管理方面应履行下列职责：（1）贯彻国家和中央军委有关房地产管理的方针、政策和法律、法规，制定全军房地产管理规章；（2）负责军队房地产调配、处置、利用和管理；（3）会同国家有关部门审批军队建设项目用地计划；（4）审批军级以上单位的营区规划；（5）决定全军房地产普查、登记、清理等重大事宜；（6）指导、监督全军房地产管理工作；（7）中央军委赋予的其他职责。

2. 各级后勤（联勤）机关营房管理部门的职责。各级后勤（联勤）机关营房管理部门应当履行下列职责：（1）贯彻国家和军队有关房地产管理的方针、政策和法律、法规，拟制房地产管理的规章制度，并组织实施，监督执行；（2）承办军队建设项目用地计划的审批编报事宜；（3）组织拟制营区规划；（4）组织实施军用土地、营区、营房、设施设备和营具的管理、维护、使用；（5）组织实施营区水、电、气、暖的保障和管理；（6）承办军队房地产的调配、处置事宜；（7）负责军队房地产统计工作；（8）管理军队房地产的产权产籍档案；（9）组织房地产管理人员的业务技术培训；（10）组织军队房地产管理的科学技术研究、技术革新以及科技成果的推广应用；（11）上级赋予的其他房地产管理职责。

3. 军队房地产使用管理单位的职责。军队房地产使用管理单位应当履行以下职责：（1）贯彻执行国家和军队房地产管理的法律、法规和规章制度；（2）执行上级批准的营区规划；（3）组织开展营区房地产正规化管理活动；（4）完成上级下达的各项房地产管理工作任务；（5）组织开展节水、节电、节煤（油、气）活动；（6）组织开展专修和群管群修活动；（7）上级赋予的其他房地产管理职责。

（四）军用土地管理

军用土地是军队进行基本建设的基础，也是军队营产得以存在的依托。根据《中国人民解放军房地产管理条例》的规定，所谓军用土地是指军队拥有使用权的国有土地，包括：部队、机关、院校、科研院所、医院、疗养院、后方仓库、干休所等单位的营区用地；陆军设防、海防、空防、火箭军阵地、通信、军队人防工程，以及保留的旧机场、旧港口、旧洞库等国防工程用地；试验场、基地、训练场、靶场等科学实验和军事训练用地；军用铁路专用线、公路支线和输水、输油、输气、输电管线等专用设施用地；军队的农副业生产用地；军队工厂用地；依法由军队管理、使用的其他土地。

《中国人民解放军房地产管理条例》明确规定了我军对军用土地的管理的三项基本制度：

1. 军队建设项目用地实行计划管理制度。军队建设项目申请划拨使用国有土地，必须依据用地单位编制、任务和部署定点文件，根据用地定额，编制用地计划，逐级上报后勤保障部，纳入全军年度建设用地计划，按照有关规定办理划拨用地手续。未经批准，任何单位不得受让土地。

2. 军队土地实行用途管制制度。军队建设项目用地，应当执行人民政府编制的土地利用总体规划；特殊军事用地与土地利用总体规划不一致的，应当与人民政府有关部门协商办理。营区建设必须按照营区规划使用土地。国防工程、专用设施、科学试验和军事训练用地不得擅自改作他用。

3. 军队土地转让实行许可证制度。严格控制军用土地的转让，对军队土地转让实行许可证制度。经批准转让军用土地的军队单位，必须按照有关规定申领军用土地转让许可证，并到当地县级以上地方人民政府办理土地转让手续。

（五）营区、营房和设施设备管理

1. 营区管理。根据《中国人民解放军房地产管理条例》的规定，营区是指位置固定，界线明确，建有供军队单位住用的房屋，并由军队单位组织管理的区域。营区管理的具体制度如下：

（1）营区实行规划管理。营区规划的内容包括：营区土地用途区分，营区各类建筑物、构筑物、附属设施和绿地的平面布局及数量。营区规划按照立足现有基础，着眼长远发展，落实营房限额住用制度，有利于提高营区环境质量、住用质量和设施配套质量的原则编制。驻有两个以上使用管理单位的营区，应当联合编制营区规划。营区规划一般每 10 年编制一次。营区规划一经批准，必须严格执行，任何单位或者个人不得擅自变更。

（2）营区实行划区管理。具备条件的营区，应当划分为军事行政区和家属生活区。具备条件的家属生活区，可以划分为公寓区和售房区。具备条件的营区，应当推行社会化保障管理。售房区逐步实行物业管理。营区内不得擅自搭建临时性建筑物、构筑物；不得擅自占用营区道路、操场、高压供电走廊或者压站地下管线；不得擅自挖沙、采石、取土或者进行爆破活动。军事行政区内不得建设家属住房和其他与军事行政无关的建筑物、构筑物。公寓区内不得建设非军产房屋或者设施。

（3）营区防污和消防。营区使用管理单位应当采取有效措施，保护和改善营区生态环境，防治污染，绿化营区。营区消防应当贯彻“预防为主，防消结合”的方针，依托社会，建立社区、营区联合消防体系，健全消防制度，建立消防队伍，配备消防器材，维护消防设施。营区消防管理工作由军务部门、保卫部门和营房部门共同负责。

（4）对空余营区的管理。对空余营区，应当区别情况，实施分类管理，防止荒芜、毁坏和流失；不得擅自进行改建、扩建、新建。空余营区，必须优先保证军队内部调整利用，也可以按照有关规定采取储备看管、拆房用地、有偿转让、免租代管、计价移交或者国家和军队政策、法律法规允许的其他方式进行处置。但不得擅自进行改建、扩建、新建。

2. 营房管理。根据《中国人民解放军房地产管理条例》的规定，营房是指军队拥有所有权并由军队单位使用、管理的房屋。营房管理的具体制度如下：

（1）军队单位实行营房限额住用制度。营房住用面积限额，依据单位人员、装备编制和营房建筑面积标准核定。军队家属住房采取公寓住房与自有住房相结合的方式保障。军队在职人员可以租住公寓住房，离职或者购买自有住房后应当迁出。

（2）营房管理部门应当定期组织营房质量等级鉴定。营房质量等级分为完好房、基本完好房、一般损坏房、严重损坏房和危险房。有抗震设防要求的地区，营房质量等级应当结合抗震能力进行鉴定。

（3）营房维修应当根据营房质量等级，按照下列规定进行：必须使用的危险房应当进行翻修，翻修项目由后勤保障部计划管理；必须使用的严重损坏房应当进行大修，大修项目由战区级单位后勤（联勤）机关计划管理；在用的一般损坏房应当进行中修，中修项目由集团军以及相当等级的单位后勤机关等管理；局部破损房由营房使用管理单位负责小修。地震基本烈度 7 度以上地区未经抗震设防或者设计烈度低于国家规范要求的在用营房和固定设施，应当进行抗震加固。抗震加固项目由后勤保障部计划管理。

3. 设施设备管理。根据《中国人民解放军房地产管理条例》的规定，营房设施是指用于给水排水、供电、供暖、供气、环保、绿化、消防等用途的建筑物、构筑物以及营区道路、桥涵、管线、护坡、围墙等。水泵、发电机组、变压器、配电柜、锅炉、载人载物电梯等属于营房设备。设施设备管理的具体制度如下：

设施设备应当按照营区规划进行配套建设，按照有关技术标准和操作规程进行安装、使用和维修。设施设备实行定期检验、检测和日常检查维护制度，适时更新改造。设施设备的操作管护人员，应当经过技术培训，持证上岗。禁止使用经鉴定必须报废的设备。营房设备的购置应当以招标采购为主，询价采购、定向采购等其他方式为辅。购置的营房设备、器具必须具有国家和地方行业主管部门核发的产品生产许可证，鼓励使用先进设备和节水、节能设备。

水电气暖的供应实行量化管理，分户装表，计量收费。具备条件的单位，设施设备的使用、维护、管理和水电气暖的供应可以实行不同方式的社会化保障。公用营具应当按照标准配备，实行责任到人、计价管理。

（六）产权产籍管理

根据《中国人民解放军房地产管理条例》的规定，产权产籍管理的具体制度如下：

1. 登记。军队房地产使用管理单位必须依据有关规定，到房地产所在地县级以上地方人民政府办理房地产登记手续，领取土地使用权、房屋所有权证书。军用土地使用权和房屋所有权经批准向军外转移的，亦必须到房地产所在地县级以上人民政府办理变更登记手续。

2. 调配。军队平时调整部署和新建单位所需的房地产，应当尽量从空余房地产中调配解决；确需新建营房的，必须从严掌握。军队房地产调配实行分级审批，涉及团以上单位、导弹营部署调整和国防工程设施的房地产调配，由后勤保障部根据中央军委的命令、批复办理；不涉及的或者跨战区级单位之间或者整座落或者营房面积超过5000平方米或者土地面积超过1公顷的房地产调配，由后勤保障部审批。其他的房地产在战区级单位内部的调配，由战区级单位审批，报后勤保障部备案。

3. 空余房地产的免租代管、租赁、转让、计价移交。军队空余房地产委托地方人民政府免租代管的，由战区级单位审批，报后勤保障部备案；经批准可以对地方租赁，租赁管理办法由后勤保障部制定；有偿转让军队房地产，由后勤保障部审批；租赁、有偿转让，以及其他方式利用军队房地产所得收益，应当主要用于军队基建营房事业；计价移交的军队空余房地产，由后勤保障部审批，其接收单位必须是县级以上地方人民政府。未经中央军委批准，军队单位不得与境外组织或者个人合作利用其使用管理的军队房地产。

4. 产权产籍档案。军队房地产管理部门和使用管理单位应当建立健全房地产产权产籍档案，军队房地产产权产籍档案实行分级管理，永久保存。

（七）奖励与处罚

根据《中国人民解放军房地产管理条例》的规定，奖励与处罚的具体制度如下：

1. 奖励。对具备下列条件之一的单位和个人，依照《中国人民解放军纪律条令》的有关规定给予奖励：（1）在营区房地产正规化管理工作中做出突出成绩的；（2）保护军队房地产事迹突出的；（3）营区消防安全管理和设施设备安全、节能管理取得突出成绩的；（4）房地产管理科学技术研究取得重大成果或者在房地产管理中提出重大对策、建议或者进行管理技术、方法的创新，获得明显效果的；（5）在军队房地产管理的其他方面做出突出成绩的。

2. 处罚。有下列情形之一的，依照《中国人民解放军纪律条令》的有关规定，对主管人员和直接责任人员给予处分；构成犯罪的，依法追究刑事责任；对单位给予通报批评：（1）擅自改变军用土地用途或者擅自调配、处置军队房地产的；（2）不服从上级对房地产的调配，经教育拒不改正的；（3）擅自变更或者不执行营区规划，以及违反营区维护管理规定造成严重后果的；（4）擅自改变营房及其附属设施用途、结构、构件或者玩忽职守，造成营房或者设施设备严重损坏或者酿成火灾等事故的；（5）其他妨害军队房地产管理工作的。

第三节　军事设施保护法律制度

一、军事设施保护法律制度概述

军事设施，一般指一切用于军事目的，供军事上使用的固定建筑、场地及其相应的组织机构、设备等。包括指挥机关、国防工事、军事工程及其附设的军事设备以及直接用于军事目的的军事工厂等。《中华人民共和国军事设施保护法》（以下简称《军事设施保护法》）明确规定："本法所称军事设施，是指国家直接用于军事目的的下列建筑、场地和设备：（1）指挥机关，地面和地下的指挥工程、作战工程；（2）军用机场、港口、码头；（3）营区、训练场、试验场；（4）军用洞库、仓库；（5）军用通信、侦察、导航、观测台站，测量、导航、助航标志；（6）军用公路、铁路专用线，军用通信、输电线路，军用输油、输水管道；（7）边防、海防管控设施；（8）国务院和中央军事委员会规定的其他军事设施。"《军事设施保护法》还规定，军事设施包括军队为执行任务必需设置的临时设施。

2014 年修订的《军事设施保护法》进一步补充完善了军事设施保护的内容范围：一是将边海防管控设施和军队执行任务设置的临时设施纳入法律保护内容，在军事设施类别中增加了边防海防管控设施，增加规定："未经国务院和中央军事委员会批准或者国务院和中央军事委员会授权的机关批准，不得拆除、移动边防、海防管控设施，不得在边防、海防管控设施上搭建、设置民用设施。在边防、海防管控设施周边安排建设项目，不得危害边防、海防管控设施安全和使用效能"。增加了相关法律责任，明确军事设施包括军队为执行任务必需设置的临时设施。二是将作战工程保护范围纳入法律规定，没有划入军事禁区、军事管理区的作战工程外围应当划定安全保护范围，同时明确了划定的原则和程序。三是将军用机场净空保护纳入法律规定，增加规定："在军用机场净空保护区域内，禁止修建超出机场净空标准的建筑物、构筑物或者其他设施，不得从事影响飞行安全和机场助航设施使用效能的活动。"增加对破坏军用机场净空的处罚规定。四是将军用电磁环境保护纳入法律规定，增加规定："在军用无线电固定设施电磁环境保护范围内，禁止建造、设置影响军用无线电固定设施使用效能的设备和电磁障碍物体，不得从事影响军用无线电固定设施电磁环境的活动。"增加了治安和刑事处罚规定。五是增加武警部队和重要国防科工设施保护条款，在附则中规定"中国人民武装警察部队所属军事设施的保护，适用本法"，"国防科技工业重要武器装备的科研、生产、试验、存储等设施的保护，参照本法有关规定执行。"

军事设施在巩固国防、维护国家安全利益方面具有极其重要的作用，世界各国都非常重视对军事设施的保护，特别是注意建立完善的保护军事设施法律制度。军事设施保护法律制度是调整国家在确认和保护军事设施管理活动中发生的各种军事社会关系的法律规范的总称。我国的军事设施保护法律制度主要由综合性军事法律、军事法规和军事行政法规、军事规章和军事行政规章，以及分散规定在其他法律、法规中的有关军事设施保护条款组成。

1. 军事设施保护法律。即 1990 年 2 月 23 日第七届全国人大常委会通过的《中华人民共和国军事设施保护法》，2014 年 6 月 27 日第十二届全国人大常委会表决通过了《关于修改〈中华人民共和国军事设施保护法〉的决定》。修改后的《中华人民共和国军事设施保护法》由原来的 8 章 37 条调整为 8 章 53 条，共修改 38 处，增加 16 条另 17 款。主要规定军事设施保护的方针、范围、规则，保护区的划定，军事设施保护的管理职责、法律责任等。

2. 军事设施保护法规。它是由国务院、中央军委单独或共同制定的军事设施保护法规，主要指 2001 年 1 月 12 日国务院和中央军委发布的《中华人民共和国军事设施保护法实施办法》，共 8 章 53 条。还包括：国务院发布的《关于划分军事禁区的规定》（1958 年），国务院和中央军委联合发布的《中华人民共和国军事设施保护法实施办法》（2001 年）、《关于军事设施安全保密的规定》（1979 年）、《关于加强机场地面安全措施的通知》（1982 年）、《关于保护海底电缆的规定》（1973 年）等。

3. 军事设施保护规章。它是由授权的国家机关或军事机关单独或共同制定的军事规章或军事行政规章。如原总参谋部制定的《关于测绘地图对军事设施保密处理的规定》、原总参谋部总交通部制定的《关于划定海上禁航区的通知》、原总参谋部总后勤部制定的《陆军设防工程维修管理规定》等。

4. 分散规定在其他法律、法规中的有关军事设施保护条款。如《中华人民共和国刑法》第三百六十九条关于破坏军事设施罪、过失损坏军事设施罪的规定："破坏军事设施的，处 3 年以下有期徒刑、拘役或者管制；破坏重要军事设施的，处 3 年以上 10 年以下有期徒刑；情节特别严重的，处 10 年以上有期徒刑、无期徒刑或者死刑。""过失犯前款罪，造成严重后果的，处 3 年以下有期徒刑、拘役或者管制；造成特别严重后果的，处 3 年以上 7 年以下有期徒刑。"

二、军事设施保护法律制度的主要内容

1. 军事设施保护的基本原则。

（1）以国家安全利益为重的原则。《军事设施保护法》规定："各级人民政府和军事机关应当从国家安全利益出发，共同保护军事设施，维护国防

利益。”《军事设施保护法》规定：“各级人民政府应当对公民加强国防和军事设施保护教育，增强国防观念，保护军事设施，保守军事设施秘密，制止破坏、危害军事设施的行为。”国家安全利益是一个国家、一个民族生存和发展的基本条件，丧失了这种安全保障，国家和民族的生存发展就无从谈起。所以保护军事设施必须站在国家安全利益这个高度去认识，确立以国家安全利益为重的原则。这一原则要求，军事设施保护必须以国家安全利益为根本出发点；坚持以“保护”为核心，当国家安全利益和其他社会利益发生矛盾时，应当以国家安全利益为重，服务大局，树立依法保护军事设施的观念；一切组织和公民，都应当把保护军事设施当作自己应尽的义务，与任何危害军事设施安全的行为作斗争。

（2）统筹兼顾经济建设、社会发展和军事设施保护的原则。《军事设施保护法》规定：“国家统筹兼顾经济建设、社会发展和军事设施保护，促进经济社会发展和军事设施保护相协调”。这一原则要求，在确保军事设施安全保密和使用效能的前提下，应当兼顾国家经济建设和其他社会利益。新修订的《军事设施保护法》许多条款都充分体现了这一原则。一是县级以上地方人民政府编制国民经济和社会发展规划、土地利用总体规划、城乡规划和海洋功能区划，安排可能影响军事设施保护的建设项目，应当兼顾军事设施保护的需要，并征求有关军事机关的意见。安排建设项目或者开辟旅游景点，应当避开军事设施。二是军队编制军事设施建设规划、组织军事设施项目建设，应当考虑地方经济建设和社会发展的需要，符合城乡规划的总体要求，并进行安全环境评估和环境影响评价。涉及城乡规划的，应当征求地方人民政府的意见，尽量避开地方经济建设热点区域和民用设施密集区域。确实不能避开，需要将生产、生活设施拆除或者迁建的，应当依法进行。三是考虑到海洋功能区划与水域军事禁区、军事管理区的划定密切相关，在县级以上地方人民政府应当兼顾军事设施保护需要、并征求有关军事机关意见的规划和建设事项中，增加编制“海洋功能区划”。四是因地方经济建设需要将军事设施拆除、迁建、改作民用的审批权限，由原来的报国务院、中央军委批准，调整为报国务院、中央军委批准，或者报国务院、中央军委授权的机关批准。适当下放因地方经济社会建设需要而拆除军事设施的审批级别，以缩短审批周期，方便地方经济社会建设。五是军事设施改作民用，军用机场、港口、码头实行军民合用的，需经国务院和中央军事委员会批准，或者国务院和中央军事委员会授权的机关批准。

（3）军地共同协商的原则。军事设施的保护涉及军队和地方的方方面面，军政、军民之间在一些利益问题上也会存在这样或那样的纠纷。军地共同协商是我军长期以来处理军政、军民关系的一条重要原则，也是军事设施保护必须坚持的基本原则。《军事设施保护法》规定："设有军事设施的地方，有关军事机关和县级以上地方人民政府应当建立军地军事设施保护协调机制，相互配合，监督、检查军事设施的保护工作。"《军事设施保护法》规定："军用无线电固定设施电磁环境的保护措施，由军地无线电管理机构按照国家无线电管理相关规定和标准共同确定。"实践证明，只要军地相互配合、相互尊重、充分协商，军事设施保护中发生的纠纷都会得到妥善解决，军事设施保护的工作就一定能落到实处。

（4）高度集中、统一管理的原则。《军事设施保护法》规定，军委主管机关在国务院和中央军委的领导下，主管军事设施保护工作；军事禁区、军事管理区，由国务院和中央军委确定；空中军事禁区和特别重要的陆地、水域军事禁区，由国务院和中央军委划定。这一原则是由军事设施实现其国防效能的需要所决定的。军事设施作为国防的物质依托和国防力量的物质构成，决定了对它的管理和保护，必然是一种国家行为，必须实行高度集中和统一管理。贯彻这一原则，有利于实现军事设施的安全保密和使用效能的有效发挥，有利于统筹兼顾国家经济建设和其他社会利益，也有利于调整可能出现的各种矛盾。

2. 军事设施的分类与保护。《中华人民共和国军事设施保护法》规定了军事设施保护法实行"分类保护、确保重点"的方针。"分类保护"，就是根据军事设施的性质、作用、安全保密的需要和使用效能的不同要求，把应用于军事目的的军事设施划分成不同类型加以保护。"确保重点"，就是在对军事设施进行科学分类的基础上，按照各种军事设施的军事价值、经济投资、安全保密的要求和地理分布状况，对重点的军事设施实行重点保护。重点军事设施由国务院和中央军委确定。确定"分类保护、确保重点"这一方针的目的，是为了使划定的军事设施得到有效的保护，充分发挥军事设施的使用效能，有利于兼顾经济建设、自然环境保护以及人民群众的生产、生活等社会利益。

军事设施的分类，是指国家按照一定标准对军事设施所作的类别划分。20 世纪 50 年代末，国务院发布了《关于划分军事禁区的规定》，对凡是有军事目标或军事行动地区都以禁区加以保护，统称"军事禁区"。70 年代后，对军事设施按“管理区”和“安全警戒区”进行分类，后又将军事设施划分为“军事禁区”、“军事管理区”、“一般军事设施”三种类别。1990年2月23日发布的《军事设施保护法》按照军事设施的性质、作用、安全保密需要和使用效能的要求，把军事设施划分为三大类：(1) 军事禁区，即依照法律需要划禁区采取特殊措施予以保护的军事设施。军事禁区按军事设施所在的领域，又可以分为陆地军事禁区、水域军事禁区、空中军事禁区等。(2) 军事管理区，即依照法律需要划管理区采取必要措施予以保护的军事设施。(3) 没有划入军事禁区、军事管理区的军事设施，及不便于划区，但需要采取有效措施予以保护的点、线状的军事设施。

为了贯彻分级分类保护思想，突出重点，管住要害，创新保护理念，让分类的依据更加科学、更符合我国军事设施保护的实际，2014年修订的《军事设施保护法》规定：“国家根据军事设施的性质、作用、安全保密的需要和使用效能的要求，划定军事禁区、军事管理区。”本法所称军事禁区，是指设有重要军事设施或者军事设施具有重大危险因素，需要国家采取特殊措施加以重点保护，依照法定程序和标准划定的军事区域。本法所称军事管理区，是指设有较重要军事设施或者军事设施具有较大危险因素，需要国家采取特殊措施加以保护，依照法定程序和标准划定的军事区域。

军事设施保护区的划定，也称军事设施的划区，是指对军事设施类别的确定、撤销、变更和对军事设施范围的划界和调整。根据《中华人民共和国军事设施保护法》的规定，军事设施保护区的划定包括两个方面：(1) 对军事设施类别的确定、撤销和变更。军事禁区、军事管理区由国务院和中央军委确定，或者由战区根据国务院和中央军委的规定确定。军事禁区、军事管理区的撤销或者变更，依照军事禁区、军事管理区确定的程序办理。(2) 对军事设施保护范围的划界和调整。陆地和水域军事禁区、军事管理区的范围的划界由战区和省、自治区、直辖市人民政府共同划定；空中军事禁区和特别重要的陆地、水域军事禁区的范围的划界，由国务院和中央军委划定。军事禁区、军事管理区范围的调整，依照其范围的划界的程序办理。

我国军事设施的保护，因为分类的不同而有所不同，形成富有特色的分类保护体系，包括军事禁区的保护、军事管理区和没有划入军事禁区、军事管理区的军事设施的保护。

军事禁区的保护。根据《军事设施保护法》和《军事设施保护法实施办法》，主要措施有：(1) 为军事禁区设置障碍物或界线标志，军事管理区单位应当根据具体条件，按照划定的范围，为陆地军事禁区修筑围墙、设置铁丝网等障碍物，为水域军事禁区设置障碍物或者界线标志。军事禁区设立标志牌，其样式、质地和规格由省、自治区、直辖市军事设施保护委员会规定，由县级以上地方人民政府负责设立。《军事设施保护法》规定："军事禁区、军事管理区应当按照规定设置标志牌。标志牌由县级以上地方人民政府负责设置。"（2）对人员、车辆、船舶、航空器进入军事禁区以及危害行为制定禁止性规定，即除经过战区以上军事机关批准许可外，禁止陆地、水域军事禁区管理单位以外的人员、车辆、船舶进入禁区；禁止航空器进入空中军事禁区；禁止对禁区进行摄影、摄像、录音、勘察、测量、描绘和记述等。《军事设施保护法》规定："禁止陆地、水域军事禁区管理单位以外的人员、车辆、船舶进入军事禁区，禁止对军事禁区进行摄影、摄像、录音、勘察、测量、描绘和记述，禁止航空器在军事禁区上空进行低空飞行。但是，经战区级以上军事机关批准的除外。""禁止航空器进入空中军事禁区，但依照国家有关规定获得批准的除外。""使用军事禁区的摄影、摄像、录音、勘察、测量、描绘和记述资料，应当经战区级以上军事机关批准。"《军事设施保护法》规定："在水域军事禁区内，禁止建造、设置非军事设施，禁止从事水产养殖、捕捞以及其他妨碍军用舰船行动、危害军事设施安全保密和使用效能的活动。"《军事设施保护法实施办法》规定："在水域军事禁区内，禁止非军用船只进入。"（3）划定安全控制区范围，即在划定军事禁区的同时，根据保护禁区内军事设施安全保密的需要和使用效能的要求，必要时在禁区外围划定安全控制区范围。在划定的安全控制区范围的外沿设置安全警戒标志，设置地点由军事禁区管理单位与当地县级以上政府确定。在划定的安全控制范围内，当地群众可以照常生产、生活，但不得进行爆破、射击以及其他危害军事设施安全和使用效能的活动。《军事设施保护法》规定："在陆地军事禁区内采取的防护措施不足以保证军事设施安全保密和使用效能，或者陆地军事禁区内的军事设施具有重大危险因素的，战区和省、自治区、直辖市人民政府或者战区和省、自治区、直辖市人民政府、国务院有关部门在共同划定陆地军事禁区范围的同时，可以在禁区外围共同划定安全控制范围，并在其外沿设置安全警戒标志。安全警戒标志的设置地点由军事禁区管理单位和当地县级以上地方人民政府共同确定。"

军事管理区的保护。主要措施有：（1）为军事管理区设置障碍物、界线标志或者标志牌。就是由陆地、水域军事管理区单位按照划定的范围，根据所处的具体条件，在其外沿呈封闭型修筑围墙、设置铁丝网或者界线标志。军事管理区设立标志牌，其样式、质地和规格由省、自治区、直辖市军事设施保护委员会规定，由县级以上地方人民政府负责设立。(2) 对军事管理区管理单位以外的人员、车辆、船舶进入军事管理区制定限制性规定。如军事管理区单位以外的人员、车辆、船舶进入军事管理区，须经军事管理区单位批准。在水域军事管理区内，禁止建筑、设置非军事设施，禁止从事水产养殖、捕捞等活动。在军事管理区内，涉及军事机密目标的区域，禁止摄影、摄像、录音等。《军事设施保护法》规定："军事管理区管理单位以外的人员、车辆、船舶进入军事管理区，或者对军事管理区进行摄影、摄像、录音、勘察、测量、描绘和记述，必须经过军事管理区管理单位批准。"《军事设施保护法》规定："在水域军事管理区内，禁止从事水产养殖；未经战区级以上军事机关批准，不得建造、设置非军事设施；从事捕捞或者其他活动，不得影响军用舰船的战备、训练、执勤等行动。"(3) 保护划为军事管理区的军民合用机场、港口、码头，具体办法由国务院和中央军委决定。

没有划入军事禁区、军事管理区的军事设施的保护。主要措施有：(1) 由军事设施管理单位对所管理的不便于划区的军事设施设置标志，伪装封闭，检查维修，排除不安全因素，并向群众宣传教育，制止破坏、危害军事设施的行为。(2) 委托当地人民政府予以保护。(3) 制定保护军事设施的限制性规定，即在未划入军事禁区、军事管理区的军事设施的一定距离内，禁止进行采石、取土、爆炸等活动，不得危害军事设施的安全和使用效能等。《军事设施保护法》规定："没有划入军事禁区、军事管理区的作战工程外围应当划定安全保护范围。作战工程的安全保护范围，应当根据作战工程性质、地形和当地经济建设、社会发展情况，由军级以上主管军事机关提出方案，报战区和省、自治区、直辖市人民政府共同划定，或者报战区和省、自治区、直辖市人民政府、国务院有关部门共同划定。"

3. 军事设施保护的管理机构和职责。

(1) 军事设施保护的管理机构。军事设施保护的管理机构，是指在军事设施保护工作中依法建立的组织、控制管理对象、实现管理目的的组织形式。长期以来，我国军事设施保护工作的管理机构一直不很明确，没有形成完备的管理体制，组织机构名称和工作范围比较混乱，职责不清，任务不明。《军事设施保护法》使军事设施保护的管理机构有了比较具体的规定，形成了一个上下结合、条块结合、军地协同的管理体制。

国务院和中央军委。国务院和中央军委是我国军事设施保护工作的领导机关。国务院、即中央人民政府，是最高国家权力机关的执行机关，是国家最高行政机关，其重要职权之一，就是领导管理国防建设。作为国防建设重要内容的军事设施保护，当然是其领导职责的范围。中央军委，是中国共产党和中华人民共和国领导全国武装力量的最高军事机关，理所当然的也对军事设施保护工作负有领导职责。只有由国务院和中央军委来统领军事设施保护工作，才能从整体上处理协调好军事设施保护工作所涉及的国家军事利益和国家经济利益、全局利益和局部利益的关系，使军事设施保护法得到全面的贯彻落实。

军委主管机关和战区司令机关。在国务院和中央军委领导下，军委主管机关主管全国的军事设施保护工作，指导各级军事设施保护委员会的工作；战区司令机关主管辖区内军事设施保护工作，指导辖区内各级军事设施保护委员会的工作。上级军事设施保护委员会指导下级军事设施保护委员会的工作。把它们作为两级主管机关，这是其自身军事职能的延伸，既有利于对军事设施保护的实施及时地指导和监督，也有利于协调军队和地方政府双方的关系。

国务院有关部门、军事机关和地方人民政府。国务院有关部门、军事机关和地方各级人民政府是军事设施保护工作的实施机关，接受军委主管机关和战区司令机关的指导和监督。军事设施保护工作涉及军地各方面利益关系的调整，军事机关和各级人民政府应当密切配合，搞好协同，共同保护军事设施，维护国防利益。根据《军事设施保护法实施办法》规定："设有军事设施的地方，县级以上地方人民政府和驻地有关军事机关共同成立军事设施保护委员会，负责协调、指导本行政区域内的军事设施保护工作。""军事设施保护委员会的办事机构设在省军区（卫戍区、警备区）、军分区（警备区）、县（自治县、市、市辖区）人民武装部，具体办理军事设施保护委员会的日常工作。"《军事设施保护法实施办法》规定："国务院有关部门在各自的职责范围内，负责军事设施保护的有关工作，并协助驻地军事机关落实军事设施保护措施。""县级以上地方人民政府负责本行政区域内军事设施保护的有关工作，并协助驻地军事机关落实军事设施保护措施。"

军事设施管理机关（单位）。军事设施的管理机关是军事设施的具体管理单位，不仅对本单位所管理的军事设施负有维护、检查的义务，而且对军事设施的保护工作也负有职责。《军事设施保护法》规定："军事设施管理单位对军事设施的重要部位应当采取安全监控和技术防范措施。”“军事设施管理单位应当认真执行有关保护军事设施的规章制度，建立军事设施档案，对军事设施进行检查、维护。”“军事设施管理单位不得将军事设施用于非军事目的，但因执行抢险救灾等紧急任务的除外。”“军事设施管理单位应当了解掌握军事设施周边建设项目等情况，发现可能危害军事设施安全和使用效能的，应当及时向军事设施保护主管机关和当地人民政府主管部门报告，并配合有关部门依法处理。”

（2）军事设施保护的管理职责。我国对军事设施的保护，实行层次管理，各负其责。

国务院和中央军委对军事设施保护工作除负有领导职责外，还有下列的具体职责：①根据军事设施保护法制定具体实施办法。②规定军事设施的范围和具体对象。③确定军事禁区和军事管理区。④确定军事禁区、军事管理区的撤销或者变更。⑤划定空中军事禁区和特别重要的陆地、水域军事禁区的范围。⑥批准军事设施的拆除或者改作民用。⑦批准军用机场、港口、码头实行军民合用，并规定划为军事管理区的军民合用机场、港口、码头的管理办法。

各级军事机关担负着对军事设施保护的职责主要有：①教育军人爱护军事设施，明确军人在军事设施保护工作中的责任和义务。②保守军事设施秘密，与危害军事设施安全的失、泄密行为作斗争。③建立健全保护军事设施的各项规章制度，如首长和工作人员负责制度、保密制度、维护检查制度、交接制度、人员管理制度、出入军事禁区、军事管理区的审批制度和奖惩制度等。④及时有效地监督、检查，解决军事设施保护中的各类问题。

地方人民政府应当与军事机关密切协同，共同保护军事设施。其职责是：①对公民加强国防教育，增强国防观念和法制意识，自觉地爱护军事设施。②进行保守军事设施秘密的教育，自觉地与出卖军事秘密以及失、泄密的行为作斗争。③对军队委托保护的军事设施加强组织领导、落实责任、制定具体措施。④及时有效地制止破坏危害军事设施的行为，坚决打击各种破坏、危害军事设施的违法犯罪行为。⑤根据需要按审批手续给军事禁区、军事管理区设立公安机构，协助军队维护治安管理秩序。⑥地方进行建设时，要按照军事设施管理单位提供的资料，对军用地下、水下电缆和管道予以保护。

军事设施管理单位及其值勤人员的职责主要是：①认真执行有关保护军

事设施的规章制度，建立军事设施档案，对军事设施进行检查维护。②依照有关法律、法规的规定，保护军事禁区、军事管理区内的自然资源和文物古迹。③必要时向县级以上人民政府提供军用地下、水下电缆、管道的位置资料。④值勤人员制止非法进入军事禁区，制止在军事禁区或禁区外国安全控制范围内，非法进行摄影、摄像、录音、勘察、测量、描述和记述以及其他对军事设施进行破坏、危害的活动。如果不听制止，依照国务院、中央军委军事设施保护法实施办法的规定，可以采取相应的强制措施；在危及军事设施安全或者执勤人员生命安全等紧急情况下，可以依法使用武器。

4. 军事设施保护的法律责任。

（1）刑事责任。《军事设施保护法》规定："有下列行为之一，构成犯罪的，依法追究刑事责任：破坏军事设施的；盗窃、抢夺、抢劫军事设施的装备、物资、器材的；泄露军事设施秘密的，或者为境外的机构、组织、人员窃取、刺探、收买、非法提供军事设施秘密的；破坏军用无线电固定设施电磁环境，干扰军用无线电通讯，情节严重的；其他扰乱军事禁区、军事管理区管理秩序和危害军事设施安全的行为，情节严重的。"同时，规定了现役军人、军队文职人员、军队其他人员以及国家机关工作人员在军事设施保护工作中的刑事责任。

（2）行政责任。《军事设施保护法》规定："有下列行为之一的，适用《中华人民共和国治安管理处罚法》第二十三条的处罚规定：非法进入军事禁区、军事管理区，不听制止的；在军事禁区外围安全控制范围内，或者在没有划入军事禁区、军事管理区的军事设施一定距离内，进行危害军事设施安全和使用效能的活动，不听制止的；在军用机场净空保护区域内，进行影响飞行安全和机场助航设施使用效能的活动，不听制止的；对军事禁区、军事管理区非法进行摄影、摄像、录音、勘察、测量、描绘和记述，不听制止的；其他扰乱军事禁区、军事管理区管理秩序和危害军事设施安全的行为，情节轻微，尚不够刑事处罚的。"

《军事设施保护法》规定："违反国家规定，故意干扰军用无线电设施正常工作的，或者对军用无线电设施产生有害干扰，拒不按照有关主管部门的要求改正的，依照《中华人民共和国治安管理处罚法》第二十八条的规定处罚。"《军事设施保护法》规定："毁坏边防、海防管控设施以及军事禁区、军事管理区的围墙、铁丝网、界线标志或者其他军事设施的，依照《中华人民共和国治安管理处罚法》第三十三条的规定处罚。"还规定了现役军人、军队文职人员、军队其他人员以及国家机关工作人员在军事设施保护工作中的行政责任。

（3）民事责任。《军事设施保护法》规定：“违反本法规定，造成军事设施损失的，依法承担赔偿责任。”

第四节　武器装备管理法律制度

一、武器装备管理法律制度概述

武器装备，是指用以实施和保障作战行动的武器、武器系统和军事技术器材的统称。主要指武装力量编制内的武器、弹药、车辆、机械、器材、装具等。武器装备管理工作的范围非常广泛，包括武器装备发展的预测和论证，发展目标、方向、重点、步骤的选择和确定，有关方针、政策、发展规划、计划的制定和实施等，以及武器装备的研究设计、试制试验、定性生产、订购验收等。这里的武器装备管理主要限于部队，它是对武器装备从军队接收到退役报废的全过程管理，包括武器装备的申请、补充、动用、封存、保管、维修、转级、退役、报废和技术革新等。武器装备管理具有综合性、层次性、规范性和技术性的特点。武器装备管理的手段，主要采取行政管理与技术保障相结合、法制与教育相结合的方法，其目的是通过对武器装备的合理使用和科学管理，最大限度地发挥现有装备的效能，不断巩固和提高部队战斗力。

我军的武器装备管理法是随着我军武器装备数量和质量的发展而逐渐成熟和发展起来的。在长期的管理实践中，我军通过总结武器装备管理的经验，把行之有效的一些做法和措施上升为法律规范，颁布了许多武器装备管理的法规和规章。特别是 1990 年 4 月，由中央军委发布实施的《武器装备管理工作条例》成为我军这一方面的基本法规，对于做好全军武器装备管理工作，提高武器装备水平，保证部队作战、训练执勤和实验等项任务的完成，巩固和提高部队战斗力，具有十分重要的作用。

1. 有利于武器装备的依法科学管理。武器装备管理法是我军法规体系的重要组成部分，它是我军武器装备实行依法管理的基本依据。同时，武器装备管理法是在广泛吸取我军武器装备管理的先进经验基础上颁发的，是我军武器装备管理工作基本规律的科学总结。依靠武器装备管理法，就可以依法纠正武器装备管理的随意性，理顺各个层次、各个部门、各种人员在武器装备管理活动中的关系，明确权利和义务，使武器装备管理真正实行科学化、制度化。

2. 有利于部队战斗力的提高。战斗力是诸军事要素的综合效应，而武器装备是战斗力的物质基础，是战斗力的重要组成部分。武器装备配发部队后能否形成战斗力，关键在于使用和管理。管理得如何，直接影响战斗力的生成和强弱。只有搞好武器装备的管理，才能为人与武器的最佳结合创造良好的条件，为形成强大的战斗力奠定可靠的基础。建立和完善武器装备管理法律制度，有利于提高武器装备管理工作的效率，有利于保证武器装备始终处于良好的状态，就能有效地提高部队的战斗力。

3. 有利于保证作战、训练、执勤、试验等任务的完成。加强全军的武器装备管理，保证部队完成作战、训练、执勤、试验等项任务，是武器装备管理法的立法宗旨。武器装备是部队完成各项任务的重要物质基础，武器装备管理是部队管理工作的重要内容。实践证明，武器装备管理工作做得不好，不仅平时影响战备行动和军事训练的实施，容易造成事故，而且更重要的是不能保证在战时和紧急情况下随时遂行任务。同时，对政治、行政、后勤工作以及部队的全面建设都将产生相应的负面影响。因此，只有严格执行武器装备管理法的各项规定，才能使武器装备随时用得上、用得好，圆满完成作战、训练、执勤、试验等各项任务。

二、武器装备管理法律制度的主要内容

（一）武器装备管理的工作范围、基本任务和原则

1. 武器装备管理的工作范围，是根据我军现行管理体制和管理工作职责分工，以战区、军种以下部队为基本对象，以武器装备从部队接收到退役报废过程中的主要工作环节来确定的。其基本内容包括：武器装备申请、补充、动用、封存、保管、维修、转级、退役、报废和技术革新等。这样确定武器装备管理的工作范围，体现了全过程全系统管理的思想，对武器装备从申请到报废的管理过程，形成了相对封闭的管理系统。

2. 武器装备管理工作的基本任务，是保证武器装备经常处于良好的技术状态，保障部队遂行平时和战时的各项任务。无论是武器装备的申请、补

充、动用和封存，还是维护、保养、保管，直至退役报废等，其根本目的就是要保证武器装备经常处于良好的技术状态，保障部队遂行平、战时的各项任务。只有紧紧围绕这一主题，抓住这个中心，才能加强和促进武器装备管理工作。

3. 武器装备管理贯彻首长负责，统一计划，分级管理的原则。首长负责，就是在武器装备管理工作中，部（分）队首长要对本级所属武器装备负完全责任。统一计划，就是一切武器装备工作，都必须统筹兼顾，实行统一的计划管理。分级管理，就是分层次、按级实施管理，充分发挥各级管理机构的职能作用，充分调动各级首长、各级业务部门和全体人员的积极性，形成合力，共同管好武器装备。这三条原则，是一个不可分割的有机整体，是武器装备管理各个环节、各项工作都必须遵循的基本准则。

（二）武器装备管理职责和基本内容

武器装备管理工作条例规定，全军人员都负有爱护和保护武器装备的责任。各级首长对本级武器装备的管理负完全的领导责任；各级机关、各业务部门应按照规定，恪尽职守，积极工作，互相支持，协调配合，深入、扎实、有效地指导和督促所属部队做好武器装备管理工作；士兵要对配发或者分管的武器装备，做好具体管理工作；专业技术军官和专业军士要根据有关业务部门的规定，履行好自己的职责。

武器装备的申请与补充，是武器装备管理全过程中的重要环节。我军武器装备管理法对武器装备的申请、补充、调整、编配交接、换装、储备和携行等管理工作，都作出了明确的规定。其基本精神是：严格标准，严格程序，以编定装，统一计划，分级实施。

武器装备的动用与封存，是武器装备工作中大量的经常性工作，是武器装备工作的关键环节。应严格控制武器装备的日常动用，未经军委主管机关批准，严禁任何单位或者个人擅自馈赠、出售、交换武器装备。抢险救灾或者执行其他紧急任务，需动用所属武器装备时，装备部门应及时上报备案。试验、试用新型武器装备及执行其他试验任务，需动用部队武器装备时，应报军委主管机关审批或军种确定。未经军委主管机关批准，不得动用代库存的武器装备。动用储备的武器装备，按中央军委的规定执行。应当严格按照确保质量、加强管理的要求，对武器装备进行封存。

武器装备的保管、维修、转级、退役、报废，也是武器装备管理的重要环节，是保障部队现役装备完好程度的重要工作。武器装备的保管必须符合技术标准和战备与安全要求，做到无丢失、无损坏、无锈蚀、无霉烂变质；武器装备的转级必须经过技术鉴定；武器装备退役、报废，必须经过团以上部队业务部门进行技术鉴定，在符合规定、标准的基础上按隶属关系报批。

武器装备的技术革新是武器装备管理的一项重要工作，也是加速我军武器装备现代化的一个辅助性途径。武器装备技术革新的主要任务是恢复、保持、完善和提高现役武器装备的战术技术性能，提高武器装备技术保障工作的效率。革新成果应当具有先进性和推广使用价值。技术革新应当有计划地实施，突出重点，解决急需。技术革新成果应当按照国务院、中央军委的有关规定进行鉴定和定型。未办理鉴定、定型手续的技术革新成果，一律不准在部队推广。

（三）奖励与惩戒

武器装备管理工作条例规定，对在武器装备管理工作作出显著成绩的单位和个人，根据具体情况，按《中国人民解放军纪律条令》的规定予以奖励。具备下列条件之一的人员，应当奖励：（1）武器装备管理成绩突出者；（2）在紧急情况下，不顾个人安危，保护、抢救武器装备，表现突出者；（3）与损害武器装备的违章、违纪、违法行为作斗争者。

对违反武器装备管理规定，致使武器装备管理不善，影响部队这些正常任务的，及因非客观因素造成武器装备完好率、在航率严重下降的单位，给予通报批评，并限期改正。对违反武器装备管理工作规定，尚不够刑事处分的，应根据情节，按《中国人民解放军纪律条令》规定给予处分。这里的行为主要包括：（1）擅自馈赠、出售、交换武器装备的，擅自动用或者越权批准动用储备、库存、携行武器装备的，擅自挪用武器装备经费、材料和备件的；（2）玩忽职守或者违章违纪操作，造成武器装备被盗、损坏、报废、丢失、失控、霉烂变质或者武器装备完好率、在航率严重下降的；（3）弄虚作假，谎报武器装备完好率或者在航率；（4）对武器装备事故隐瞒不报的；（5）以武器装备谋取个人或者小集体利益的；（6）在武器装备受到危害的情况下，只顾个人安危，使武器装备遭受不应有的损失的；（7）私藏、盗窃、故意损坏或者破坏武器装备，利用武器装备进行违纪违法活动的；（8）对妨害武器装备管理的行为进行袒护、包庇，或者对积极保护武器装备的人员打击、报复的；（9）有害于武器装备管理的其他行为。对触犯刑律，构成犯罪的，应依法追究刑事责任。

第六章

军事经济保障法律制度

军事经济保障法律制度是在调整国家管理军事经济保障过程中所形成的法律规范，是军事经济法的重要组成部分，其目的在于提高军事经济保障力和维护军事经济秩序。

第一节 军事经济保障法律制度概述

一、军事经济保障法律制度的特点与内容

军事经济保障法律制度规制的是军事经济保障行为，与其他的军事经济法律制度相比，有自身的特点及独特的规范领域。

（一）军事经济保障法律制度的特点

军事经济保障法律制度除了具有一般法律制度的特点以外，由于其规范的对象、目的等方面的不同，还具有自身的一些特点。

1. 综合性。就军事经济保障法律制度的调整对象而言，它既调整军内发生的军事经济关系，又调整军队与其他经济组织之间发生的军事经济关系及涉外军事经济关系；就军事经济法律制度体系所包含的内容而言，它涉及军事工业、军事贸易、军事交通运输、国防邮电、通讯、军事财政、军事审计和会计、军事工程基本建设等许多行业和部门。此外，军事经济保障法律制度的综合性，还表现在它同民法、行政法、刑法和社会经济法等部门法有着

十分密切的关系。

2. 专业技术性。军事经济保障法律制度的专业技术性是由军事经济保障的专业性决定的。随着现代军事行动需求的变化发展，军事经济保障的范围越来越广，包括财务、军需、卫生、军交、油料、物资、基建营房等，涉及财务、医学、交通、机械、物理建筑等大量专业科学知识。作为规范后勤保障过程中军事经济关系的法律制度，专业技术性是军事经济保障法律制度的一个显著特点。军事经济保障法律制度，不仅要规范某一专业的基本方针、原则和一般行为规范，还要规范具体的工作程序、方法，以及操作规程、规则和技术标准等。

（二）军事经济保障法律制度的内容

军事经济保障法律制度以军事经济保障法律、法规和规章的形式，规定军事经济保障工作的任务、原则和内容。军事经济保障法律制度是由许多具体法律制度构成的。我们把与军事经济保障相关的法律制度构成的有机体系，称为军事经济保障法律制度的体系。军事经济保障的范围决定了其内容的复杂性和多样性。从保障的对象来看，军事经济保障法律制度体系的内容主要包括三个方面：军事物力保障法律制度、军人待遇保障法律制度以及多样化军事任务保障法律制度。

二、军事经济保障法律制度的作用

军事经济保障法律制度的作用，除了具有一般法所具备的指引、评价、教育、预测与强制等规范作用外，还具有其独特的作用，即对军事后勤保障工作的顺利进行所起到的作用。

（一）加快军队后勤正规化建设的步伐

军队的正规化建设包括军事后勤的正规化建设，而推动军事后勤的正规化建设即为推动军事后勤的法制化程度。新中国成立以来，我军后勤先后制定颁发了几千件各种后勤保障的规范性法律文件，形成层次分明、门类齐全的军事经济保障法律体系，为我军后勤正规化建设提供了法律依据，对加快后勤正规化建设起到了重要作用。但与全面建设现代后勤的需求相比，与发达国家军事经济保障法律的成熟度相比，我国军事经济保障法律的仍然存在很多问题。军事经济保障法律制度在立法、司法、执法等方面还需要进一步地完善。

（二）维护军队和军人的合法权益

军事经济保障法律制度通过其规范性、权威性维护军队和军人的合法权益。一是军事经济保障法律制度保护军队的国有资产不受损害或侵占。如军队的房地产、仓库、营房、医院等都受到相关军事设施保护法的保护。二是军事经济保障法保护各种军事物资的来源渠道畅通以及保证物资的质量和数量。如供应部队的粮食、医药、器材、装备等，不得以假充真、以次充好，否则会受到相应的惩罚。三是军事经济保障法律保障军队和军人得到国家和社会组织的利益倾斜。国家基础设施建设和国民经济计划都会考虑军队后勤建设和保障的需要，政府应当保证军队在军事采购、军队社会化保障等活动中享有一定的让利权、优惠权、优先权等。

（三）提高军队后勤建设和保障的效益

公平、公正是法律所追求的最基本的目标，也是法律赖以存在的基石。军事经济保障法同样如此。军事经济保障法律制度的建立，能够把军事经济保障活动纳入规范有序的范围，对其进行有效的监督，这样不仅增加对后勤保障领域决策权的限制，实现军事后勤活动的公平、公正，也有效减少保障过程中的交易成本，提高军队后勤建设和保障的效益。

三、军民融合式军事经济保障法律制度的构建

自从实行军民融合式发展战略以来，政府和军队采用各种方针和政策推进军民融合。当前，随着我国军民融合程度的不断加深，军民之间交易的频率快速增加。然而，由于缺乏相应健全、完善的法律规范，军民之间的摩擦也层出不穷。为规范军事经济保障活动，提高保障效益，促进军民融合在更深层次、更广范围内发展，建立完善的军民融合式军事经济保障法律体系必不可少。构建军民融合式军事经济保障法律体系应该从以下几个方面着手：

1. 在修订《国防法》的基础上制定军民融合基本法律。作为最重要的国防基本法律，《国防法》在 1997 年颁布实施，限于当时的历史条件，该法第五章“国防科研生产和军事订货”规定了国防科技工业发展的“十六字方针”，并强调“对国防科研生产实行统一领导和计划调控”，国家根据“国防建设的需要和社会主义市场经济的要求，实行军事订货制度”。当前，国防科技工业明确了军民融合的发展路子，我国可以在修订《国防法》时增加一章，规定促进军民融合发展的方针、原则和基本制度。另外，仅在国防从本法律中规定“军民融合发展”还不够，还要针对军民融合式保障中的具体对象，制定专门的军民融合式军事经济保障法律制度。就国防科技工业，可以制定特别法《国防科技上业军民融合发展法》，总结我国一直以来的

"军转民"、"民参军"的经验和做法，从法律层面做出权威的规定。

2. 针对立法层次不高、有较多法律空白的现实问题，制定《国防生产法》、《军事订货法》等相关法律。目前，国家主管部局和军队出台了一些相关的条例和办法，如《武器装备科研生产许可实施办法》、《装备采购条例》等，与军民融合涉及部门众多、领域广泛不相匹配，造成"民参军"企业常常遭遇"玻璃门"。急需在更高层次协调各个相关部门，以制订《国防生产法》、《军事订货法》为契机，系统解决"军转民"、"民参军"企业从进入门槛、原材料采购、标准统一、质量监督、保密、信息发布、税收优惠等多个力面的问题，填补有关空白，做到有法可依，而不至于遭遇"弹簧门"。

3. 处理好军地法律法规的衔接，建立统一的实体法平台。要做到军地法律法规的衔接，就要多看到双方的共性、共同的要求，要对军地双方尽量适用统一的法律法规，而不是强调军力的特殊性与双方的差异性。在产品标准体系上，我国一贯分为民用标准和军用标准，有此产品在民用和军用上，要求是一致的，属于"货架产品"，有此产品的民用标准和军用标准是可以对接的，在军民融合发展中，要鼓励采用成熟的军民两用"货架产品"和民用标准。在 1993 年颁布实施的《中华人民共和国产品质量法》（以下简称《产品质量法》）中明确规定："军工产品质量监督督管理办法，由国务院、中央军事委员会另行制定。"类似的规定在我国的很多法律法规中经常出现。在军民融合发展中，这些规定应该得到清理，可以适用同一部法律法规的，就不应该再做另行规定。

第二节 军事物力保障法律制度

一、军事物力保障法律制度概述

军事物力是以实物形态存在的军事经济要素。军事物力有广义和狭义之分。广义的军事物力是指用于满足国防安全和军事斗争需要的一切生产资料和消费资料。狭义的军事物力，又称军用物资，是内接用于军事防务活动的物资资料。这里引用的是广义上的军事物力。军事物力是生产国防安全，满足军事斗争的物质基础。军事物力保障是为保障作战、训练、生产和建设等军事活动所需原材料、燃料、机电设备等工业品生产资料而进行的筹措、储备、供应与管理活动。军事物力保障是国家物力保障在军队的延伸和扩展。国家相关的物力保障法律制度对军事物力保障同样具有约束力。同时，军事物力保障又是军队后勤的一个部分，肩负着国家物力向军队战斗力转化的特殊使命。从此意义上看，军事物力保障又有其特殊性，需要按照军事后勤工作的基本原则、办事制度，服从和服务于军事需要，完成平战时的物力保障任务。因此，需要制定专门的军事物力保障法来规范保障活动。

军事物力保障法律制度是指调整在国家协调军事物力保障过程中发生的军事经济关系的法律规范的总称。随着军民融合程度的逐渐加深，军事物力保障的来源和范围，保障的主体和对象都发生了巨大的变化，为保证军事物力保障活动规范有序的进行，提高军事物力的保障效益，亟须建立完善的军事物力保障法律制度。军事物力保障法律制度的主要内容包括：一是军事物力筹措制度，主要规范物力筹措的原则及计划订购、市场采购、军内生产、委托加工和境外进口。二是军事物力储备制度，主要规范物力储备的建立，物力的保管、出入库及调运。三是军事物力供应制度，主要规范军事物力供应计划的制定与供应的方式、方法。四是军事物力使用管理制度，主要规范对物力的使用管理职责。

二、军事物力保障法律制度的构成

从目前的立法实践和理论来看，军事物力法律制度主要包括人民防空制度、国防交通制度、基建营房制度、军需物资油料制度等。

（一）人民防空法律制度

《中华人民共和国人民防空法》（1997 年 1 月 1 日起施行）所称防空是指防范和减轻空袭危害的活动，是国防的重要组成部分。

一切组织和个人都有得到人民防空保护的权利，都必须依法履行人民防空的义务。人民防空实行长期准备、重点建设、平战结合的方针，贯彻与经济建设协调发展、与城市建设相结合的原则。县级以上人民政府应当将人民防空建设纳入国民经济和社会发展计划。国家鼓励、支持企业事业组织、社会团体和个人通过多种途径投资进行人民防空工程建设；人民防空工程平时由投资者使用管理，收益归投资者所有。国家对人民防空设施建设按照有关规定给予优惠。

国家人民防空主管部门管理全国的人民防空工作。大战区人民防空主管部门管理本区域的人民防空工作。县级以上地方各级人民政府人民防空主管部门管理本行政区域的人民防空工作。中央国家机关人民防空主管部门管理中央国家机关的人民防空工作。

（二）国防交通法律制度

国防交通工作是指国家有关部门和军队组织实施军事运输、交通战备和战时保障的专业工作。主要内容包括：利用公用交通设施和军队自身装备的运输工具组织实施铁路、水路、航空和管道军事运输；进行交通战争准备，包括国防交通网络的规划与建设，战时交通保障计划的拟制与落实，战时运输、抢修、防护力量的动员与组建，交通保障物资器材的筹措与储备，国防交通教育与动员等；组织实施战时交通保障，遂行交通线的抢修、防护和遮蔽等保障任务。国防交通工作是一项多部门、多环节的综合性工作，它涉及国家交通部门、地方政府、被运部队与托运单位以及各级军交部门等。不管哪个环节出问题，都会影响国防交通工作的顺利进行。要保证国防交通工作的顺利进行，必须有一套完整的、系统的、共同遵守的行为规范。国防交通工作法律制度就是由调整国防交通管理和保障活动中所发生的各种权利和义务关系的法律规范构成的制度，是军事经济法的重要组成部分。

建立健全国防交通法律制度，对于保证国防交通工作的顺利进行，促进国防交通建设和改革的深入发展具有重要作用。目前在国防交通领域起主导作用的法律规范主要包括：国务院、中央军委颁布发的《国防交通条例》（1995），中央军委颁发的《中国人民解放军军事交通运输条例》、《军事代表条例》、《中国人民解放军公路运输规则》、《铁路军事运输管理办法》、《水路军事运输计费办法》、《编制部队战备空中输送方案暂行规定》等众多相关的配套的规章。《中华人民共和国国防交通法》于2017年1月正式实施。

（三）军需工作法律制度

军需工作法律制度系由调整军需管理和保障活动中所产生的各种关系的法律规范构成的制度，它是一个国家的军队组织实施军需管理和军需保障的重要法律依据，是军队后勤法律制度的重要组成部分。

我军现行军需工作法律规范尽管内容较多，涉及的范围较广，但按法律效力和内容大致可分为以下几类：一是军需工作基本法规。如《中国人民解放军军需工作条例》、《军需联勤工作条例》，它是军需工作的基本法规，是制定其他军需工作法律规范的基础和主要依据。它主要规定军需工作的指导思想、基本任务和原则，规定各级军需部门的职责以及平时和战时的主要工作等。二是军需工作规章。如原总后勤部发布的《中国人民解放军给养标准制度》、《中国人民解放军被装供给标准》以及特殊保障对象的被装、给养供应标准；原总后勤部颁发的《中国人民解放军军需仓库管理暂行办法》、原总后勤部军需部颁发的《关于被装战备物资管理暂行规定》、《军粮供应与管理办法》以及《关于认真做好军粮供应工作》的通知等。三是散见于军队后勤工作条例和军队共同条例中的有关军需工作的条款等。

（四）基建营房工作法律制度

军队基建营房法律制度系由调整军队系统在组织实施军队工程和管理过程中所发生的各种社会关系的法律规范构成的制度。军队基建营房工作是一项涉及面广泛、政策性很强的专业工作，事关军队战斗力的增长和全军各类人员的营房住用保障，对部队的稳定和凝聚力具有十分重要的作用。因此，军队基建营房工作在我军现代化、正规化建设中占有十分重要的地位。这就决定了我军必须加强对这一工作的领导组织和法治管理。

军队基建营房方面的法规性文件，按其内容和法律效力基本可分为以下几类：一是军队基建营房法规。如，2000 年 6 月中央军事委员会发布的《中国人民解放军房地产管理条例》，1991 年 7 月中央军事委员会发布的《中国人民解放军工程建设管理条例》等。其中，《中国人民解放军房地产管理条例》主要规定军队房地产管理的基本方针、原则和房地产管理的要求及处理权限；《中国人民解放军工程建设管理条例》主要规定军队工程建设的指导思想和建设方针、原则，工程建设范围、项目划分和程序，以及工程建设项目的审批权限和计划、设计、施工、财务管理等。二是军队基建营房规章。如，2000 年原总后勤部印发的《军队营房保障社会化改革实施意见》，1999 年原总后勤部印发的《军队工程建设项目限额设计管理规定》，1995 年原总参谋部、原总政治部、原总后勤部印发的《军用土地使用权转让管理暂行规定》，1994 年原总后勤部印发的《军队住房公积金管理暂行规定》，1997 年原总后勤部印发的《军队实施国家安居工程管理暂行办法》，1999 年原总后勤部印发的《军队经济适用住房建设管理办法》等。三是散见于其他法规性文件中的有关规定。如，国家有关工程建设、房改法规，军队后勤编制中有关基建营房工作的工作机构设置和人员定额的规定，后勤工作条例中有关营房工作的规定等。

（五）军队物资油料工作法律制度

军队物资油料工作法律制度是调整军队系统组织实施物资油料工作过程中所发生的各种社会关系的法律规范的总称。主要由基本法规如《中国人民解放军物资条例》、《中国人民解放军油料条例》，规章如原总后勤部《军队物资油料联勤工作暂行规定》、《军用物资订购管理暂行规定》，《军队油料供应管理规则》、《中国人民解放军物资财务工作管理办法》和散见于有关法规、规章的条款等三部分组成。

三、军事物力保障社会化法律制度的完善

目前，伴随着军队后勤保障社会化改革的逐步深入，军队相关部门也出台了相应的法规规章，这些法规规章在维护军队合法权益、指引和调整后勤保障社会化改革方面起到了一定的作用，但还不尽完善，调整军事物力保障社会化改革中各参与主体利益关系的专项法规还较为欠缺。推动军事物力保障社会化法律制度的完善，是促进后勤保障社会化、提高后勤保障效率的必然要求。

（一）健全军事物力保障社会化的专项军事行政法规

专项军事行政法规是对军队后勤保障社会化改革的个别性的、微观性的调整。专项军事行政法规必须由中央军委和国务院联合制定，这样对于军地的各类主体才能普遍适用。从目标立法的角度而言，可以分别制定与后勤社会化改革目标相一致的军事行政法规；从内容立法的角度而言，应当健全包括参与主体资格、合同管理监督、保障质量标准、军地协调协作、纠纷解决处理等方面的军事行政法规。行政法规层次的健全是构建军事物力保障社会化法律制度的必经阶段。行政法规层次的健全主要可以采取两种方法：一是清理和修改现有的军事行政法规和行政法规中与军队后勤保障社会化改革有关的条款。这些条款修改后必须与基本法相一致，必须与当前及今后的改革相适应；二是制定新的军事行政法规，它所针对的主要是改革的障碍性矛盾和改革的规范性行为。

（二）修订与军队后勤保障社会化改革有关的军事法规、规章

我军后勤保障社会化改革是在不改变现有保障部门组织结构和编制体制的情况下进行的。但是随着改革深层次的发展，后勤机关的职能必须要有整体跃升的改变，军队后勤服务保障部门的主要职责将转向计划、筹措、组织和与地方政府共同协调监管社会保障力量对部队实施保障。所以，应以调整后勤保障部门的职能、全面规范其职责行为作为军事法规、规章修改的重

点。在与军事行政法规一致的基础上，逐步对《中国人民解放军内务条令》和《中国人民解放军后勤条例》、《中国人民解放军基层后勤管理条例》等各专业条例及其军事规章的相关内容，如营区管理、伙食管理、房地产管理、卫生管理以及有关部门职能和人员的职责等进行修改和调整。要明确划分不同后勤保障部门的职能职责，规范宏观调控与监督管理的职责行为，确定与地方政府协调协同的方法和程序。

第三节 军人待遇保障法律制度

一、军人待遇保障法律制度概述

从保障的对象来说，军事经济保障分为对物力的保障和对人力的保障。军人待遇即为对军事人力的保障。军人待遇是军事经济领域中的特殊部分，与一般的社会人力待遇相比，有着明显的特点。其中最为显著的区别就是，激励的目的不同。一般的社会人力待遇保障的目的主要是通过个人劳动耗费取得所需的生存和发展资料。军人待遇保障也是为了维持军人的生存和发展需要，但其最主要的目的则是通过满足军人待遇需要来最大限度地调动军人献身国防、保家卫国的积极性，增强军队战斗力。另外，军人待遇的具体表现形式也有所不同。军人待遇有物质的（如货币和实物等），也有精神的（如军衔、荣誉称号、立功等）；有军人本人的，也有军人家属的；有现实的，也有滞后的（如离退休待遇、烈属待遇等）。

军人待遇法律制度是指调整军人待遇运动过程中主体权利和义务关系的法律规范的总称。军人待遇法律制度目前不是一个独立的法律部门，没有独立的基本法。它包括多个法律部门的法律规范，是若干关于军人待遇法律规范的总称。

军人待遇法律制度规范有多种形式。根据其渊源，主要有以下几种：一是《宪法》和《国防法》。如我国宪法中关于“国家和社会保障残疾军人的生活，抚恤烈士家属，优待军人家属”、军人实行“衔级制度”以及对有特殊贡献的军人“授予国家的勋章和荣誉称号”等规定。《国防法》是军事领域内的基本法，也对军人待遇保障作了规定。《国防法》第七条规定：“国家和社会尊重、优待军人，保护军人的合法权益，开展各种形式的拥军优属活动”；第六十五条第二款明确规定：“国家实行军人保险制度”，第十章（第五十六至六十四条）又用9条的内容就现役军人的复员转业安置及职业培训、离退休军人的生活福利待遇、残废军人的抚恤优待及生活、医疗保障方面的优先和照顾，民兵、预备役人员和其他人员在履行军事义务时的抚恤优待等问题作了规定。二是法律。如《婚姻法》和《刑法》中关于保护军婚的规定。《兵役法》中关于抚恤和优待的规定，《现役军官法》中关于军官的待遇规定以及正在处于立法阶段的“军人保险法”等。三是军事行政法规、行政规章。它们更加详细、具体规定各种军人待遇保障机制项目的实施程序和有关特殊情况，与前两个层次相互配合，可以基本做到军人经济权益保障有法可依，有章可循和法律法规系统化。军事行政法规如中共中央、国务院、中央军委联合发布的《军队专业干部安置暂行办法》，中央军委制定颁发的《文职干部条例》、《中国人民解放军现役士兵服役条例》、《军人抚恤优待条例》等。军事行政规章如原总后勤部发布的《中国人民解放军军人伤亡保险暂行规定》、《移交政府安置的军队离退休干部住房保障改革实施办法》等。

二、军人待遇保障的主要法律规定

军人待遇保障的对象主要包括军人工资待遇、军人住房待遇以及军人社会保障待遇等。

（一）军人工资待遇法律制度

军人工资待遇法律制度是指为计量军人的劳动消耗和计算其劳动报酬而建立的一套完整的、系统的准则与办法。一般包括工资等级制度、定级制度、升级制度、工资标准、工资管理制度和工资形式及支付方法等内容。军队干部工资具有系统性，门类庞多、内容复杂。在实际操作中，我们一般按项目构成把军队干部工资划分为基本工资和补助工资两大类。

1. 基本工资。基本工资是指在全军范围内职务、奖励相同者都可以同时享有的军队干部工资项目，它是军队干部工资构成和数量构成的主体。按照现行的军队干部工资规定，基本工资由职务工资、军衔（级别）工资、基础工资和军龄工资等四块组成。

职务工资是按照军队干部的行政职务和专业技术职务等级设置的工资项目。目前，我军军事、政治、后勤、装备军官共设15个职务等级，专业技术军官和专业技术文职干部共设14个职务等级，非专业技术文职干部则为12个职务等级。每一职务栏目中，又划分为17～20个档次。

军衔工资是按军官军衔和文职干部级别等级设置的工资项目。军衔工资分别从少尉至上将共设10个等级，每一军衔对应相应的基本标准。

基础工资，军队干部基础工资是不分职级，统一确定标准的。它是解决军官和文职干部基本生活需要的工资项目，按照国家统一标准执行。

军龄工资，是以入伍军龄或参加革命工作的时间为依据计发的。军龄工资以年为计发单位，从批准入伍或参加革命工作之年开始，到军队干部离休、退休或转业、复员之年为止，按自然年数计算，从每年的元月1日起，自动增加，现在规定军龄工资每年为10元。

2. 补助工资。补助工资是给予在特殊岗位和特殊地区工作的军队干部的一种补偿性报酬，主要包括地区性补助工资和专业性补助工资两种基本形式。其中，地区性补助工资主要包括边远地区津贴、艰苦地区补助和地区附加津贴三部分。专业性补助工资是发给在特殊岗位上工作的军队干部的鼓励性补助，其主要组成部分有：护教龄津贴、飞行航空机务跳伞补助、舰（船）艇补助、战略武器科研试验补助、战略导弹发射补助、有害身体健康工作岗位保健津贴、岗位津贴、职务津贴、体育性津贴（资金）等。

（二）军人住房保障法律制度

自1992年7月1日军队住房改革方案出台以来，我军干部住房保障改革方面制定的一系列房改文件有《进一步深化军队住房制度改革方案》、《军官、文职干部、士官住房补贴暂行办法》、《军队公寓区与售房区划分管理规定》、《军队经济适用住房建设管理办法》、《军队现有住房出售管理办法》、《移交政府安置的军队离退休干部住房保障改革实施办法》、《军队人员住房资金管理暂行办法》、《关于进一步深化军队住房制度改革的宣传教育提纲》等。这些文件主要从如下几个方面对军官、离退休干部住房保障进行规定：

1. 住房保障方式。按照军队住房保障新体系，在职军官、文职干部主要住用公寓房，有条件的住用自有住房；离休干部可以购买符合出售条件的现有住房或租住现有住房，现有住房不符合出售条件的，可以购买经济适用住房；离退休干部移交政府安置的逐步与国家和军队的住房新制度接轨；转业、复员干部住房纳入国家社会保障系统，军队售房区的住房和组织建设的经济适用住房，经批准也可以购买；现役五、六级士官比照营、团职军官住房保障规定执行；职工不再由军队分房，可以购买符合出售条件的军队现有住房或经济适用住房。

2. 住房补贴。1999 年以前工作年限内的住房补贴，一次性算清记账；2000 年以后工作年限内的住房补贴，按月计算，计入个人账户。住房补贴由基本补贴和地区补贴两部分组成。购房补贴建筑面积根据不同的军衔和职别设立不同的标准。

3. 公寓区和售房区。驻乡镇部队的现有家属生活区（含在城市的家属生活点）均为公寓区。驻城市部队，至少保留一个完整的家属生活区为公寓区。公寓区保留的住房数量要能保证住用单位编制人员有房住，并留有适当的余地。公寓区以外的家属生活区为售房区。公寓区与售房区由住用单位根据规定和营区实际情况提出方案，逐级审核上报后勤保障部审批。

4. 经济适用房。由各大单位统一编制经济适用住房中长期规划，报经后勤保障部批准后组织建设。经济适用房户型以两室一厅、三室两厅、四室两厅为主，面积参照购房补贴面积标准。经济适用房建设资金主要来源于住房补贴和住房预售款。向军队单位、个人出售经济适用住房，一律按综合成本价。《军队经济适用住房建设管理办法》还专门对经济适用住房的建设方式、建设用地，以及住房建设、住房出售等作了详细规定。

（三）军人社会保障法律制度

军人社会保障法律制度是关于调整军人社会保障关系的法律规范的总和。现在需要调整的社会保障关系大致包括社会保险关系、社会福利关系、社会救助关系、优待抚恤关系，这些关系构成了社会保障法的调整对象。关于军人社会保障的法律制度主要包括军人保险、退役安置、社会优抚、社会救助、社会福利等方面。

1. 军人退役安置法律制度。军人退役安置是指国家和社会依法向退出现役的军人提供资金和服务保障，使之重返社会并适应社会的一种社会保障制度。退役安置的对象包括转业的军官、复员的士官和退伍的义务兵。目前，我国对军人退役安置的规定主要体现在《退伍义务兵安置条例》、《中国人民解放军士官退出现役安置暂行办法》、《军队转业干部安置暂行办法》等法规中。其主要内容包括义务兵退伍的安置、士官退役的安置、军队转业干部的安置、军队离退休干部的安置。

不管是退伍士兵的安置保障还是退役军官的安置保障，有一点是相同的，那就是要使他们的保障水平适当高于地方同等条件的社会成员保障水平，从而体现一种政治褒扬与经济补偿相结合的保障模式。同时，在保证退役军人享受基本安置待遇水平的同时，还要突出差异性，这种差异性主要体现在对为军队建设发展作出突出贡献包括立功受奖、因战因公伤残等，对他们的保障待遇要适当高于一般的退役军人。

2. 军人社会优抚法律制度。军人社会优抚是以国家财政投入为主要资金来源，对那些为革命事业和保卫国家安全做出牺牲和贡献的已退役的还乡军人、伤残军人及军属、烈属等特殊社会群体实行各种优待、抚恤的社会保障制度。军人社会优抚主要包括死亡抚恤、伤残抚恤、社会优待等。

死亡抚恤是国家依法对死亡的现役军人的家属，提供保障一定生活水平资金的优抚保障项目。根据 1988 年发布的《军人抚恤优待条例》规定，死亡抚恤的对象是符合法定条件的死者家属，具体包括：一是革命烈士家属，即经法定机关批准，取得《革命烈士证明书》的家属；二是因公牺牲军人家属，即经法定机关批准，取得《革命军人因公牺牲证明书》的家属；三是病故军人家属，即经法定机关认定，取得《革命军人病故证明书》的家属。死亡抚恤是国家对死者亲属采取的物质抚慰形式，有一次性抚恤和定期抚恤两种，前者是具有褒扬和补偿性质，主要用于帮助解决突发性生活困难的社会津贴；后者则是为了帮助解决长期性生活困难而具有救助性质的国家补助。

伤残抚恤是现役军人因战、因公或因病致残，根据丧失劳动能力的程度，由国家依法为伤残军人提供一定的物质保障。伤残抚恤标准，一般根据伤残原因、伤残等级予以确定；并且，还根据伤残军人有无工作分别发给伤残保健金或伤残抚恤金。退出现役后没有参加工作的革命伤残军人，由民政部门发给伤残抚恤金；退出现役后参加工作的革命伤残军人，由民政部门发给伤残保健金；继续在部队服役的革命伤残军人，由所在部队发给伤残保健金。此外，伤残军人死亡的，其遗属可按规定享受死亡抚恤待遇。

社会优待是指国家和社会按照法律规定和社会习俗，对现役军人及其亲属提供保证一定生活水平和生活质量的资金和服务的优抚保障项目。我国《宪法》规定，优待军人家属。我国《兵役法》亦规定，现役军人家属应当受到社会的尊重，受到国家和人民群众的优待。目前，军人社会优待主要包括现役军人家属优待、革命伤残军人优待、复员退伍军人优待等。

3. 军人社会救助法律制度。军人社会救助法律制度，是指国家和社会对因各种原因陷入困境的军人及其家属，给予财物接济或生活扶助，以使其基本生活得到保证的一种社会保障法律制度。

军人救助法律制度保障的对象，主要是实际生活水平没有达到地方最低生活保障标准的所有军人家庭。之所以称军人社会救助法律制度，是因为这里被保障的对象是军人家庭而不是一般社会成员家庭，而他们的生活贫困也与军人有关，这一点在农村军人家庭生活贫困中表现最突出。由于家庭劳动力不足，军人家属从事各项生产与经营都显得比较困难。

保障的主体主要是政府与社会，这里的政府包括中央政府与地方政府。地方政府与社区应成为主要的责任主体，中央政府主要是制定相应的政策法规，为地方政府的保障提供保障依据，同时，在遇到财力紧张与困难时可通过中央财政的转移支付手段给予其财力支持。军队也承担相应保障职责，其保障重点是对军人家庭因贫困县或灾害等带来的生活困难给予一定补助。

军人救助保障采取的主要方式，是实行货币化补助。即军人家庭当地政府制定最低的生活保障标准，根据不同的保障对象确定不同的补偿标准。保障标准由各地民政部门会同当地财政、统计、物价等部门制定，经当地人民政府批准后向社会公布，并且随着生活必需品的价格变化和人民生活水平的提高适时调整。

4. 军人社会福利法律制度。社会福利是一种能增进社会成员物质与精神生活享受的一系列政策措施的统称。它是一种较高层次与水平的社会保障，其保障内容既涉及物质的，也涉及精神的。军人社会福利是指国家和社会为改善和不断提高军人的物质文化水平而采取的各种具有经济福利色彩的社会政策措施的总称。军人社会福利法律制度是国家社会福利制度乃至国家社会保障法律制度体系中的一个重要组成部分，也是军人社会保障法律制度体系中不可缺少的重要内容，它对提高军人生活质量与生活地位都起着极其重要的作用。

军人社会福利法律制度的基本构成包括：一是职业福利。该项目主要面对现役军人，具体项目有军人职业津贴、免费医疗、伙食补助、交通补贴、有薪探亲休假等。这是军人社会福利的最基本部分。二是社会补贴。这是指国家与地方对现役军人给予的一种政策优惠，具体包括交通待遇优惠、服务优惠与照顾以及军粮、被装等方面的价格补贴等。三是住房福利。该项目主要面对现役军官，包括建立住房公积金制度，或高房租、高补贴的办法，使现役军官享受到住房的高福利待遇。四是社区服务。该项福利主要依靠社区群众的力量，通过提供各种福利服务的形式来实施。主要包括文化娱乐服务、优抚对象服务、困难户服务以及其他各种便民服务等。五是其他军人福利事业。该项目主要面向残疾军人、退伍老红军及患有精神病的老年军人，为他们提供保健康复服务、收养服务、生活及护理服务等。如开办光荣院、敬老院等。

三、《军人保险法》的主要内容

军人保险法是国家关于在军人遇到死亡、伤残、年老、退役等风险时，以保险特有的方式给予经济补偿的法律规范的总称，由国家权力机关或国家最高行政机关或国家元首发布。制定军人保险法的目的是保护军人合法权益，弥补军人因职业风险而造成损失，以维护军队的稳定和国家的安全。经过长期的调研和论证，2012 年 4 月 27 日，全国人大常委会表决通过《中华人民共和国军人保险法》（以下简称《军人保险法》），明确规定国家建立军人保险制度，军人依法参加军人保险并享受相应的保险待遇。

《军人保险法》共 9 章 51 条，对军人伤亡保险、退役养老保险、退役医疗保险和随军未就业的军人配偶保险的建立、缴费和转移接续等作了规定，确立了军人保险的法律地位，突出了国家为军人保险提供财政拨款和政策支持。

（一）保障的主要对象

《军人保障法》保障的对象包括两类人群：一类是现役军人，另一类是随军未就业的军人配偶。本法第一章第六条规定：军人依法参加军人保险并享受相应的保险待遇。军人有权查询、核对个人缴费记录和个人权益记录，要求军队后勤（联勤）机关财务部门和地方社会保险经办机构依法办理养老、医疗等保险关系转移接续手续，提供军人保险和社会保险咨询等相关服务。同时，法律还对现役军人的保障范围进行严格规定，尤其是针对伤亡保险，除非军人的伤亡是因战、因公、因病导致的，否则能享受保险待遇。另外，除去现役军人，随军未就业的军人配偶，也是《军人保险法》保障的对象。本法第五章第二十五条：国家为随军未就业的军人配偶建立养老保险、医疗保险等。

（二）保障的主要方式

为使得保障的范围覆盖得更广、保障的效果体现得更好，充分实现现役军人和随军未就业的军人配偶的合法权益，国家建立国家为军人建立伤亡保险、退役养老保险、退役医疗保险和随军未就业的军人配偶保险等四项军人保险制度。这四项保险制度共涉及三项基本保险，即养老保险、医疗保险和伤亡保险。建立这四项基本保险制度，符合军队建设的实际需要，与国家现行社会保险制度相对应，能够有效分散军人的职业风险，更好地保障和维护军人的社会保障权益。

（三）保障的主要方法

国家主要通过建立相应的个人保险基金账户，实现对现役军人以及随军未就业的军人配偶权益的保障。《军人保障法》第六章第三十条规定：军人保险基金包括军人伤亡保险基金、军人退役养老保险基金、军人退役医疗保险基金和随军未就业的军人配偶保险基金。各项军人保险基金按照军人保险险种分别建账，分账核算，执行军队的会计制度。

为减轻军人负担，军人保险基金由个人和国家共同承担，因此其主要构成包括个人缴费、中央财政负担的军人保险资金以及利息收入等。由于军人保险经常涉及军地之间的转移、衔接，因此为规范保险基金账户的转接，《军人保险法》针对转移的对象、险种、条件、资金计算方法等方面进行明确。

（四）保障的配套措施

为保证保险权益的实现，《军人保险法》对相关配套措施做出非常明确和具体的规定。概括起来，主要有以下几个方面：一是明确经办机构的主要职责，包括办理军人保险与社会保险关系转移接续手续、提供社会保险咨询服务等。二是提出工作要求，要建立健全军人保险经办管理制度，实现与军队后勤（联勤）机关财务部门无缝对接，为军地流动人员提供高效、优质服务。三是明确经办机构的法律责任和相关义务。各级社会保险经办机构的法律责任和相关义务。各级社会保险经办机构要依法为军队单位和军人的信息保密；对不按规定建立、转移军人保险关系，不按规定收缴、上缴个人保险费，克扣或者不按照规定给付军人保险金，篡改或者丢失个人缴费记录等军人保险档案资料，违反规定划拨、存储军人保险基金，以及违反军人保险法律法规损害军人保险权益的其他行为，经办机构及其责任人员都要承担相应的法律责任。对于法律提出的要求，经办机构要不折不扣地认真落实，做好服务工作；对于法律禁止的事项，经办机构要坚决杜绝。

第四节　多样化军事任务经济保障法律制度研究

一、建立多样化军事任务经济保障法律制度的必要性

随着我军职能的拓展，军队执行多样化军事任务越来越多——抗击雨雪冰冻、抗震救灾、抗洪抗旱、武装护送、国际维和、军力展示、联合军演、反恐、平叛、戒严、处置突发性暴力事件……应对多种安全威胁，完成多样化军事任务，是21世纪新阶段我军承担的新的历史使命，而此历史使命的完成需要健全的军事经济保障法律制度为支撑和保障。

（一）解决军民纠纷维护公平正义的需要

军队与民用力量统筹协调难度大，保证军事行动有效实施，完成多样化军事任务，军民合力是关键所在。建立健全多样化军事任务经济保障法律制度，能够促进军地共享、军民融合方针的实现。在物资资源储备和调用上，可以通过法律规定，平时把军队不需要的资源融入民间，需要时纳入部队，并给予公民足够的补偿，做到军民结合、力量支援。这样既能解决这一过程中产生的军民纠纷，也能体现公平正义。

（二）能够保障执行任务官兵的人身安全和利益

在执行多样化军事任务中，错综复杂多变的环境无疑使得任务的执行存在一定的困难，如何保障官兵的人身安全和利益成为一个重要问题。解决这个问题的关键也同样是赋予官兵一定的权力以及完善官兵的保险制度等，所以，从这方面来讲，建立健全多样化军事任务经济保障法律制度也是非常必要的。

二、多样化军事任务经济保障法律制度体系的构建

20世纪90年代以来，我国陆续制定一些与多样化军事任务相关的法律法规，这些法律法规对规范多样化军事任务经济保障起到一定的作用。但是为了紧跟时代步伐，充分满足现实需要，应对这些既有的法律法规进行整合、不断完善。构建多样化军事任务经济保障法律制度体系应该树立前瞻意识、统筹意识以及国际意识。

（一）加强国防动员立法

由于多样化军事任务呈现出多维性和突发性等特征，这就要求迅速动员各种民用资源投入军事行动，以确保军事行动的高效性和及时性，然而，我国国防动员立法严重滞后，已远远不能满足完成多样化军事任务的需要，与完成多样化军事任务需要密切相关的国防动员法律制度亟待完善。

（二）制定相关军事行政法规

这其中应主要明确经济保障的指挥机构设立、指挥权行使、经费物资来源、开支与消耗核算、军地联合指挥与协同配合等事项，还应制定相关法规，对执行多样化军事任务的军队内部指挥关系、任务区分予以规范，明确各类保障各类军事任务的指挥程序、方法手段等。

（三）推进涉外非战争军事行动立法

涉外军事行动牵涉多个国家，法律关系复杂，行动人员、装备等与国家主权和利益紧密相连，只有出台相关法律才能保障各项工作在法制轨道上顺畅进行。因此，在下一步的立法中可由全国人大或者全国人大常委会制定相关法律法规，规范军队参加国际安全与军事合作过程中军队人员与武器装备的保障问题。

军队参加多样化军事任务，官兵们的人身、财产权益必须得到相关法律的保障。一方面，要保障驻地的交通顺畅、驻地营房和设备免受检查，以及必要时需进行的军事征用；另一方面，还要约定一定的司法管辖权利。由于我军走出国门后同样面临涉法问题，因此应制定相关法律法规，方便我军与驻地国家进行协商，并签署相应的规定。同时，也应确定军队在执行涉外非战争军事行动时所享有的权利与义务，以此作为维护权利的依据。

第七章

军事经济动员法律制度

军事经济动员法律制度是指有关国民经济动员的法律规范的总称，包括法律、法规和规章等各个层次的国民经济动员规范，属于“正式约束”的范畴。军事经济动员法律制度是开展军事经济动员工作的法律依据，是军事经济动员工作的指南。

第一节　军事经济动员法律制度概述

一、军事经济动员法律制度地位与作用

（一）军事经济动员法律制度的地位

从法律体系角度来看，军事经济动员法律制度既不是一个具体法律文献的概念，也不是一个独立法律部门的范畴，而是散见于各种类别的法律文件中，多数属于军事法和行政法的组成部分，也具有某些经济法的特征。军事经济动员法律制度的调整对象是独特的军事经济动员社会关系，源于军事法、行政法和经济法等部门法的法律规范之中，这些法律规范文件的地位决定了各种具体的军事经济动员法律制度的地位。例如，《中华人民共和国国防动员法》（以下简称《国防动员法》）属于典型的军事经济动员法律制度范畴，其中的大部分规定都可以划归于军事经济动员法律制度，其在法律体系中地位就决定了其中有关军事经济动员具体规范的地位。可以说，一项具

体军事经济动员法律制度的地位，包括其效力等级和适用范围等，决定于记载它的具体法律文件的地位。

（二）军事经济动员法律制度的作用

军事经济动员法律制度，是平时进行动员准备、战时实施动员的法律依据，其重要作用主要体现在以下几个方面：

1. 是国家行使经济动员职能的法律保障。军事经济动员法律制度从法律上确认了各级政府和军事指挥机关的经济动员职权，使各级机关依法的对动员工作实施顺畅、有效的领导和指挥，使有关部门可以按照权限各司其职，密切协调。这是国家在经济动员中对人力、物力、财力实施集中管理和统一调配的重要保障。经济动员法律制度也是监督和检查国家职能机关有效行使动员职能的法律保证。经济动员法律制度具有高度的权威性，任何阻碍和破坏经济动员的行为，任何渎职、失职行为，都将受到惩罚。

2. 是明确全体公民和组织在经济动员中权利和义务的基本依据。经济动员工作能否顺利进行和能否取得成效，归根结底取决于能否得到全体公民和各种社会组织的大力支持。但是，公民支持和参加经济动员的积极性不会自然形成，它既取决于战争的性质和政治动员的深度与广度，又来自法律的规范与引导。经济动员作为牵涉社会各个领域的一种非常措施，涉及国家、集体和个人之间的利益关系，三者之间的关系能否得到正确处理，直接影响着动员工作的成效。而要处理好以上关系，除了进行宣传教育外，主要依靠法律进行调整。经济动员法律规范作为国家法律的组成部分，它所规定的国家在战时的职责，集体和公民在战时应当承担的义务和应遵守的规范，正是战时三者之间利益关系的法律体现，对国家各级机关、各企事业单位以及全体公民不仅有很强的约束力，而且有很大的号召力和引导力，可以引导人们明确自己在经济动员中应尽的义务和享有的权利，增强国防观念，激发爱国主义热情，大大提高支持和投身动员工作的积极性。

3. 是实现动员工作制度化的重要保证。法规的功能之一就是使纷繁的工作制度化。在总结以往经验的基础上，经过反复研究和严格的立法程序制定的经济动员法律制度，体现了经济动员的客观规律和动员工作的特点与要求，具有科学性、条理性和很强的约束力。因此，要使复杂的经济动员工作顺利进行，就必须借助于动员法规的规范作用；有了动员法规并认真按照法规的要求去做，就能够大大减少和避免工作上的失误，从而提高动员效率，保证各项动员任务按既定计划顺利完成。将军事经济动员工作纳入法制轨道，是社会主义市场经济条件下协调经济建设与经济动员工作关系的必然趋势。为了正确处理国家利益与个人利益、局部利益之间的矛盾和冲突，必须依靠法律手段。

二、军事经济动员法律制度的基本原则

军事经济动员法律制度的基本原则是其指导思想和立法宗旨的系统化，是军事经济动员法律制度形成和适用中所应当遵循的准则，是军事经济动员法律制度本质内容和基本精神的概括和反映，在军事经济动员法律体系中起统摄作用。

（一）满足国家安全需要的原则

军事经济动员的目的是为了国家安全。为战争、紧急状态和突发事件提供后续经济保障力量，是国民经济动员立法的最根本目的，是国民经济动员活动赖以存在的逻辑起点，也是其逻辑归宿。建立军事经济动员法律制度，要考虑国家的性质、社会主义市场经济体制建设、公民的合法权益保障、应战和应急保障能力等因素。从军事经济动员立法方面来讲，应该坚持以《宪法》为根本依据，以快速高效地为国防安全和突发事件应对提供后续安全力量保障为目的，适应社会主义市场经济的要求，建立有序高效的军事经济动员法律体系。

（二）有序高效原则

有序高效，就是强调国民经济动员活动的规范化、秩序化和高效率、高效益。为了及时有效应对战争、紧急状态和突发事件，需要快速高效持续地获得后续经济力量。只有有序高效运行，才能适应现代战争特别是信息化战争条件下的国民经济动员需要。有序高效原则要求我们健全国民经济动员法规，完善动员机制，规范动员程序，实现国民经济动员效率和效益最大化。为此，可考虑在动员领域建立军事合同制度，把强制性的动员义务合同化，更加明确动员主体的权利和义务关系，使动员工作有序运行。

（三）军民融合原则

军民融合深度发展作为国家安全战略的有机组成部分，越来越受到世界各国重视。党的十八届三中全会公报指出："推动军民融合深度发展。在国家层面建立推动军民融合发展的统一领导、军地协调、需求对接、资源共享机制。健全国防工业体系，完善国防科技协同创新体制，改革国防科研生产管理和武器装备采购体制机制，引导优势民营企业进入军品科研生产和维修领域。"

军民融合主要是指将维护国家安全的国民经济动员工作寓于国民经济之中，国家在进行动员准备时，把这种准备统筹纳入整个国民经济建设和社会发展规划之中，使之尽可能做到军需与民用一体化，平时与战时相衔接，产生社会的和国防的双重效益，既为战争做好充分的准备，又发展经济、改善人民的生活。军民融合式保障模式，是打赢未来高科技战争的必由之路，是现代战争动员准备的基本趋势。一方面，现代高技术战争对资源需求呈现出数量大、技术含量高、结构复杂、周期性等特点，仅仅依靠国防经济部门已经难以适应发展需要，必须依托整个国民经济体系；另一方面，现代科技尤其是信息技术的飞速发展，使民用技术与军用技术的界限越来越模糊，许多民用技术平时为经济建设服务，战时稍加改造即可转为军用。同时，国防部门消耗的资源在平时也应对民用领域发挥支持、牵引作用，以最大限度地减少实现国家安全战略目标的总成本。为此，必须按照协调发展要求，建立健全融合式、一体化、高度弹性的国民经济动员运行机制。国防建设要充分考虑经济建设的需要，提高国防资源的利用效率；国家经济建设要充分体现国防要求，在战略物资储备、科学技术、通信网络、机场、港口、码头、桥梁、水利工程、人防设施、森林地带的建设和保护等方面，要统筹兼顾，合理布局，尽量做到同一投资能获得平时与战时、军用与民用两种效益。

（四）以人为本原则

军事经济动员活动最终保障的是生存权、安全权等核心利益，不能超过人类生存的基本边界，超过了这个边界，动员将没什么意义。如果动员活动超出了人们的承受边界，基于动员活动产生的利益反而没有原先的多，动员也就失去了存在的基础。因此，军事经济动员活动要坚持以人为本原则。在以人为本原则下，政府不得限制公民的生命权、人格尊严、信仰自由等基本权利，对政府在紧急状态下处理突发事件、应对危机需要享有的紧急公共权力，如制定和发布具有限制人身自由的强制措施与处罚的决定、命令的权力，征用房屋和交通工具的权力，强制疏散、强制隔离的权力等等，应当尽可能做出明确、详细的规定，对政府紧急公共权力的适用范围、行使紧急公共权力的条件和程序做出更要严格规定，防止滥用紧急公共权。

三、军事经济动员法律制度的体系构成

军事经济动员法律体系是由调整军事经济动员活动中各种主体之间的权利、义务关系的所有法律、法规、规章组成的具有内在联系的有机整体，是

一个层次分明、和谐统一的完整体系。总的来说，应该以宪法和国防法为依据，以《国防动员法》为核心，以军事经济动员法规和规章为主体的完整体系。

军事经济动员法律体系不是一部单独的法律，而是由宪法、国防法中的动员法律规范，国防动员法中有关军事经济动员的法律规范，单行的军事经济动员法律、专门军事经济动员法规、规章共同组成的一个系统。在这个系统中，与军事经济动员法具有最为密切关系的法律有《宪法》、《国防法》、《国防动员法》、《国防交通法》、《兵役法》、《戒严法》、《军事设施保护法》、《突发事件应对法》、《人民防空法》、《物权法》、《民用运力国防动员条例》等法律和法规。

从逻辑结构来看，军事经济动员法律体系的纵向层次包括《宪法》和《国防法》中的动员规范、《国防动员法》中的军事经济动员规范、国民经济动员法规和规章等。按调整对象范围的不同，军事经济动员法律制度的横向构成大致可以区分为两大类：一是规范军、地双方主体行为的军事经济动员法律制度。二是单纯规范地政府系统或者单纯规范军队系统主体行为的军事经济动员法律制度。

从军事经济动员活动的过程和内容来看，军事经济动员法律体系包含以下内容：

一是《宪法》中的动员规则。《宪法》是国家的根本大法，具有最高的法律效力。宪法中有关动员的条款，在国民经济动员活动中具有最高的法律效力。《宪法》第六十二条第一款第十四项规定，全国人民代表大会“决定战争和和平的问题”。第六十七条第一款第十八、十九、二十项规定全国人民代表大会常务委员会“在全国人民代表大会闭会期间，如果遇到国家遭受武装侵犯或者必须履行国际间共同防止侵略的条约的情况，决定战争状态的宣布”；“决定全国总动员或者局部动员”；“决定全国或者个别省、自治区、直辖市进入紧急状态”。第八十条规定：“中华人民共和国主席根据全国人民代表大会的决定和全国人民代表大会常务委员会的决定，公布法律，任免国务院总理、副总理、国务委员、各部部长、各委员会主任、审计长、秘书长，授予国家的勋章和荣誉称号，发布特赦令，宣布进入紧急状态，宣布战争状态，发布动员令。”宪法的这些条文实际上是关于动员的体制和国家机关动员职权的划分。我国《宪法》关于动员的决定、动员令的发布、动员的种类的规定是关于国防动员体制的部分规定。另外，《宪法》还在第八十九条规定国务院“领导和管理国防建设事业”；“依照法律规定决定省、自治区、直辖市的范围内部分地区进入紧急状态”。《宪法》还规定，中央军事委员会“领导全国武装力量”。

二是《国防法》中有关动员的法律规定。《国防法》第十至十五条是关于国家机关国防职权，包括国防动员职权划分的规定，这些规定适用于国民经济动员活动。

三是《国防动员法》有关军事经济动员的规定。从军事经济动员与国防动员的关系来说，军事经济动员包含于国防动员。国防动员法规定的组织体制、基本原则都适用于军事经济动员领域。国防动员法中许多内容都是关于军事经济动员的规定。这些原则和规则都是军事经济动员法律体系的组成部分。

四是军事经济动员法规。指由国务院、中央军委根据宪法、《立法法》和《国防法》规定的权限，单独或联合制定的有关军事经济动员的规范性文件。

五是有关军事经济动员的部委规章。包括国务院各部、委员会、军委机关、各大战区、军种根据宪法、《立法法》、《国防法》和《军事立法工作条例》规定的权限和程序，单独或联合制定的有关军事经济动员的规范性文件。如财政部和原总后勤部联合制定的《民用运力国防动员补助补偿规定》。

六是有关经济动员的地方政府规章。指享有地方政府规章立法权的地方各级人民政府，为了贯彻国民经经济动员法律和法规，按照法定权限和程序制定的有关国民经济动员的规范性文件。如，江西省政府制定了《江西省国民经济动员办法》，广东省政府制定了《广东省海上民用船舶动员征用规定》等。

第二节　军事经济动员机构

一、军事经济动员机构的组成

军事经济动员机构是进行经济动员准备，战时实施动员的组织和领导机构，是落实经济动员计划和各项动员措施的组织保证。

根据我国《宪法》、《国防法》、《国防动员法》和其他有关法律规范的有关规定，我国军事经济动员机构由以下几部分组成：

（一）军事经济动员决策机构

决定实施军事经济动员的权限，各国都规定归属于高级别的机构，一种是由最高国家权力机关行使动员决策职权，如美国的国会；另一种是由专门的最高军事机构行使动员决策机构的职能，如以色列的国防委员会。

根据《宪法》的规定，我国军事经济动员的最高决策机构是全国人民代表大会及其常务委员会。

（二）军事经济动员领导机构

世界各发达国家一般都在最高国防领导机构下建有这种机构，如美国的“紧急动员委员会”，法国的“最高审议会”等。新中国成立后，在国务院、中央军委领导下，各级政府和军事机关自上而下成立了动员领导机构。1994年，国务院和中央军委决定成立了国家国防动员委员会，并陆续在战区和县级以上地方政府设立相应的国防动员委员会。

（三）军事经济动员执行机构

动员执行机构是各个领域、各个行业落实与执行动员任务的组织和单位。它伸展到政府各部门、军队各系统、各地区和各行业之中，形成了协调一致的动员网络体系。它又可大致分为三个主要系统：一是政府的动员执行机构；二是军队的动员执行机构；三是企业动员机构。

二、军事经济动员机构的职权

（一）经济动员决策机构的职权

顾名思义，军事经济动员决策机构的职权当然是“决定权”。如美国国会拥有对外宣战权。在我国，根据《宪法》规定，全国人民代表大会行使“决定战争和和平的问题”的职权；全国人大常委会有“在全国人民代表大会闭会期间，如果遇到国家遭受武装侵犯或者必须履行国际间共同防止侵略的条约的情况，决定战争状态的宣布”和“决定全国总动员或者局部动员”的权力。

（二）经济动员领导机构的职权

在动员准备与实施的过程中，动员领导机构负有组织、计划、协调、监督等方面的重要职责，对人力、物力、财力诸方面的动员起着综合平衡指导作用。由于动员领导机构在整个动员机构中处于关键地位，所以，世界各发达国家一般都在最高国防领导机构下建有这种机构，如美国的“紧急动员委员会”、法国的“最高审议会”等。

新中国成立后，在国务院、中央军委领导下，各级政府和军事机关自上而下成立了动员领导机构。根据《宪法》和《国防法》，国务院和中央军事委员会共同领导动员准备和动员实施工作。国家国防动员委员会、战区国防动员委员会和县级以上地方政府的国防动员委员会，分别负责国家、战区和地方动员的组织领导工作。

（三）经济动员执行机构的职权

政府的动员执行机构的基本职能是根据上一级的动员计划和方案，制订本级政府部门和动员计划和方案，领导、检查和督促各部门落实与执行动员任务。目前，我国在国家一些部委，如计委、国防科工委、交通部、邮电部、铁道部等都有负责动员事宜的机构，中央和各省、市、自治区成立了经济动员办公室、交通战备领导小组、人防委员会等。

军队的动员执行机构，是军队中担负具体动员任务的职能部门。在我国，军委主管机关、军种、战区直到团以上部队均有负责动员工作的专职或兼职机构，省军区、军分区、人武部主要负责本地区的动员工作，是我国进行战争动员的执行机构。其职能分工：军委主管机关负责研究制定战时武装力量和军事经济动员扩编的计划、原则和措施，督促军队各级做好平时动员准备与战时组织实施工作。各军种、各大战区、省军区、军分区、人武部，按照军委主管机关下达的动员任务，分别制订本单位的动员计划和方案，并组织实施。

企业动员机构是经济动员的基层机构，是经济动员组织体系的有机组成部分。建立和健全企业动员机构，不仅决定着企业的动员效果，而且决定着国家经济动员的成败。企业动员机构与国家的经济体制有密切关系。在市场经济体制国家中，军品生产动员任务大多由一些大公司承担。公司设置的军品生产分公司或军品事业部负责军品生产动员与组织。这些大公司依据法律接受政府的动员任务，一般为总承包商，承担武器装备的总装任务。同时，通过合同的方式将零部件转包给中小企业承担。美国、德国、法国、英国是这方面的典型代表。在计划经济体制国家中，在专业军工企业和大中型民用企业中设立专职的生产动员机构，在厂长领导下负责动员生产的组织工作，建立和维持动员生产线，负责储备应急生产所需要的原材料等，负责协调与动员协作厂的关系。苏联是这方面的典型代表。我国在改革开放之前的很长一段时期，企业动员机构的情况同苏联一样，目前正在着力进行改革，逐步迈向市场经济体制的企业动员机构样式。

第三节　军事经济动员行为

一、军事经济动员计划、实施预案与潜力调查行为

（一）国民经济动员计划行为

国民经济动员计划是对一定时期内国民经济动员工作的部署和安排，包括国民经济动员长期、中期和年度计划。这些计划行为的直接结果是形成国民经济动员计划制度，即为编制、执行国民经济动员计划而制定的相关行为规则和程序规则。国民经济动员计划编制内容、程序和方法直接关系到能否科学分配和合理使用经济资源，能否充分发挥国民经济动员潜力。用法律规范明确国民经济动员计划编制内容、程序和方法，可以降低国民经济动员计划编制的随意性、短期性，提高其严肃性、及时性、可靠性和连续性。

国防动员计划制度，是为编制、执行国防动员计划而制定的相关程序和行为准则。建立健全国防动员计划制度，有计划、有步骤地推进国防动员各项准备，是有效开发和积蓄国防动员潜力、提高平战转换能力的重要措施。世界主要国家普遍重视建立动员计划制度。例如，美国建立了较为完备的动员计划制度，从动员需求的确定、动员需求与动员能力的评估和对接，到动员计划的拟定和审查，以及动员计划的管理和启用，都制定了较为明确的法律规范。我国国防动员计划制度建设始于 20 世纪 50 年代，当时在苏联专家的指导下，动员部门全面掌握了国防动员计划编制工作的程序和方法，制定了一系列应对大规模战争的国防动员计划，奠定了国防动员计划制度建设的基础。国家国防动员委员会成立以来，我国国防动员计划制度逐步健全，制定了一批计划编制工作的规章制度。国家根据形势任务的发展，先后制定了国防动员建设发展“十五”、“十一五”规划，以及人民武装动员、国民经济动员、人民防空、交通战备和国防教育等专项计划，各战区和县级以上地方各级国防动员委员会也结合实际制定了本级国防动员各类计划，基本形成了以国家计划为主导，地区、行业和企业事业单位计划相配套的动员计划体

系。根据本条规定，国家应进一步健全国防动员计划的制定、实施和管理等各项制度：一是健全编制审批制度，明确计划编制、审批单位及其权限，规范编制、报批、备案和公布的程序方法；二是健全协调衔接制度，明确各级各类计划衔接的内容和要求，理顺国防动员重大建设项目纳入经济社会发展计划的协调衔接关系；三是健全评估修订制度，规范计划实施情况的检查评估工作，明确计划调整、修订的权限和程序；四是健全管理执行制度，规定政府、军队等有关部门贯彻执行计划的职责分工，明确保密、启用条件和终止时限等有关规定。

（二）国民经济动员预案及编制行为

国防动员实施预案，是指为应对战争或其他军事威胁而预先制定的国防动员实施活动方案，主要包括：国防动员综合性预案和专项预案。前者如国防动员总体应急预案，后者如工业动员实施预案、城市防空动员实施预案、民用运力动员实施预案、医疗卫生动员实施预案等。国防动员实施预案制度，是为编制、启动和执行国防动员实施预案而制定的相关程序和行为准则。实行国防动员实施预案制度，是提高国防动员快速反应能力的重要制度保证。只有平时加强相关制度建设，建立健全覆盖国防动员各领域的预案体系，对国防动员实施的目标任务和程序方式预先作出筹划安排，遇到紧急情况时才能避免措手不及、反应迟缓、混乱无序、扯皮推诿的现象。世界许多国家非常重视动员实施预案制度建设，第二次世界大战后，美国、英国、法国、以色列等国家逐步实现了动员实施预案建设的制度化。美国在近期几场局部战争中，之所以能够有条不紊地组织动员实施活动，很大程度上得益于其完备的动员实施预案制度。目前，我国已基本建立起国防动员实施预案制度，各级国防动员委员会依据这一制度，普遍制定了各类国防动员实施预案。本条规定国家实行国防动员实施预案制度，有利于增强预案制度建设的权威性和稳定性，有利于加快推进国防动员实施预案体系建设，有利于提高国防动员实施活动的效率。各级应当依据本条规定，结合本地区本部门实际情况，对国防动员实施预案的相关制度作出具体规范，明确各类预案编制、审批的职责权限，建立健全军地有关部门搞好预案衔接的协调机制，规范预案评估、调整的程序方法，细化预案贯彻落实的责任分工等。

（三）国民经济动员计划和实施预案的编制依据

编制国防动员计划和实施预案，应当以国防动员的方针和原则、国防动员潜力状况和军事需求为依据。这三个方面既相互联系又有区别，分别从不同方面对计划、实施预案的编制起着规范作用。各级各部门的国防动员计划、实施预案，应当以这三个方面为依据，紧密结合本地区、本行业的具体实际组织编制。

1. 根据国防动员的方针和原则编制国防动员计划、实施预案。国防动员的方针和原则是国防动员基本规律的集中体现，对动员计划、实施预案的编制起着统领和指导作用。国防动员法第四条规定："国防动员坚持平战结合、军民结合、寓军于民的方针，遵循统一领导、全民参与、长期准备、重点建设、统筹兼顾、有序高效的原则。"其中，"平战结合、军民结合、寓军于民"的方针，是指导国防动员活动的纲领性、核心性思想；"统一领导、全民参与、长期准备、重点建设、统筹兼顾、有序高效"的原则，则反映国防动员一般规律。这一方针和原则，适用于组织指导国防动员各个领域的活动，也是各级各部门编制国防动员计划、实施预案的基本依据。同时，编制国防动员的专项计划和实施预案，还应当在遵循国防动员法规定的国防动员方针、原则的基础上，以本领域具体的动员方针、原则为依据。这些具体的动员方针、原则，在国家其他动员法律法规和有关规范性文件中作了规定。如《人民防空法》、《国防教育法》和《国防交通法》都有相关规定。从总体上看，根据国防动员方针、原则编制国防动员计划、实施预案，应当贯彻科学发展观提出的全面协调可持续发展的根本要求，将国防动员的方针、原则具体化，并切实贯彻到动员计划和实施预案之中，统筹考虑国防与经济、平时与战时、政府与军队之间的关系，紧紧依托经济社会发展促进国防动员建设，广泛动员社会力量参与国防动员活动，注重打牢国防动员建设基础，有重点分层次地组织国防动员准备与实施，着力提高快速反应和持续动员能力。

2. 根据国防动员潜力状况编制计划、实施预案。国防动员能力依赖于国防动员潜力的状况。经济潜力决定国防动员的物质技术基础，人员潜力决定国防动员的力量资源，文化潜力决定国防动员的精神动力，社会潜力决定国防动员的社会环境，等等。各种潜力状况反映经济社会的可动员程度和可承受能力，直接影响到国防动员的准备与实施，对确定国防动员计划、实施预案的目标任务起着支撑和制约作用。国防动员潜力大小取决于国家的政治、经济、科技、文化以及领土、人口和资源等条件，直接体现于国民经济生产总量，国防建设与国民经济建设的比例关系，军民两用设施、产品和技术的开发情况，国防动员建设的结构和布局等。动员计划、实施预案编制不能脱离国防动员潜力的实际状况，确立的目标和任务应当与国防动员潜力的规模、质量相符合。编制国防动员计划、实施预案应当紧密结合实际，在全面准确掌握国防动员潜力情况的基础上，正确处理需要与可能的关系，合理确定国防动员计划、实施预案的目标任务，保证国防动员的准备、实施与动员潜力状况相适应，防止因制定过高的目标而使计划、预案难以执行和落实。

3. 根据军事需求编制动员计划、实施预案。本条所称的军事需求，是指军队为应对战争或其他军事威胁，对政治、经济、科技、文化等领域的各类需要。国防动员以维护国家安全、保障打赢战争为根本目的，军事需求对国防动员起着牵引作用，是编制动员计划、实施预案的基本依据。没有军事需求，便没有国防动员；不明确军事需求，国防动员工作便是无的放矢。在编制国防动员计划、实施预案时，应当站在国家安全战略全局的高度，贯彻新时期军事战略方针，适应建设信息化军队、打赢信息化战争的要求，着眼军事斗争准备的重点，根据军队提出的军事需求，合理确定国防动员的规模、结构、布局和时间节点，最大限度地满足军队建设和作战的需要。

军事需求由军队有关部门按照规定的权限和程序提出。这就为规范“军队提需求、国动委搞协调、政府抓落实”的国防动员运行机制，增强国防动员准备的针对性，提供了重要的法律保障。这一规定主要包括两方面内容：首先，军队有关部门承担提出军事需求的职责。需求一般是由使用方提出的。军事需求与军队建设和未来战争密切相关，应当由军队有关部门提出。在美国，国防部、参谋长联席会议和各军种部等机构的一个重要职能，就是根据国防指南等文件提出军事需求。根据国内外的实践经验，军事需求应当根据国家安全形势、军事战略方针、战略目标和战备计划提出，合理控制数量、规模和种类，使之既满足军队建设和作战的需要，又防止动员过度，给经济社会发展带来过重的负担。其次，军事需求应当按照规定的权限和程序提出。军事需求关系到国防和军队建设全局，反映国防动员的“总盘子”。为确保军事需求具有较强的客观性、针对性，军队有关部门应当依据国务院、中央军委的规定，按照各自的职责权限组织研究论证，加强军地之间的协调和会商，并按照规定的程序审批和提交政府部门。军队总体性的军事需求通常呈报国务院、中央军委审批。

（四）国民经济动员实施预案与突发事件应急处置预案的衔接

国民经济动员实施预案与突发事件应急处置预案的衔接，应当遵循《国防动员法》的规定，即国防动员实施预案与突发事件应急处置预案应当在指挥、力量使用、信息和保障等方面相互衔接。这是对编制国防动员实施预案的特殊要求。国防动员实施与突发事件应急处置同属危机管理范畴，两者的建设和功能互通性强。国防动员系统在应对重大突发事件中，可以发挥重要作用。如1998年抗击特大洪水灾害、2003年抗击非典、2008年抗击严重低温雨雪冰冻灾害和“5·12”汶川特大地震抗震救灾中，国防动员系统都投入了大量力量，发挥了重要作用，作出了重要贡献。而未来一旦发生战争，国家用于突发事件应急处置的人力、物力、财力，同样可以用于国防动员的实施。在应对因战争引发的严重危及社会公共安全和人民生命财产安全的突发事件时，需要国家突发事件应急机制与国防动员机制的密切配合，整合社会各方力量共同处置。加强国防动员系统与国家突发事件应急管理系统的协调配合，在很大程度上取决于双方预案的相互衔接。只有做到预案相互衔接，才能确保平时建设的有机结合，确保急时、战时的实施活动形成合力。《国防动员法》第十六条第二款首次以法律的形式，明确规定了国防动员实施预案与突发事件应急处置预案的相互衔接，这种衔接是双向衔接而不是单方面的，即编制国防动员实施预案应当搞好与突发事件应急处置预案的衔接，编制突发事件应急处置预案同样也要搞好与国防动员实施预案的衔接。这种衔接主要体现在以下方面：

1. 指挥方面的衔接。国防动员实施与突发事件应急处置的指挥具有共性，都由军地双方共同参与。编制国防动员实施预案，应当依据相关的法律规定，在指挥机构设立、指挥人员组成、指挥机制运行等方面，注重搞好与突发事件应急处置预案的衔接，确保处置突发事件和战时实施国防动员时，实现统一指挥、分工负责、联合行动。

2. 在力量使用方面的衔接。国防动员力量主要包括民兵、预备役部队和各类专业保障队伍；突发事件应急处置力量除现役部队外，主要包括地方专业应急救援队伍、各种社会团体和非政府组织、志愿者等。两者既有区别又相互联系，职能上有相近和重叠之处，只是具体组织形式和使用重点不同。《突发事件应对法》规定，中国人民解放军、中国人民武装警察部队和民兵组织依照国防动员法和其他有关法律、行政法规、军事法规的规定以及国务院、中央军事委员会的命令，参加突发事件的应急救援和处置工作。《国防动员法》对公民和组织担负国防勤务、参与战争灾害的预防与救助等作了明确规定，国防法、人民防空法、《民兵工作条例》等法律法规，也对民兵预备役人员参与保护人民群众生命财产安全和维护社会秩序等作出了规定。编制国防动员实施预案，应当依据法律法规有关规定，加强与应急管理部门的沟通协调，搞好国防动员力量与突发事件应急处置力量在建设和使用上的相互衔接，积极探索编组、训练和使用的新形式新路子，避免组织交叉、一兵多职、重复建设和资源浪费。

3. 在信息方面的衔接。突发事件应急处置行动节奏快、方式多样，参与力量多元，对信息的依赖性大。应对突发事件的实践表明，国防动员系统与应急管理系统搞好信息方面的相互衔接非常必要。在汶川抗震救灾中，各地抗震救灾指挥部及时向动员部门通报灾情，动员部门利用国防动员潜力统计调查成果主动为有关部门提供信息咨询服务，大大提高了双方应急处置的组织指挥效率。搞好国防动员实施预案与突发事件应急处置预案在信息方面的相互衔接，国防动员部门与应急管理部门应当加强协调沟通，在编制预案时，对信息衔接的主要内容作出具体规定，明确信息衔接的责任主体、任务分工、方法途径和时限要求等，健全信息流通渠道，优化信息流通环节，实现及时的双向信息流通，保证信息资源共享和情报互通。

4. 在保障方面的衔接。突发事件应急处置行动需要强有力的物资装备保障。在应对突发事件中，搞好国防动员系统与应急管理系统在保障方面的相互衔接，有利于实现保障资源共享和保障效益最大化，提高应急处置效能。依据相关法律规定，国防动员系统与应急管理系统都掌握有可供动员使用的应急资源，具有在法律规定权限内调动各类资源的能力。在编制国防动员实施预案和突发事件应急处置预案时，应当搞好各类应战物资装备和应急救援物资、应急处置装备、生活必需品等保障方面的衔接，理顺保障主次关系，合理区分保障任务，明确保障方法途径，努力做到统一部署和联合保障，形成整体保障合力。

（五）评估检查行为

军事经济动员评估检查行为的法律依据是《国防动员法》第二十条的规定，即国家建立国防动员计划和国防动员实施预案执行情况的评估检查制度。

国防动员计划、实施预案执行情况的评估检查制度，是指为掌握计划、实施预案执行进度和评估执行效果而制定的行为准则和相关程序。建立国防动员计划、实施预案执行情况的评估检查制度，目的在于加强对计划、实施预案执行情况的指导和监督，科学评估计划、实施预案的执行效果，及时纠正执行过程中出现的偏差和失误，促进计划和实施预案的有效落实。目前我国已经初步建立了国防动员计划、实施预案执行情况的评估检查制度，国家、战区和县级以上地方各级国防动员委员会先后组织了对重要计划、重点领域、重大活动的评估检查，有力地促进了国防动员建设任务的落实。该规定是与《国防动员法》他条款紧密联系的。《国防动员法》第十五条规定，国家实行国防动员计划、实施预案制度。评估检查制度实质上是动员计划、实施预案制度的组成部分，将其单独列为一条，凸显了建立这一制度的重要性。第十八条对落实国防动员计划、实施预案作了规定，而建立评估检查制度则是落实动员计划和实施预案的保障措施之一，因而该规定可视为第十八条规定的配套性条款。建立国防动员计划、实施预案执行情况的评估检查制度，应当注意以下几点：

1. 明确评估检查的责任主体及其要求。国家国防动员委员会负责组织、指导、协调全国的国防动员工作。全国国防动员的计划、实施预案执行情况评估检查，应当由国家国防动员委员会负责组织实施。战区、县级以上地方国防动员委员会制定了各类计划、实施预案，具体落实工作主要由地方人民政府有关部门和军队有关部门负责，其执行情况既要接受上级国防动员委员会的检查评估，也要接受本级国防动员委员会的检查评估。国防动员计划、实施预案是依据军队有关部门提出的军事需求制定的，因此，在检查评估中，应重点检查评估动员计划、实施预案的执行，情况是否符合军事需求，是否适用于保障未来作战的需要。对未按照计划、实施预案完成国防动员任务的，应当及时发现和纠正，并通过人民政府责令其限期改正，强制其履行国防动员义务；对拒不执行国防动员计划、实施预案的，应当依法对责任单位和责任人进行惩处；对贯彻执行计划、实施预案成绩突出的，应当给予表彰和奖励。

2. 科学规范评估检查的范围、内容、标准和方法。国防动员计划、实施预案执行情况的评估检查，从层次上可分为国家级、战区级、省市县级的评估检查，从领域上可分为人民武装动员、经济动员、人民防空、交通战备和国防教育等方面的评估检查，从内容上可分为总体计划和实施预案、专项计划和实施预案的评估检查，各级各类评估检查的范围、内容、标准和方法有所区别。近年来，国家和地方在组织国防动员计划执行情况的评估检查中，初步从制度上明确了评估检查的范围、内容、标准和方法。比如，国家国防动员委员会在组织国防动员发展“十五”、“十一五”规划执行情况评估检查中，明确了按照统分结合、上下互动的原则，采取本级自查与上级抽查、专项检查与综合检查、定期检查与不定期检查相结合的方法进行评估检查，评估检查内容包括国防后备力量建设、武器装备动员建设、基础设施建设、战略物资储备、民用运力动员准备、人民防空动员准备、医疗卫生动员准备和国防教育等。各级应当在总结有益经验做法的基础上，结合本地区、本部门实际，进一步健全和完善国防动员计划、实施预案执行情况的评估检查制度，明确从国家到地方各类评估检查的范围、内容、标准和方法，确保评估检查工作的规范化、制度化。

3. 确保评估检查工作的科学性和有效性。通过建立健全各项具体制度，保证评估检查工作的科学有效。应当建立健全评估会审制度，根据检查采集的数据资料，运用统计分析、专家评析、模型分析等方法，对国防动员计划、实施预案的指标任务完成情况进行评估，客观评价执行效果，准确分析相关因素对执行情况的影响，科学预测未来发展趋势。应当建立健全报告和通报制度，将计划、实施预案完成情况、主要成效，执行过程中存在的突出问题及原因，以及改进的意见建议等，形成评估报告报送上级、通报下级及有关部门。应当建立健全修订制度，明确修订计划、实施预案的权限和程序，对计划、实施预案中不适应形势发展的内容适时作出调整，使计划、实施预案在具有稳定性和权威性的同时，也有一定的灵活性，更好地发挥计划、实施预案的导向作用。同时，应当充分利用现代科技特别是信息技术，把传统的评估检查方法与现代科技信息手段有机结合起来，提高评估检查工作的质量和效率。

（六）国民经济动员潜力调查行为

国民经济动员潜力调查是国民经济动员的基础工作之一。制定这一办法，可以明确潜力调查目标，规范潜力调查程序，从而保证潜力调查结果的全面性、准确性，对于科学制定国民经济动员计划，编制国民经济动员预案具有重要意义。

1. 国民经济动员潜力调查的实施。国防动员潜力统计调查涉及经济社会的方方面面，关系公民、法人和组织的义务与权利，是一项复杂的系统工作，也是一项对社会正常秩序有一定影响的活动。在社会主义市场经济条件下，应当依法开展国防动员潜力统计调查工作，规范潜力统计调查的组织实施方法，将潜力统计调查纳入国家统计调查体系，科学有序地组织开展这项工作。《国防动员法》根据《中华人民共和国统计法》（以下简称《统计法》）的有关规定，对组织实施国防动员潜力统计调查的有关事项作了规范，主要包括两个方面内容：

（1）政府统计机构和有关部门提供有关国防动员的统计资料。县级以上人民政府统计机构和有关部门应当根据国防动员的需要，准确及时地向本级国防动员委员会的办事机构提供有关统计资料。国防动员潜力统计调查主要依托国家统计系统进行，所需统计资料应当充分利用政府部门的统计成果，主要从统计机构和有关部门采集。这就改变了过去动员潜力统计调查工作由国防动员主管部门单独组织的做法，保证了这一工作与政府部门的统计调查尽可能相互结合、统一实施，从而减小了动员潜力统计调查的工作量和难度，减轻了公民和组织的负担，也提高了统计调查的准确性和时效性。

政府统计机构和有关部门负有提供统计资料的职责。国防动员潜力蕴藏于国家经济社会的各个领域，有关统计资料主要掌握在政府统计机构和有关部门。县级以上人民政府统计机构和有关部门应当建立健全统计信息共享机制。县级以上人民政府统计机构应当及时向本级人民政府有关部门提供有关统计资料。依据《统计法》和《国防动员法》的规定，县级以上人民政府统计机构和有关部门应当在各自的职责范围内，承担提供全国或者本行政区域内统计资料的责任，积极支持国防动员潜力统计调查工作，不得以各种理由抵制和拒绝。按照我国现行的统计管理体制，有责任提供统计资料的单位，不仅包括县级以上人民政府的统计机构，也包括县级以上人民政府的有关部门，如信息通信、交通运输、能源化工、医疗卫生、城市建设等职能部门。统计资料通常按级提供，国家统计局和有关部门向国家国防动员委员会办事机构提供有关统计资料，县级以上地方各级人民政府统计机构和有关部门向本级国防动员委员会办事机构提供有关统计资料。

提供统计资料的基本要求包括：首先，应根据国防动员的需要提供统计资料。国防动员平时准备和战时实施需要哪些统计资料，县级以上人民政府统计机构和有关部门就应当依法提供哪些资料，以保证组织开展国防动员的需要。其次，提供的统计资料必须准确及时。统计资料信息是国防动员领导决策的重要依据，科学决策离不开准确及时的信息获取，资料信息的失真或延误都有可能导致决策的失误。县级以上人民政府统计机构和有关部门提供的统计资料，应当如实反映客观情况、真实可靠，不得篡改原有统计信息或者编造虚假数据。向国防动员委员会办事机构提供资料，还应当按照规定的周期和时限及时提供，任何单位或者个人不得阻挠和拖延统计资料的提供。

（2）国防动员机构依法组织开展专项统计调查。当政府统计机构和有关部门提供的统计资料不能满足需要时，国防动员委员会办事机构可以依据统计法和国家有关规定，组织开展国防动员潜力专项统计调查。专项统计调查主要是指为满足国防动员特殊需要而由国防动员机构直接组织的专门领域的统计调查。由于国防动员涉及面广、专业性强，政府统计机构和有关部门的统计资料难以涵盖国防动员潜力的全部信息，因而国防动员委员会办事机构应当具有依法组织开展专项统计调查的权限。

开展专项统计调查的前提条件，即国防动员部门所需的统计资料应当先由县级以上人民政府统计机构和有关部门提供，在不能满足需要的情况下，可以依法组织专项统计调查。换言之，如果政府统计机构和有关部门提供的统计资料能够满足需要，国防动员委员会办事机构则无需另行组织专项统计调查。这样规定，既符合统计法关于国家统计调查必须互相衔接的要求，避免重复统计，造成浪费，又适应了国防动员潜力统计调查的特殊性，有利于全面系统地掌握国防动员潜力情况。

2. 国防动员部门组织开展专项统计调查的法律依据。国防动员潜力专项统计调查属于国家和地方统计调查的组成部分，应当依据《统计法》和国家其他有关规定进行。《统计法》第七条规定，国家机关、企业事业单位和其他组织以及个体工商户和个人等统计调查对象，必须依照《统计法》和国家有关规定，真实、准确、完整、及时地提供统计调查所需的资料。国务院、中央军委印发的《国防动员潜力统计调查规定》规定，县级以上各级人民政府统计机构和有关部门提供的数据资料不能满足需要时，国防动员委员会办事机构可以拟订必要的统计调查项目，依照《统计法》和其他有关规定报经批准后组织实施；国家决定实施国防动员后，难以按照规定程序搜集的国防动员潜力数据资料，经本级国防动员委员会批准，国防动员委员会办事机构可以直接向有关组织和个人搜集。

3. 国民经济动员潜力调查的基本方法。国民经济动员潜力调查的基本方法有：普查、重点调查、典型调查和抽样调查等。《国防动员法》并未规定具体的调查方法。在制定国民经济动员法时，应考虑确定一些行之有效的基本方法。

4. 国民经济动员指标体系及其设置。国民经济动员指标体系是由反映国民经济动员潜力和实力状况的一系列指标的总称。它是事实国民经济动员潜力调查的前提和基础，是建立国民经济动员信息系统的基础，也是提高国民经济动员决策水平的重要条件。

国民经济动员立法应规范下列方面的内容：一是明确构建国民经济动员指标体系的目的；二是确立国民经济动员指标体系的设置原则；三是设定涵盖国民经济各行业的国民经济动员统计指标体系。

二、军事经济动员能力建设

军事经济动员能力建设是使军事经济动员能力形成并转化的过程，是为了实现军事经济动员能力构成的目标而进行的一项艰巨复杂的社会工程。军事经济动员能力与军事经济动员能力建设不是同一概念。军事经济动员能力是一种机制系统，是由多种因素构成的有机整体，表明的是一个总体性范畴。军事经济动员能力相对于军事经济动员的能力建设来说是一个社会目标。而军事经济动员能力建设是一种社会运动，是一个形成和完善军事经济动员能力的过程。

（一）基于管理角度的军事经济动员能力建设行为

1. 经济信息获取、传递和判断能力的建设。经济信息是反映经济活动特征及其发展变化情况的各种消息、情报、资料等的统称。军事经济动员信息是对军事经济动员活动及其经济属性的一种客观描述，是对经济动员活动各种特征的真实反映。在现代战争中，无论是对经济动员时机的选择还是对经济动员规模、经济动员数量、经济动员形式、经济动员方法、经济动员程序等的确定，经济动员信息都具有十分重要的意义。信息获取传递和判断能力，是国民经济动员能力的最基本最重要因素之一。随着人类社会进入信息时代，信息战已成为未来战争的基本特征，获取信息的速度以及判断的正误，对经济动员有决定性影响。信息获取传递和判断能力的作用愈来愈强，影响愈来愈大。

2. 军事经济动员决策应变能力的建设。经济动员决策是国家在经济动员活动中所作出的选择和决定，包括明确经济动员的目标及为实现这一目标而确定的方针、政策、途径、规划和具体行动方案等。在掌握大量信息和正确分析判断的基础上，把握时机、果断决策，是取得国民经济动员理想效果的前提。现代战争，战场情况瞬息万变，战争节奏加快，在经济动员决策问题上，优柔寡断或鲁莽行事，是不行的。一般说来，和平时期国家制定了各种经济动员计划和预案，但是，我们不能企求这些计划和预案完全符合战争需要。所以，不仅要有果断决策能力，而且要有随机应变能力。

3. 经济动员计划和组织能力的建设。经济动员计划是对未来国民经济动员活动的安排和布置。经济动员组织是指经济动员计划的具体实施。国民经济动员涉及国民经济各个部门（行业），千千万万个企业，动员内容繁杂，动员任务艰巨，动员困难较大。因此，和平时期必须编制国民经济动员计划和实施方案，并根据新的情况适时修订。这样，才能保证国民经济动员有条不紊地顺利实施。随着高技术在军事领域的广泛运用，对经济动员计划和组织能力提出了更高的要求。

4. 经济动员控制和协调能力的建设。经济动员控制是为使经济动员活动与既定经济动员目标相一致而进行的控制活动。经济动员协调是指为了使国家、部门（行业）、企业和个人在经济动员活动中形成合力，经济动员活动有序发展，所进行的调节活动。在经济动员活动中，预定目标与实际情况相背离的情况是经常发生的。尤其是国民经济动员目标不是一成不变的，它随着战争需求的变化、军事战略方针的调整而不断变化；高技术战争，持续时间短、战争需求瞬时膨胀现象突出；市场经济条件下，调整国家、企业、个人之间的利益关系难度加大。所有这些，都使得经济动员控制和协调能力显得愈来愈重要。

（二）基于不同阶段动员任务的军事经济动员能力建设行为

1. 和平时期经济动员准备能力建设。和平时期经济动员主要是做好准备工作，包括经济动员能力的准备和经济动员潜力的积蓄。和平时期经济动员准备能力的强弱，集中地表现为军民兼容程度和平战转换速度上，它不仅对国防建设有直接影响，而且对军事斗争准备有重大影响。

2. 临战前应急经济动员能力建设。战争即将爆发或出现某些战争征兆时，经济动员的任务是做好临战前的应急动员工作。临战前经济动员能力的强弱，集中地表现为国民经济转人战争轨道的速度快或慢。充分发挥临战前应急经济动员能力的作用，可以为战争初期增强经济保障力奠定基础，还可以起到遏制战争爆发的作用。

3. 战争初期经济动员能力建设。战争爆发后，战争需求迅速增大，供需矛盾突出；经济转轨尚未完成，原有的经济秩序被打乱，新的经济秩序尚未形成，战争破坏使国家经济保障能力受到严重削弱。战争初期经济动员任务是保障战争初期需要。这一时期经济动员能力的强弱，集中地表现为国民经济动员潜力最初转化为战争实力的规模和速度上，对于夺取战略主动权有重要意义。

4. 战争中后期经济持续动员能力建设。战争进入中后期，经济资源消耗巨大，国民经济动员潜力削弱。这一时期经济动员的任务是进一步挖掘国民经济动员潜力，保障持续作战的需要。经济持续动员能力的强弱，集中地表现为进一步挖掘和利用国民经济动员潜力的程度，这对夺取战争最后胜利至关重要。

国民经济动员能力是一种通过国家行政手段、经济手段、法律手段和现代技术手段才能显示其存在的能力。只有通过行政行为、经济行为、法律行为、现代技术行为综合作用，我们才能感觉到它的存在。

三、军事经济动员的实施

所谓军事经济动员实施，即国家在临战时或战争爆发初期，将经济由平时状态转入战时状态的一系列活动。军事经济动员的准备主要是在和平时期进行的，而军事经济动员的实施，则是在战争爆发前夕或战争过程中进行的。就军事经济动员的完整定义和全过程来说，平时的军事经济动员准备只是为动员实施奠定基础，争取时间，为实现快速反应迈出第一步。第二步更为艰巨复杂，就是军事经济动员的实施。其实现程度，关系到军事经济动员潜力转化为保障实力的速度和规模，影响到战争的进程及结局。

（一）军事经济动员实施的基本程序

所谓程序，即按照时间先后或依次要求的工作步骤。国民经济动员实施程序，即国民经济动员工作按照时间先后或依次要求的实施步骤，其实质是将国民经济由平时状态转入非常状态。从 20 世纪初以来国民经济动员实施的情况看，尽管历次战争的参战国在具体做法上千差万别、各具特色，但其基本程序是相同的。一般来说，经济动员程序包括以下几个方面：

1. 拟制并颁布军事经济动员令。军事经济动员令是根据对未来战争的预测或国家战争动员令的要求，由国家战争动员最高领导机构授权，由国家经济动员机构负责草拟，并经国家最高权力机关批准并颁布执行。拟制经济动员令应考虑到：第一，明确动员任务。根据对未来战争的预测或国家战争动员令的要求，提出国民经济动员的具体任务。第二，确定承担经济动员任务的部门（行业）和地区。第三，提出实施经济动员的要求。

拟制和颁布经济动员令，应注意到以下情况：一是经济动员活动的复杂性及其自身内在规律的要求，经济动员令与战争动员令不一定同时发布。一般说来，当战争迫近或预测到战争在未来不久的某一时间爆发时，就应秘密实施经济动员。二是战争爆发后，经济动员令可列入战争动员令条文中一起发布，也可单独发布。三是经济动员令有全面战争的经济动员令、局部战争的经济动员令，在动员任务、动员的部门（行业）和地区以及动员要求等方面，是有区别的。

2. 建立与充实国民经济动员组织机构。和平时期，根据“军民结合、平战结合、专兼结合”的原则，国家已建立了相应的国民经济动员组织机构。根据国民经济动员令以及国家战争动员最高领导机构的指令，应及时调整与充实国民经济动员机构。一般应考虑到：第一，调整并充实国家国民经济动员领导机构；第二，指导国民经济部门（行业）和战区建立和充实经济动员组织机构；第三，督促经济部门建立与完善企业经济动员机构；第四，督促战区负责建立与完善战区以下经济动员机构。

建立与充实国民经济动员机构应注意以下情况：一是国家经济动员决策机构、执行机构、咨询机构要相互协调；二是经济动员机构应以地方为主，军队有关部门参与，提出需求计划，协调军地关系；三是经济动员机构应精干、高效，有权威性。

3. 拟制（修订）并下达军事经济动员计划。从二战以来的情况看，世界主要国家在和平时期一般都注重编制经济动员计划。战争爆发时的主要任务是修订并下达经济动员计划。在编制（修订）并下达经济动员计划时，一般应考虑到：第一，由军方提出战争需求计划，并经国家战争动员最高领导机构确认；第二，搜集有关资料，包括经济和社会发展年度计划，可供动员的经济潜力资料，和平时期经济动员预案，国外经济动员有关资料等；第三，提出经济动员控制指标，经国家战争动员领导机构批准后作为编制（修订）动员计划的依据；第四，各部门（行业）和战区依据经济动员控制指标编制（修订）动员计划，并上报由国家经济动员领导机构综合平衡；第五，经济动员计划经国家批准后，由国民经济动员执行机构负责组织实施。

编制（修订）国民经济动员计划应注意到：一是战争需求时效性强，经济动员计划的编制（修订）要尽可能地简化层次和手续，以免贻误战机；二是战争需求变化迅速，国民经济动员计划编制（修订）应以短期为主；三是根据战争的规模，样式和持续时间，有针对性地编制（修订）国民经济动员计划。

3. 拟制（修订）并颁布国民经济动员法规。一般说来，经济动员主要法规在和平时期已经着手制颁。考虑到国际影响或外交策略，有些经济动员法规往往以草案形式秘而不宣。一些具体经济动员规章根据战争需要临时制颁。编制（修订）国民经济动员法规应考虑到：第一，递交立法报告，并经有关部门批准；第二，组建法规起草班子，进行调查研究，起草经济动员法规草案；第三，提请国家权力机关审议并颁布执行。

编制（修订）国民经济动员法规应注意到：一是战争的快节奏要求编制经济动员法规注意时效性。二是各种经济动员法规之间应相互协调，避免出现相互抵触的现象。

4. 部门（行业）实施经济动员。在国家经济动员机构的领导下，国民经济各部门（行业）根据国家赋予的任务，组织本部门（行业）实施动员。从动员程序来看，各部门（行业）动员处于同一层次，从总体上看，不存在着你先我后的问题。经济部门（行业）动员包括：财政金融动员、科学技术动员、战略物资动员、农业动员、工业动员、交通通信动员、商业动员和医疗卫生动员。

实施部门（行业）经济动员应注意到：一是实施部门（行业）经济动员具有两种形式。在计划经济体制国家，往往以政府的经济管理体制为基础实施纵向动员，苏联最为典型。在市场经济体制国家，往往由政府牵头，组成动员片的形式实施横向动员，美国最为典型。战时究竟采取哪一种形式，既要考虑到战争需要，又要考虑到国家现行经济体制。二是哪些部门（行业）实施经济动员，每一个经济部门（行业）实施经济动员的范围与程度，应根据战争需要而定，不能一概而论。一般说来，大规模的全面战争涉及各个部门（行业）经济动员问题，持续时间较短的局部战争则涉及部分经济部门（行业）经济动员问题。三是各个部门（行业）经济动员的基本程序是：召开部门（行业）动员会议，研究部门（行业）动员工作的重点、步骤和措施；编制本部门（行业）经济动员实施方案，并指导所属单位贯彻执行；协调本部门（行业）与其他部门（行业）关系、本部门（行业）内部关系，保证经济动员工作顺利进行；检查动员方案落实情况，并将进展情况及存在问题上报国家经济动员领导机构。

5. 战区实施经济动员。战区经济动员是连接国家和基层经济动员的中介环节之一，在现代战争特别是高技术局部战争中处于十分重要的地位。战区经济动员的任务主要包括：一是协调国民经济各部门（行业）在本地区内经济动员活动；二是组织战时生产，筹措军队急需物资；三是组织维修力量，维护交通安全；四是抢运、救治伤病员。实施战区经济动员一般应考虑到：第一，根据国家经济动员机构的指令，编制本地区经济动员实施方案；第二，召开所属单位会议，具体落实本地区经济动员方案；第三，指导、检查本地区经济动员进展情况及存在问题；第四，向国家经济动员机构报告工作情况。

实施战区经济动员应注意：一是战区经济动员涉及国民经济各个部门的关系，协调难度较大，国家经济动员领导机构应注意从各方面给予支持。二是战区经济动员机构往往与军队直接发生联系，应注意协调关系。

6. 视情实施军事经济再动员。初次动员实施后，国家经济动员机构应及时派遣人员分赴各部门（行业）、地区检查国民经济动员计划落实情况，根据战争需求及初次动员实施情况，决定是否需要进一步实施经济动员。实施国民经济再动员应考虑到：第一，召开国民经济各部门（行业）、战区经济动员机构负责人会议，分析经济动员工作中存在的问题，听取各方面进一步实施经济动员措施的意见。第二，由国家经济动员机构综合各方面的建议和意见，组织人员修订国民动员计划，并呈报国家动员最高权力机构审批。第三，由国家经济动员机构下达批准后的国民经济再动员计划，指导各部门（行业）、战区进行经济动员再动员。

实施国民经济再动员应注意到：一是充分考虑到国家经济承受力，切忌超极限动员。二是做好思想发动工作，调动各行各业以及广大人民群众的积极性，同心同德地实施经济动员。

（二）军事经济动员实施的控制

军事经济动员实施是国家在非常状态下不得已而采取的一种措施，是对国家正常经济生活的一种冲击和干扰，其影响是巨大的。因此，必须重视控制军事经济动员的规模和范围。

1. 军事经济动员的控制，应注意贯彻以下原则：

第一，适时原则。所谓适时原则，即经济动员要适时。经济动员包括实施和终止两个方面。经济动员要适时，既包括及时实施经济动员，又包括及时终止经济动员。由于国民经济动员活动的特殊性，往往是战争尚未开始，经济动员已经秘密实施；战争已经结束，经济动员活动在惯性作用下仍未停止。因此，经济动员的实施和终止要选择适当时机。对于动员实施来说，切莫太早或太迟。太早实施经济动员，会导致国民经济过早进入战争状态，影响经济动员潜力的积蓄和国民经济动员能力的保持。太迟实施经济动员会导致战时国民经济活动的混乱，两者均不可取。对于动员终止来说，切莫太迟。一旦战争胜利在望，就应考虑经济动员终止问题。

第二，适度原则。国民经济动员超过国民经济动员潜力的极限，国民经济就会崩溃，战争也就无法进行下去，其结果与战争指导者的主观愿望恰恰相反。我国是一个发展中的社会主义国家，经济实力还不够强大，在未来反侵略战争中，广大人民群众的热情支持，将会增强国家经济的承受力。但是，我们仍然要坚持适度原则，只有这样，才有把握赢得战争胜利。

第三，适量原则。所谓适量原则，即经济动员要随着战争需求变化而变化。战争需求增大了，经济动员的量也随之增大；战争需求减少了，经济动员的量也应随之减少。此外，适量原则还有一层含义，即战争需求涉及哪些部门，就对那些部门（行业）、地区实施经济动员；凡是没有涉及的部门（行业）、地区，就应暂缓动员或只进行经济动员准备，从而把经济动员对经济的冲击控制在最小的范围之内。

如何对经济动员实施控制呢？从当前情况看，应着重把握好以下几个问题：

第一，开展对未来战争需求的预测研究。预测就是“鉴往知来”，借对过去的探讨，以求对未来的了解。对未来战争需求预测，即对未来战争需求的构成、规模和特点的估计和分析。其作用在于：一是帮助我们认识和控制未来战争需求的不确定性，使对未来的无知降到最低限度；二是在国民经济承受力的范围内，使国民经济动员计划与未来战争需求尽可能趋于一致；三是事先了解国民经济动员计划实施后可能产生的后果。由此可见，加强对未来战争需求预测，对于国民经济动员控制有十分重要的意义，在今后一段时间内，对未来战争需求预测主要应考虑：军事高技术的发展及其在军事领域的运用；国防经济发展战略的演变趋势；军队消费结构和水平的变化及其趋势；国民经济发展的前景及其为国民经济动员可能提供的资源等。

第二，运用数学方法和现代分析方法，分析国民经济动员活动。在现代科学技术的推动下，经济管理日益电子化、自动化、精确化。运用数学方法和现代分析方法（如系统方法、信息方法、控制方法、功能模拟方法等）分析经济动员活动，有利于加强对国民经济动员的控制。例如，运用数学方法，通过定量分析和刻画其中可度量的经济动员活动的变化情况，揭示隐含在其背后更深刻的东西，即规律性，为加强控制提供理论依据。再如，运用系统方法研究国民经济动员，即从系统观点出发，始终着重从整体与部分或要素与外部环境的相互联系、相互作用、相互制约的关系中，综合地精确地考察国民经济动员，切实把握其各种特性，以达到最佳地处理其中各种问题。同时，要把国民经济动员活动当作一些特定要素为特定目的而组成的综合体，从它的成分、结构、功能、相互联系方式、历史发展等方面进行综合的系统的考察，在动态中协调其整体与部分的关系，使其部分的功能和目标服从系统总体的目标，以便达到总体最佳。

第三，认真研究国内外关于国民经济动员的经验教训。新中国成立以来，我国还没有发生过敌人大规模入侵。社会主义现代化建设是在相对和平的国际环境中进行的，究竟如何实施经济动员，尚无这方面的经验教训可总结。但是，国民经济动员准备一直没有停止过，在这方面我们是有不少经验教训的。值得我们注意的是，20世纪两次世界大战和大量的局部战争有大量正反两方面的经验教训可供我们借鉴。应当吸收地方和军队长期从事经济动员理论研究的专家学者，有计划有组织地研究这些经验教训，从中吸取有益的东西。

高技术局部战争和信息化战争已成为我国未来可能面临的主要战争样式，认真研究高技术局部战争和信息化战争条件下国民经济动员问题，是一项十分紧迫的战略任务；大力发展生产力，加速社会主义现代化建设，是21世纪我国的中心任务，国民经济动员准备工作要与中心任务相协调。加强对国民经济动员控制，做到既要保障战争需要，又要减少对国民经济正常活动的干扰和冲击。

2. 军事经济动员的分级制度。所谓分级动员，即按照不同的战争情况和动员要求，将经济动员预先划分为若干个级别，平时按不同的要求进行建设，使之形成相互衔接和匹配的经济动员资源梯次配置状态与保障能力，战时根据情况选择并启动不同的动员级别，以有效满足战争需要。分级动员是经济动员规范化、标准化、程序化的综合体现和标志，也是加强经济动员控制的基本途径之一。

所谓分级动员制度，就是分级动员的制度化安排。具体来说，就是建立在完备的军事经济动员基础、配套的国民经济动员方案、规范的国民经济动员程序的基础上，运用法律制度等手段，指导和约束经济动员活动，增强经济动员的控制能力。

我国《宪法》和《国防法》把动员分为全国总动员或局部动员两类。新中国成立以来，先后发生的局部战争和突发事件的规模大小各不相同，经济动员因法律规定的动员等级比较宽泛而无法有效实施。目前，国家有关部门组织专家学者围绕完善经济动员分级制度进行深入研究和论证，其目的是增强宪法和国防法中关于局部动员法律规定的可操作性，为军事经济动员实施提供具体的法律依据。从新中国成立以来的实践看，局部动员拟再细分为相互衔接和转化的三个等级，即一级局部动员、二级局部动员、三级局部动员。目前，在等级划分有三类不同设想：

方案一：以未来战争和突发事件的需求作为划分标准。未来战争和突发事件的需求，包括人力、物力、财力、科技力等，这些资源存在着有机的内在联系和客观的比例关系，人力是其中的核心因素。因此，可以设想把投入战争和应付突发事件的兵力规模作为依据，以其需求作为划分国民经济局部动员等级的标准。借鉴外国实施国民经济动员的具体做法，结合我国以往实施国民经济动员的成功经验，着眼新世纪军事斗争准备，以投入兵力100万人、50万人、20万人对资源的需求为标准，将国民经济局部动员划分为一、二、三个等级。

方案二：以我国现行动员管理体制为划分依据，以国家、大战区、省（自治区、直辖市）三个管理层次作为划分标准。我国目前实行国务院、省（自治区、直辖市）、地（市）、县（市）、乡（镇）行政管理体制。军队的管理体制与国家行政管理体制不完全对应，实行军委机关、战区和军种、集团军（省军区）管理体制。考虑到我国行政区划现状，结合军队管理体制实际，为应付未来战争和突发事件，在政府和军队现行管理体制基础上，构建了国家国防动员体制。实践证明，这种体制较好地适应了我国国情，指挥比较顺畅，运转比较灵活，能够应付各种战争和突发事件。在国民经济动员等级划分中，以我国现行动员管理体制作为划分依据，以国家、大战区、省（自治区、直辖市）三个管理层次作为划分国民经济一级局部动员、二级局部动员、三级局部动员的标准，比较符合我国目前的实际。

方案三：以资源所处的状态作为划分标准。经过多年的建设，我国国民经济动员资源的配置已逐步形成常备型经济动员资源、预备型经济动员资源、潜在型经济动员资源（又称为常备型经济动员潜力、预备型经济动员潜力、潜在型经济动员潜力）等梯次配置状态。如武器装备生产能力就有常备军工生产线、军品封存线（军品动员线）、民用企业动员能力等。这种资源配置状态，客观上形成了相互衔接的时间链。以资源状态作为划分国民经济动员等级的依据和标准，有利于针对战争和突发事件的不同情况，启动相应梯次的国民经济动员资源，有效保障未来战争和突发事件的需要。

四、民用资源的征用与补偿

民用资源，是指组织和个人所有或者使用的用于社会生产、服务和生活的设施、设备、场所和其他物资。战时民用资源征用，是国家为应对战争或者其他军事危机，采取强制手段获得对非军事资源支配权和使用权的活动。具有不对等性、强制性、时效性等特征。

（一）有关民用资源征用条件与范围的规定

根据《宪法》、《国防法》和《国防动员法》的规定，民用资源的征用只有在国家决定实施国防动员后才可以实施。采取征用措施必须严格限定条件，不能随意施行。国家决定实施国防动员，是国家为全体公民提供安全保证的公共活动；国家为了捍卫主权、领土完整和安全，维护全体人民的安全和利益，有必要采取包括征用民用资源在内的措施。因此，国家决定实施国防动员后可以依法对民用资源实行征用。另外一个条件是，只有当储备物资无法及时满足动员需要时，才可以对民用资源进行征用。这里实际上隐含着战时物资动员的程序。军队作战的物资使用次序是：自身储备的物资→国家储备的战略物资→依法征用的民用资源。在和平时期，任何国家和军队都不可能储备应对战争需要的全部物资。因而在战时，国家需要通过强制性手段最大限度调动和集中人力、物力应对战争。只有当国家的储备物资无法及时满足动员需要时才对民用资源实行征用，既是保证国家应对战争的需要，也有利于最大限度地保护组织和个人的合法财产。民用资源征用有两个前提条件，即“国家决定实施国防动员”和“储备物资无法及时满足动员需要”。只有当这两个条件同时具备时，才可实施征用。

依法征用是国民经济动员征用活动法制化的必然要求，有利于保证征用的权威性和有效性，有利于强化组织和个人在征用活动中的义务，并最大限度地保护其合法权益。

从法理上讲，民用资源属于物权的范畴。物权是一种财产权，是权利人在法律规定的范围内对一定的物享有直接支配并排除他人干涉的权利。按照我国物权法的规定，物权法中所指的物包括动产和不动产，不动产是指土地以及房屋、林木等土地定着物；动产是指不动产以外的物，如汽车、通信工具等。民用资源中的“资源”，通常是指一国或者一定地区内拥有的物力、财力、人力等要素的总称。民用资源中的“民用”，是对资源使用者和资源使用方向的确定，有别于国家掌握的国有资源。

《国防动员法》将民用资源征用的范围规定为：组织和个人所有或者使用的用于社会生产、服务和生活的设施、设备、场所和其他物资。首先，这种资源是组织和个人所有或者使用的；其次，这种资源是具有使用价值的。民用资源主要是指物力资源，既包括有形的物，如房屋、土地、汽车、机械、医药器材等，也包括无形的物，如无线电频谱资源、飞机空中航线、飞行器专用空中与地面通信频道等。《国防动员法》作为国防动员领域的基国防动员法律，主要从建立基本制度的层面对征用民用资源范围作了原则界定，对民用资源征用的具体范围则需要通过配套法规制度做出进一步细化。

民用资源免予征用的范围：一是个人和家庭生活必需的物品和居住场所。这些资源涉及个人及家庭的衣、食、住、行和健康等各个方面，是个人生存的基本保障。如果对这些资源进行征用，就会使个人失去赖以生存的最基本的条件。因此，国防动员法将这类资源列入免于征用的范围，充分体现了尊重和保护个人的基本权利、维护个人切身利益的立法意图，也符合以人为本的精神。二是托儿所、幼儿园和孤儿院、养老院、残疾人康复机构、救助站等社会福利机构保障儿童、老人、残疾人和救助对象生活必需的物品和居住场所。儿童、老人、残疾人以及救助对象等，是社会弱势群体，不具备完全的生活自理能力，理应受到国家和社会的特殊保护。在战时条件下，为了维护国家安全，虽然需要暂时限制公民权利甚至牺牲公民利益，但对弱势群体仍应给予特殊关照。我国是社会主义国家，党和政府一贯坚持保障弱势群体的政策，国防动员法规定对这类资源免予征用，充分体现了社会主义制度的优越性，也符合国际社会倡导的人道主义精神。三是法律、行政法规规定免予征用的其他民用资源。“其他民用资源”，主要是指我国参加、承认的国际法和国内法律、行政法规明确规定免予征用的民用资源。例如，按照我国承认的《维也纳外交关系公约》第三十五条的规定，接受国对外交代表应免除关于征用、军事募捐及屯宿等军事义务。《中华人民共和国外交特权与豁免条例》第四条也规定：“使馆的馆舍、设备及馆舍内其他财产和使馆交通工具免受搜查、征用、扣押或者强制执行”。《国防动员法》第五十六条关于“法律、行政法政规定免于征用的其他民用资源”的规定，符合有关国际法准则和国际惯例以及我国法律法规的相关规定。

民用资源征用的组织实施主体。组织实施民用资源征用的主体，是县级以上人民政府。由于征用是国家行政机关通过法律手段强制获得临时占有、使用组织和个人财产的行为，并可能给相对人造成财产损失或者增加负担，因而对征用主体必须做出严格限定，以保证征用活动的权威性、合法性和有效性。在我国其他领域的征用活动中，征用主体也都是政府及其有关部门。如《中华人民共和国戒严法》规定，根据执行戒严任务的需要，戒严地区县级以上人民政府可以临时征用国家机关、企业事业组织、社会团体以及公民个人的房屋、场所、设施、运输工具、工程机械等。

县级以上人民政府为征用主体，主要出于以下考虑：一是对民用资源的征用行为本质上是国家行使行政职权的活动，是强制性的行政行为，因此，只有具有行政执法权并拥有行政行为能力的各级人民政府，才有资格承担和履行对民用资源实行征用的职责。县级以上人民政府是行使行政职权的主体，规定由其依法进行征用，符合我国现行行政体制和行使行政职权的要求。二是征用行为是国家行使公权力的活动，县级以上人民政府具有行使国家公权的资格，其他任何群众组织和人民团体以及企业事业单位都不具有行使国家公权力的资格。三是目前我国国防动员的组织体制决定了县级以上人民政府应当为组织征用的主体。我国县级以上各级人民政府的主要领导，都兼任本级国防动员委员会主任，依法负有组织协调国防动员工作的职责，将民用资源的征用权赋予县级以上人民政府，也有利于保证国防动员的顺利实施。

（二）有关民用资源征用程序的规定

任何组织和个人都有接受依法征用民用资源的义务。一是履行接受民用资源征用义务的主体包括所有组织和个人。也就是说，任何在中华人民共和国境内的组织，无论党政机关、群众团体、企业事业单位等，任何个人，包括我国所有公民和在我国具有居留权的外国人，都有义务接受依法征用民用资源。二是组织和个人履行接受民用资源征用的义务具有强制性。权利和义务都是相辅相成的，组织和个人在权利依法受到国家保护的同时，也必须履行法律规定的相应义务。当国家因国防动员的需要征用组织和个人拥有的民用资源时，组织和个人应当依法履行义务，拒绝、逃避或者拖延履行接受征用的法定义务，都将承担相应的法律责任。

关于民用资源的征用程序：一是武装力量提出民用资源征用需求。需要使用民用资源的中国人民解放军现役部队和预备役部队、中国人民武装警察部队、民兵组织，应当提出征用需求。国防动员法规定由武装力量提出民用资源征用需求，主要是为了适应战时需要。从我国国防动员征用活动的实践来看，民用资源征用需求的提出，通常是战前由部队自下而上逐级提出战时民用资源征用的需求，分别汇总到各战区、各军种和武警总部，由其统一、制定所属部队战时民用资源征用需求的计划和预案，并提交给部队属地的地方人民政府。民兵组织提出的征用需求由省军区（卫戍区、警备区）汇总，统一制定所属民兵组织战时民用资源征用需求的计划和预案，提交给属地的地方人民政府。战时征用时，按照民用资源征用需求的计划和预案进行。战时紧急情况下，也可以由军队师（旅）级单位直接向地方人民政府提出民用资源征用的需求，并及时向上级军事机关备案。

二是县级以上地方人民政府统一组织征用。主要考虑是：民用资源征用活动本质上是国家行政行为，主要针对社会组织和个人，由地方人民政府负责组织实施征用，可以充分利用行政管理体制及其资源，有效保证各项工作的落实；民用资源征用活动涉及范围广，协调关系复杂，组织实施要求高、难度大，而县级以下的乡镇地方人民政府因行政管辖范围所限，难以完全承担民用资源征用的组织职责，由县级以上地方人民政府统一组织征用工作，有利于征用工作的顺利进行。

为搞好民用资源的征用，县级以上地方人民政府应注意做好以下工作：（1）平时对民用资源进行调查与统计。平时对民用资源的调查与登记是战时民用资源征用的基础，只有平时弄清被征用资源的潜力情况，战时才能有计划地实施征用。因此，县级以上地方人民政府在平时就应搞好民用资源的调查，按照《国防动员法》第三章有关规定对民用资源分门别类进行统计，为战时征用提供依据。（2）制定民用资源征用计划与预案。县级以上地方人民政府应当根据军队有关部门提出的民用资源征用需求，制定民用资源征用计划与预案，对列入征用计划的民用资源，每年应当进行核查，对报废或者过户变更的民用资源，应当及时进行调整和处理，保持民用资源统计的准确性。（3）下达征用令和征用通知。在进行民用资源征用时，县级以上地方人民政府应当下达征用令和征用通知，即以书面形式向有关组织和个人下达民用资源征用文书和民用资源征用清单，便于有关组织和个人做好准备，落实征用任务。（4）对征用的民用资源进行收拢与交接。对被征用的民用资源，县级以上地方人民政府应当组织相关组织和个人进行收拢、集结，统一清点，按规定交付部队使用。

三是县级以上地方人民政府负责征用登记并出具凭证。县级以上地方人民政府应当对被征用的民用资源予以登记，向被征用人出具凭证，对民用资源进行征用，涉及组织和公民的财产权，政策性强，社会影响大，为防止征用权力滥用，维护组织和个人的合法权益，必须严格按照规定，对被征用的民用资源逐一进行登记，登记单应当一式两份，分别由征用机构和被征用民用资源的组织和个人各自执存。同时，地方人民政府还应当向被征用人出具被征用民用资源的凭证，详细列明被征用的民用资源的具体名称、数量、质量，由征用机构经办人和被征用人签名，并加盖地方人民政府征用专用章。该凭证是被征用民用资源返还和补偿的依据。

（三）有关被征用民用资源进行改造的规定

对被征用民用资源进行改造，是使这些民用资源符合军事需求的关键环节，也是民用资源征用中经常要做的工作。如将民用飞机改装为具有军事功能的飞行器，将民用船舶改装成具有军事功能的舰船等。对被征用民用资源进行改造涉及军事需求、技术要求、时间限制、经费保障等一系列问题。民用资源进行改造的基本依据是军事要求。这种改造目的是利用民用资源弥补军事装备之不足，将战争潜力转化为战争实力。

组织实施民用资源改造的主体是县级以上地方人民政府和有关军事机关。县级以上地方人民政府是征用民用资源的组织实施机关，军事机关是提出民用资源征用需求的机关，由这两个部门共同负责组织实施，有利于保质保量、及时高效地完成民用资源改造的任务。

对承担改造任务单位的要求是应当按照使用单位提出的军事要求和改造方案进行改造，并保证按时交付使用。“承担改造任务的单位”，是指接受人民政府的指定，承担对被征用民用资源进行改造任务的单位；“使用单位”，是指提出民用资源征用需求的中国人民解放军现役部队和预备役部队、中国人民武装警察部队、民兵组织。“使用单位”应当及时对被征用民用资源提出改造需求，包括主要战术技术指标、材料使用标准、具备的功能和完成时限，等等；并与“承担改造任务的单位”共同研究提出改造实施方案，签订改造任务书。“承担改造任务的单位”应当按照“使用单位”提出的军事要求和改造方案，及时组织本单位的技术力量，调集改造所需的原材料和设备，对被征用民用资源进行改造，按照时间节点保质保量完成任务。

民用资源改造所需经费由国家负担。征用民用资源是实施国防动员的一项重要措施，而决定实施国防动员的主体是国家。国家保障国防动员所需经费，国防动员经费按照事权划分的原则，分别列入中央和地方财政预算。

（四）民用资源征用返还和补偿的有关规定

对民用资源实行征用主要发生在战时，即战争初期和战争持续阶段；对民用资源返还和补偿主要发生在战争后期或者战争结束。对被征用民用资源进行返还和补偿，历来为世界各国所重视。我国《国防动员法》、《突发事件应对法》和《戒严法》等法律对非战时情况下的民用资源征用补偿问题做了明确规定，这些规定有利于保护组织和个人的财产。由于人民政府战时动用行政权力对民用资源进行强制性征用，必然会给被征用民用资源的组织和个人造成一定的损害或者增加经济负担，通过民用资源返还和补偿制度，组织和个人可以减少或减轻损害和经济负担，从而使其财产权得到有效的保护，对其支持和参与国防动员、保卫祖国的积极性也是必要的保护。

对民用资源的返还，一般按以下原则、方式和程序进行：一是被征用民用资源返还的原则要求。返还的主要原则要求有：被征用的民用资源使用完毕后应当及时返还；返还工作应当由县级以上地方人民政府组织实施；及时组织返还，不得无故拖延或扣押所征资源；经过改造的资源，恢复原使用功能后方能返还，等等。二是被征用民用资源返还的方式。返还方式是指以何种方式返还被征用民用资源，是原物还是改装物，是替代物还是等价交换物如货币等。通常来说，对于没有进行加装改造的民用资源，如各种运输工具、房屋以及没有消耗的粮食、蔬菜、食品、药品等，应当原物返还。经过改造的民用资源，如果不影响其民用功能的，经与相关个人和组织协商并征得同意后，可以原物返还，如果影响民用功能的，应当恢复原使用功能后返还；造成损坏、破坏的，应当进行修复，恢复其原有功能后返还。三是被征用民用资源返还的程序。被征用民用资源的返还，要在政府的统一领导下有计划、有步骤地组织实施。根据各地现行的做法，被征用民用资源的返还，一般按照以下程序进行：首先，县级以上地方人民政府应当根据征用时发出的《征用清单》和给被征用民用资源的个人和组织开具的凭证，组织力量认真清点、核实拟返还的民用资源数量、质量、类型及其分布地点，进行详细、准确的登记，为返还做好准备工作。其次，下发《被征用民用资源返还通知书》，明确具体组织返还部门的名称、负责人和经办人；接受返还的组织和个人名单；应当返还民用资源的名称、类型、数量；返还的时间、地点，等等。最后，统一组织对被征用民用资源的返还工作，对返还民用资源的名称、类型、数量与被返还的个人和组织进行清点、核对和交接，办理返还手续。对返还工作中的遗留问题，如被征用民用资源所有权人下落不明或者死亡、变更且没有合法继承人的，采取措施，妥善保管，做好善后处理工作。

被征用民用资源的补偿原则可以分为充分补偿和适当补偿。充分补偿的原则通常适用于平时，如应对重大自然灾害、处理突发事件、军事演习等，主要按经济成本，并考虑市场因素，尽可能照顾被征用个人和组织的经济利益。适当补偿的原则通常适用于战时，《国防动员法》的规定体现了适当补偿原则，即国家为了应对战争，不考虑市场因素和其他因素，只按直接经济损失和实际受损失程度适当给予补偿。

被征用民用资源的补偿的范围包括三个方面：一是不能修复的，二是灭失的，三是因征用造成直接经济损失的。我国的《物权法》、《民用运力国防动员条例》等法律法规对被征用民用资源的补偿范围已作了一些规定。《民用运力国防动员条例》第三十九条第一款规定，拥有或者管理民用运力的单位和个人，因履行民用运力国防动员义务造成的下列直接财产损失，由中央财政和县级以上地方各级财政给予适当补偿：民用运载工具及相关设备和港口、码头、机场、车站等设施的灭失、损坏、折旧；民用运载工具及相关设备和港口、码头、机场、车站等设施的操作、保障人员的工资或者津贴；应当给予合理补偿的其他直接财产损失。随着国防动员法的贯彻实施，这方面的规定还将不断加以完善，为做好被征用民用资源的补偿工作提供依据。

被征用民用资源的补偿标准，应当按征用造成的直接经济损失和实际受损失程度进行计算。关于征用实物补偿标准，如果被征用固定资产中的设备设施、交通工具等，返还时能够继续使用的，按征用期间直接消耗成本计算补偿，或者按征用期间固定资产折旧计算补偿，也可以按征用期间损毁程度折价计算补偿，造成其他损失的，按直接经济损失计算补偿；无法返还或者返还时已经失去使用价值的，按征用时的资产净值相应补偿。关于劳务补偿标准，主要是指被征用民用资源的操作和保障人员的误工补贴、基本生活费和其他相关费用，通常按照当地同等劳力的平均工资水平和生活水平给予补偿。此外，因征用造成其他直接财产损失的，按照国家和地方有关规定给予补偿。

平时民用资源的征用主要包括两个方面：一是规定武装力量平时进行军事演习、训练可以征用民用资源。军事演习和训练，是武装力量在和平时期保持和提高战斗力的基本途径，是实现人与武器结合的主要手段。武装力量在进行军事演习、训练的过程中，由于自身装备器材、营房设施、交通运输工具及其基础设施、训练场所和其他重要物资有限，往往需要征用民用资源作保障。二是规定平时征用民用资源“按照国务院、中央军事委员会的有关规定执行”。这里所说的“有关规定”，包括国务院、中央军委已经公布的和以后将制定的有关平时征用民用资源的规定。根据国务院、中央军委公布的《民用运力国防动员条例》第二十七条规定，战区级以上单位批准的军事训练、演习，可以征用民用运力。军事训练、演习需要征用民用运力的，按照中央军事委员会规定的程序报战区级以上单位批准后，由国防交通主管机构根据民用运力国防动员预案组织实施。军事训练、演习征用民用运力的补偿费用，按照租用方式计价结算。具体办法由国务院财政部门会同国务院有关部门和军队有关部门制定。2009 年 10 月，财政部和原总后勤部印发了《民用运力国防动员补助补偿规定》，对平时民用运力征用涉及的补助补偿问题做了具体规定。

平时采取临时性管制措施包括两个方面：一是平时军队、武警部队和民兵组织进行军事演习、训练时可以采取临时性管制措施。管制是指为了保证某一事务或某一活动的顺利进行而实施的强制性管理。“采取临时性管制措施”，仅是指平时军队、武警部队和民兵组织进行军事演习、训练时需要采取的临时性管制措施，有别于《国防动员法》第十二条规定的国家决定实施国防动员后采取的特别措施。主要考虑是有利于保证军事演习、训练的顺利进行，做好相关保密工作。同时，考虑到军事演习、训练，可能对相关地域或范围的人民群众具有一定的危险性，采取临时性管制措施有利于保护人民群众的生命和财产安全。我国戒严法、防洪法、防震减灾法及突发事件应对法等法律对特殊情况下采取临时性管制措施，都做出了明确规定。因此，《国防动员法》第五十九条关于武装力量进行军事演习、训练可以根据需要采取临时性管制措施的规定，与上述法律的相关规定是一致的。二是采取临时性管制措施应当“按照国务院、中央军事委员会的有关规定执行”。采取临时性管制措施政策性强、涉及面广、影响大，必须慎重决策，严密组织，不得随意采取管制措施。《中华人民共和国无线电管理条例》、《中华人民共和国飞行基本规则》、《中国人民解放军军事训练条例》等法规和规章对在什么情况下采取什么样的临时管制措施都有相应规定。这些规定都是武装力量平时进行军事演习、训练采取临时性管制措施应当遵循的依据。

第四节　军事经济动员的法律责任

法律责任，简言之，是指有关的主体因损害法律上的义务而应当承担的法律上强制的不利后果；细言之，是指由于违反了法定义务或契约义务或不当行使法定权利、权力，法律迫使行为人或其关系人所处的受制裁、强制和给他人以补救（赔偿、补偿）的必为状态。在法律实践中，法律责任分为民事责任、行政责任和刑事责任。

民事法律责任是指因侵犯他人权益或特殊法律事实的产生所导致的给予赔偿或补偿的法律责任。我国《民法通则》规定了停止侵害；排除妨害；消除危险；返还财产；恢复原状；修理、更换、重作；赔偿损失；违约金；消除影响；恢复名誉；赔礼道歉等十种民事责任形式。国民经济动员活动中产生的民事责任的承担方式主要包括赔偿损失和违约金这两种责任形式。在国民经济动员领域中存在一些为了国家安全利益而订立的合同，涉及重大的国民经济动员利益。这些国民经济动员合同包括军品的品名、数量、规格、质量、履行方式、完成时间、价格和付款方式以及违约责任等，具有规范双方权利和义务的法律效力。订立合同的双方必须严格按合同履行各自的义务，否则，违约方应当根据订立的合同及我国民事法律（包括合同法）承担违约责任。

行政法律责任是指因违反行政法上的义务而应承担的不利后果，包括行政机关及其工作人员在行政行为中滥用职权、违法失职行为而导致的行政责任和行政相对人违反行政管理法律规范而承担的法律责任。行政主体的行政责任承担方式包括：通报批评，赔礼道歉，承认错误，恢复名誉、消除影响，返还权益、恢复原状，停止违法行为，撤销违法决定，撤销违法的抽象行为，履行职务，纠正不当，行政赔偿。执行公务的人员承担行政责任的方式包括：通报批评，赔礼道歉、承认错误，退赔、恢复原状，停止违法行为，采取经济制裁措施，赔偿损失，行政处分，罢免。

行政责任不同于行政处罚。行政处罚是指特定的行政主体依法对违反行政管理秩序而尚未构成犯罪的行政相对人（即公民、法人或其他组织）所给予的行政制裁。行政处罚的特征是：行政处罚由特定的行政主体做出；行政处罚的对象是行政相对人；行政处罚是对违反行政管理秩序而尚未构成犯罪的制裁。《行政处罚法》规定了行政处罚的基本原则、种类、实施机关、管辖、程序、执行等。行政处罚的主体和职权、种类、依据、程序等都是法定的。行政处罚的种类包括警告、罚款、没收、责令停产停业、暂扣或吊销证照、行政拘留。

关于国民经济动员活动中的行政责任及其行政制裁，需要综合考察《国防动员法》和有关行政法律文件的规定。由于国民经济动员法中的违法行为有自己不同表现形式，行政责任的主体、形式、程序等也不同于其他法律，必须对相应的行政责任和行政制裁措施做出具体的规定，而不能像“构成犯罪的，依法追究刑事责任”，“依法承担民事责任”一样作简单和概括式的规定。

国民经济动员领域涉及的行政法律责任包括对国家机关工作人员和军队人员实施的处分。对于国家机关工作人员，主要是依据《中华人民共和国公务员法》和《行政机关公务员处分条例》等法律规范，给予警告、记过、记大过、降级、撤职、开除等处分。对于军队人员，主要是根据《中国人民解放军纪律条令》，给予警告、严重警告、记过、记大过、降级或者降衔、撤职、除名、开除军籍等处分。

刑事责任是指因刑事违法行为而导致的受刑罚惩罚的法律责任。刑事责任的实现方式，是指追究行为人刑事责任的具体方法，国家通过这种方法是刑事责任得以实现。刑事责任的实现方式，也可以称为刑事责任的表现形式，即刑事责任的具体体现方法。刑事责任的实现方式必须是刑法明文规定适用于刑事责任承担主体的方式，根据我国刑法规定，刑事责任的实现方式有以下三种：一是通过给予刑罚处罚实现刑事责任。二是通过适用主体上的非刑罚处罚方法实现刑事责任。三是通过宣告行为构成犯罪实现刑事责任。

现代刑法理论认为，刑法是其他部门法的保障法，即只有当其他部门法对某种违法行为的处理不足以抑制该违法行为、不足以保护某种社会关系时，立法者才将这种行为规定为犯罪并追究刑事责任。也可以说，刑事责任是最后的屏障和手段，只有在万不得已的情况才追究刑事责任。我国刑法第三条的规定确立了罪刑法定原则，“法无明文规定不为罪，法无明文规定不处罚”。

如果经济动员行为主体的违法行为超出了行政责任的范围，达到了《刑法》所规定的危害性程度，那么，就应该由司法机关追究其刑事责任。目前，还存在一些严重触犯经济动员法律规范的违法行为，严重侵害了国家安全利益，具有严重的社会危害性，对于构成犯罪的，必须依法追究刑事责任。至于构成何种犯罪，如何承担刑事责任，则必须依据刑法。例如，《国防动员法》第七十一条规定："违反本法规定，构成违反治安管理行为的，依法给予治安管理处罚；构成犯罪的，依法追究刑事责任。"

《刑法》中可能涉及经济动员主体的罪名包括：滥用职权罪、玩忽职守罪、故意泄露国家秘密罪、过失泄露国家秘密罪等。

《国防动员法》按照责任主体的类别，分别对公民、企业事业单位和国家工作人员的违法行为及其责任进行了规定，主要包括行政法律责任和刑事责任两种责任形式，贯彻了责任轻重与违法行为的严重程度相适应的原则。

一、公民的法律责任

公民有下列行为之一的，由县级人民政府责令限期改正；逾期不改的，强制其履行义务：预编到现役部队和编入预备役部队的预备役人员、预定征召的其他预备役人员离开预备役登记地一个月以上未向预备役登记的兵役机关报告的；国家决定实施国防动员后，预定征召的预备役人员未经预备役登记的兵役机关批准离开预备役登记地，或者未按照兵役机关要求及时返回，或者未到指定地点报到的拒绝、逃避征召或者拒绝、逃避担负国防勤务的；拒绝、拖延民用资源征用或者阻碍对被征用的民用资源进行改造的；干扰、破坏国防动员工作秩序或者阻碍从事国防动员工作的人员依法履行职责的。

二、企事业单位的法律责任

企业事业单位有下列行为之一的，由有关人民政府责令限期改正；逾期不改的，强制其履行义务，并可以处以罚款：在承建的贯彻国防要求的建设项目中未按照国防要求和技术规范、标准进行设计或者施工、生产的；因管理不善导致战略储备物资丢失、损坏或者不服从战略物资调用的；未按照转产、扩大生产军品和维修保障任务的要求进行军品科研、生产和维修保障能力储备，或者未按照规定组建专业技术队伍的；拒绝、拖延执行专业保障任务的；拒绝或者故意延误军事订货的；拒绝、拖延民用资源征用，或者阻碍对被征用的民用资源进行改造的；阻挠公民履行征召、担负国防勤务义务的。

三、管理人员的法律责任

对直接负责的主管人员和其他直接责任人员，有下列行为之一的，依法给予处分：拒不执行上级下达的国防动员命令的；滥用职权或者玩忽职守，给国防动员工作造成严重损失的；对征用的民用资源，拒不登记、出具凭证，或者违反规定使用造成严重损坏，以及不按照规定予以返还或者补偿的；泄露国防动员秘密的；贪污、挪用国防动员经费、物资的；滥用职权，侵犯和损害公民或者组织合法权益的。

违反国防动员法规定，构成违反治安管理行为的，依法给予治安管理处罚；构成犯罪的，依法追究刑事责任。

第八章

军事经济监督法律制度

军事经济监督是指为保证军事经济活动顺利进行而对军事经济活动中的财、物运动及其反映的经济关系所进行的监察与督导。军事经济监督的对象是指军事经济活动中的财物运动及其反映的经济关系。新时期军事经济监督是全方位的，既有对军事经济立法的监督，也有对军事经济执法的监督，还有对军事经济守法的监督，监督的主体也是多层次、全方位的。

第一节　军事经济监督法律制度概述

一、军事经济监督法律制度的特点

（一）军事经济监督的广泛性和系统性

军事经济监督的广泛性和系统性是指军事经济监督工作既要对军事经济各部门进行监督检查，又要对军事经济各运行环节进行监督检查。对军事经济各部门进行全面的监督体现出了军事经济监督的广泛性；对军事经济各运行环节进行的监督体现出了军事经济监督的系统性。因此，广泛性和系统性是军事经济监督的特征之一。

（二）军事经济监督的经常性和及时性

军事经济活动不仅每时每刻都在进行，而且每时每刻都在发生变化。为了保证军事经济活动能够按照军事经济规律有序地向前发展，就有必要对军事经济活动进行经常性和及时性的监督。

对不断运行的军事经济活动进行经常性的监督，体现了军事经济监督的经常性；对不断变化的军事经济活动进行及时监督，体现了军事经济监督的及时性。因此，经常性和及时性是军事经济监督的又一特征。

（三）军事经济监督的防范性和预测性

纠错查弊是军事经济监督的基本目的，但不是其唯一的目的。军事经济监督要发挥其防范性作用，通过监督，建立一系列的规章制度，对被监督单位和部门的军事经济活动进行预防和事前控制，避免被监督单位和部门错弊现象的发生，以保证军事经济活动的顺利进行。军事经济监督要发挥其预测性作用，主要是根据国家和军队的财经方针政策以及被监督单位和部门的具体情况，运用一定的方法，对军事经济活动的发展趋势进行预测。军事经济监督要发挥其防范性作用，应在军事经济预测的基础，根据未来军事经济的发展趋势情况，建立一整套严密的应对措施，以保证军事经济在此严密措施的约束下，按照预定的发展目标顺利地向前发展。

（四）军事经济监督的群众性和民主性

军事经济监督的最终目的就是最大限度地改善军事经济管理，提高军事经济效益，促进军事经济工作健康地向前发展。从群众性的角度来看，军事经济工作的实践者是广大的部队官兵及军队企业的职工，他们对军事经济工作的情况最为了解，因而在军事经济监督工作中最有发言权、调动他们参与军事经济监督的积极性，将极大地提高军事经济监督工作的效率和质量。从民主性的角度来看，由于军事经济监督将最终为军事经济的宏观经济决策服务，而宏观经济决策所依据的经济资料都来源于微观的经济工作中，因此在军事经济监督工作中，必须贯彻民主集中制的原则，从各基层单位和部门获取经济监督资料，经过多次民主与集中，反复整理提炼资料，从而有效地为军事经济决策服务。

（五）军事经济监督部门的多样性

从事军事经济监督工作的部门是多种多样的，既有经常性从事经济监督工作的部门，如军事经济各业务部门的监督、审计部门的监督等，又有非经常性从事经济监督工作的部门，如军队的行政部门、司法部门、检察部门、党的纪律检查部、新闻舆论部门和人民团体等，以上部门或团体在军事经济监督工作中都承担着一定量的军事经济监督任务。在经常性从事经济监督工作的部门中，军事经济各业务部门的监督包括军队财务监督、军队会计监督、军队预算监督、军队资金结算监督、军队资金调剂监督、军队国有资产监督、军队基本建设监督、军需监督、军队生活服务中心监督、军队物资监督、军队油料监督、军队装备经费支付监督、军队装备价格监督、军队医疗卫生监督、军队统计监督、军人保险基金监督以及其他经济监督等；审计部门的监督包括军队各级审计机关的监督、单位和部门内部审计机构的监督和军队审计事务所的监督等。

（六）军事经济监督的复杂性

军事经济监督的复杂性主要表现在军事经济监督的主体、对象、技术方法、标准的多样性，监督范围的广泛性和监督环节的系统性等方面。由于军事经济监督部门的不同，其监督的主体也各不相同，各个监督部门有各自的监督主体；各个监督部门的监督对象也各不一样；针对不同监督对象所采用的监督技术方法也不尽相同；监督过程中所依据的监督标准也不相同。

二、军事经济监督法律制度的地位与作用

军事经济监督的作用是军事经济监督的职能被运用的外在表现和所产生的客观效果。军事经济监督的作用主要表现在以下几个方面：

（一）制约作用

制约作用是通过对被监督单位和部门的经济活动进行监督，揭露错误和弊端，制止违反财经法规制度、违背财经纪律、侵占国家和军队资财、严重损失浪费等行为，起到的制约不合规、不合法的经济活动的作用。

（二）促进作用

促进作用是通过对被监督单位和部门的经济活动进行监督评价后，指出其合理的方面，以便继续推广；指出其不合理的方面，并提出建议，以便纠正改进。对军事经济活动实现的军事经济效益进行评价，指出其潜力所在，以便进一步挖掘利用。对于被监督单位和部门的内部控制制度的完善性和有效性进行评价，进一步完善被监督单位和部门的内部控制制度，以便堵塞漏洞，健全军事经济管理。

（三）证明作用

证明作用是通过监督检查，对于被监督单位和部门的军事经济活动的真相有所了解，然后以监督报告的形式将监督的结果反映出来。监督报告能起到证明被监督单位和部门某些经济情况、经济行为、经济事实真相的作用，从而为军事经济决策服务。

（四）预防作用

预防作用是通过经济监督行为的有效实施和经济监督制度的贯彻落实而对军事经济工作中的作弊行为所起到的预先防范的作用。预防作用的发挥一方面要提高各级领导干部的经济监督意识，使军事经济监督工作经常列入各级党委的议事日程；另一方面要建立一套严格的经济监督措施和制度，并使其得到有效贯彻落实，从而使军事经济工作中的作弊现象被消灭在萌芽状态，或者在军事经济工作作弊行为出现的初期即得到有效控制，从而最大地减少因军事经济工作中作弊行为的发生而带来的损失。

（五）信息反馈作用

信息反馈作用是通过经济监督检查，获取有关经济方面的定量分析资料，再对这些经济资料进行加工整理，得到军事经济工作所需要的各种经济信息，从而为宏观军事经济决策提供依据所起到的作用。信息反馈工作一般从微观入手，获取经济工作中所需要的各种信息，再为宏观经济决策服务。信息反馈作用的发挥，既可以通过军事经济各业务部门的监督获取军事经济某个方面的经济信息，也可以通过军队审计监督获取综合性的军事经济信息；既可以通过军内经济监督部门获取有关的军事经济信息，也可以通过军外的经济监督部门获取有关的经济信息；既可以通过专门的经济监督部门获取有关的军事经济信息，也可以通过专门的经济监督部门获取有关的军事经济信息。

三、军事经济监督法律制度的发展

军事经济监督制度是监督军事经济运行、确保军事斗争准备有序推进的重要保障。随着军事经济活动的不断发展变化，军事经济监督工作所面临的内外部环境发生了很大变化，现行的军事经济监督制度逐渐表现出一些不适应军事经济发展趋势的情况。

（一）军事经济监督工作回顾

我军的经济监督历史十分悠久，基本上是伴随着我军的诞生而诞生，早在工农红军时期，我军就建立了包括财务监督、审计监督和群众监督等监督形式在内的经济监督，井冈山斗争中出现的“经济公开，民主审查”制度，就是军事经济监督的雏形。抗日战争和解放战争时期，随着军事经济工作的逐步发展，军事经济监督工作得到了进一步加强，军事经济监督制度也得到了逐步完善，如八路军、新四军及解放军各野战军实施的审计委员会制度以及在八路军部队中建立的“三审制度”等，对加强抗日战争和解放战争时期的军事经济监督工作，提高其军事经济管理水平，对赢得抗日战争和解放战争的胜利起到了重要的促进作用。新中国成立初期，我军的经济监督工作基本上由后勤各业务部门承担，审计工作开始在总后财务部设立了审计处，但不久撤销，而只在下级财务部门设立了审计部门或专职审计人员，负责具体的审计工作，并在团以上各级党委设有财审委员会，负责军事经济监督的领导工作。当时的军事经济监督工作在抗日战争和解放战争的基础上得到延续和发展，但后来由于受“左”倾思想的影响，军事经济监督工作一度被削弱。党的十一届三中全会以后，我党、我国的工作重心得到了确立，军事经济监督制度在认真总结历史经验教训的基础上，借鉴地方的一些先进做法，军事经济监督机构得到了逐步确立，军事经济监督的各项制度也逐步得到了健全。

（二）军事经济监督制度演化的基本方式

从制度演进的基本方式来看，大体可以分为协议式演化和强制式演化两种：协议式演化，是指在军事经济监督制度演化的过程中，当有的行动团体对现行制度不满时，就会向上级行动团体反映，在各级行动团体之间达成协议的情况下，共同推进一种新的军事经济监督制度的创立。强制式演化，是指当军事经济监督制度的演化不能通过各行动团体之间达成协议而自然形成时，就需要最高决策团体通过强制手段来促使新的军队经济监督体制生成。

以军队审计体制为例，它作为一种军事经济监督制度，具备一般制度的全部特性，其演进方式是两种演化模式相结合的产物。一方面，军队审计体制演化的诸多具体内容是在各级行动团体之间通过充分的信息交流与反馈，并结合当时军队审计事业的实际情况而协议达成的。例如从最初的“军委审计局”到“中央军委审计署”，无论是其名称的变化还是内部机构设置的调整，都是各初、中级行动团体根据自身实际工作中出现的新问题以及军事经济运行中出现的新情况，向高级行动团体进行信息反馈，高级行动团体在充分参考初、中级行动团体建议的基础上，结合实际情况而作出的具体应对。如果没有来自各初、中级行动团体足够、广泛的信息反馈，如果没有高级行动团体与下级行动团体之间的充分交流与协商，上述这些军队审计体制的具体演化内容是不可能发生的。另一方面，在军队审计体制演化的过程中，当高级行动团体结合军队审计体制的各种实际需求，以国家和军队最高决策机构的名义作出各项审计体制演化决定时，这种审计体制的变更就上升为国家意志，并以国家军队法律规定的形式颁布，下级行动团体即便对这些决策存有异议也必须坚决贯彻执行。

军队审计体制的协议式演化无论进行至那个阶段，都会有一定比重的行动团体反对该新体制。在这种情况下，为了新的军队审计体制的创立，就需要高级行动团体进行军队审计体制的强制式演化。

（三）我国目前军事经济监督法律制度

在我国，现在还未产生一部统一的经济监督法典。经济监督法律制度是由许许多多单行的经济监督法规、条例、办法，以及某些法规、条例、办法中的有关经济监督的规定总和构成的。当前我国经济监督法律制度主要包括计划监督法律制度、财政税务监督法律制度、金融监督法律制度、工商行政管理监督法律制度、价格监督法律制度、审计监督法律制度、统计监督法律制度、会计监督法律制度、质检、标准、化验与技术经济监督法律制度、海关监督法律制度、经济监察监督法律制度、涉外经济监督法律制度、人民群众及其他社会组织经济监督法律制度，等等。

监督法律制度是整个法律制度体系中的组成部分，而经济监督法律制度又是监督法律体系中的重要内容，也是经济法的一个新的分支。各项经济监督法律、法规相互联系、相互补充、相互制约共同组成一个有机、完整的经济监督法律体系。

法律是调整人们社会关系的规范，不同的法律调整不同的社会关系。经济监督法律制度是整个法律体系中的组成部分，它也调整一定范围的社会关系，这一部分社会关系是在国家经济监督部门或有经济监督权的其他单位或个人依法行使经济监督权力的活动与过程中产生的。

如果没有发生这种监督活动与过程，就不会实际发生这种社会关系。如果监督活动与过程已经结束，那么这种实际社会关系也随之消灭。我们把这种社会关系称为经济监督与被监督的关系，简称经济监督关系。经济监督机构或具有经济监督权的机构享有法律赋予的经济监督权力，但是只有这些机构依法实际行使这种权力从而产生现实的监督活动与过程的时候，才能实际发生经济监督关系。如审计机关有权依法行使审计监督，但只有当实际审计活动发生后，才与被审计单位产生一种新的社会关系即审计监督关系，这种关系一直延续到全部审计活动结束。如果审计机关没有实际开始对被审计对象进行审计活动，而只是具有法律规定的审计监督权力，并不会产生实际的审计监督关系。

1. 广泛性、群众性。从调整的范围看，经济监督法律制度对整个国民经济活动包括生产、流通、分配、交换、消费等领域以及各个领域的各个环节、各个系统、各个部门、各个单位以及公民个人的某些经济行为都要进行监督。调整的范围是相当广泛的。

2. 及时性、经常性。经济监督方式的广泛与多样，使经济监督法律制度的调整方式与方法具有及时性、经常性的特点。经济监督有许多种方式，按监督的来源不同分为自我监督、内部监督和外部监督。自我监督是社会组织、企事业单位或公民个人对自己的经济行为进行的自我监督与检查，如我国近几年财务、税收、物价大检查中规定的“自查”，实际上是一种自我监督。内部监督是主管机关对其下属单位及机关内部相互之间进行的监督。外部监督是本单位本系统以外的国家监督、管理机构或社会组织依法实行的监督。按监督的时间顺序不同可分为经济行为实施之前的事前监督，经济行为实施过程中的事中监督，经济行为结束之后的事后监督。上述这些来自不同渠道、不同方向、不同部门、不同时间，四面八方，上下左右的监督，它们相互配合、相互联系、相互补充、相互制约，使经济监督形成广泛的较严密的网络系统，使经济监督工作做到及时、经常，及时地发现经济活动中的矛盾与问题，并一一进行处理。

3. 分散性、交叉性。如上所述，在我国，经济监督法律法规非常之多，目前还未形成统一、完整的经济监督法典。经济监督方面的法律规定，除了少数形成监督的专门规定，如全国人大制定发布的《产品质量监督法》以外，绝大部分都散见于有关法律、法规、条例、办法之中。高层次的专门经济监督机构—审计机关的审计法律规定，已经形成法律、法典的，如《中华人民共和国会计法》、《中华人民共和国统计法》、《中华人民共和国审计法》，其中“审计监督”、“会计监督”、“统计监督”方面的规定，仅是这些法律内容的一个重要组成部分，而没有分立出来成为独立的专门的监督法律。

第二节　军队审计法律制度

军队审计法律制度是一种保障军队审计工作顺利、高效进行的制度性保障措施，是调整军队审计部门和审计人员在组织实施审计工作过程中所产生的各种社会关系的法律规范的总称。在依法治国、依法治军的大背景下，建立健全军队审计法律制度，可以为依法开展军队审计工作、强化军队审计监督奠定制度性基础，提供法律性保障。

一、军队审计法律制度概述

（一）通过宪法和法律确立国家的军事审计职责

为了确保对国防和军事审计的法律权威性，许多国家通常都是根据宪法和法律确定国家的审计制度和原则，以有效开展对国防和军事方面的审计监督。如《土耳其宪法》第一百六十条规定了审计院的组织、行使职权的规则等，要“以土耳其大国民议会的名义负责审计由总预算和补充预算拨付经费的政府部门的一切收支账目和财产，对负责官员的账目和凭证予以核定，担负法律规定的调查审计和核定任务”，并且“以土耳其大国民议会的名义审计武装部队掌握的国家财产的程序，由法律根据国防保密原则规定”。

英国是最早运用法律规范审计制度的国家，早在1866年通过的《国库和审计部法案》规定了政府的支出应由议会给予信用，政府包括国防和军事的决算应受议会审核。

美、英、法等国是市场经济比较发达、法制建设比较完善的国家，十分重视军事审计法律制度体系建设。据统计，美国有关国防部采办的法律条款有近900项，其规定几乎覆盖国防采办管理的方方面面，主要立法有：《国防生产法》、《武装部队采购法》、《国防工业储备法》、《合同竞争法》、《诚实谈判法》、《购买美国货法》、《联邦采办条例》、《国防部补充条例》及三军补充条例等，确保国防科研生产合同竞争有序，防止欺诈行为。法国和英国也颁布了类似的国防采办法律法规。

（二）国家审计机构行使相关军事审计职权

德国联邦审计署作为国家财政监督机构，根据宪法和法律的规定行使职权。联邦审计署主要负责联邦政府的财政预算和决算，包括联邦政府各部、委、局以及联邦特别资产，如联邦铁路、邮政、海关、国防装备等。依照法律规定“审计署审计的范围是没有保留的，包括军队、警察和情报部门，都要接受审计部门的审计”。在一些国家的政府和国防部门审计还承担了更多的任务，不仅审计经费账目，还参与决策。在美国审计总署2004年发表的一份报告中，批评五角大楼在防止新武器系统不受恶意编码入侵方面的工作不力，认为这种失误可能使美国的武器系统如飞机、舰艇、坦克、导弹和卫星，受到参与武器发展项目的国内、外软件开发者的软件攻击而毁坏：美国审计总署还对美军的主战坦克增强系统、“长弓阿帕奇”直升机、C－130“大力士”运输机航空电子现代化、C－130J“超大力士”、F/A－22“猛禽”战斗机、陆军未来战斗系统、RQ－4“全球鹰”无人机、“爱国者”导弹等16个武器系统项目的经理和主承包商进行了评审，发现其中有11个项目未把有外国参与软件开发列为他们的风险管理工作中的一个特定内容。据英国2004年12月6日的《防务系统日刊》报道，美国审计总署已经开始审查美海军“海上炮火支援”（NSF'S）能力。

国外的审计制度具有很大的独立性，审计机关虽然隶属于或议会或国会或政府或司法机关，但是其职能作用的发挥不受外界干预。对审计过程中发现的违法、失职及腐败行为，还可以提请相关的权力机关依法处置，包括对国防和军事项目的审计及建议。如菲律宾军队在采购军用物资中涉嫌腐败，菲律宾总统阿罗约向军队腐败宣战。菲律宾武装部队审计官加西亚贪污案在菲全国上下闹得沸沸扬扬。

（三）拓展和发挥专门军事审计机构的作用

军事审计的关键是评价被审计事项的经济性、效率性和效果性。简言之，就是花费最少的资源取得最好的效果。

外军不断拓展和强化军事审计的作用和效果。早在一战前，英国主计审计长在一次审查中，发现军方以20先令价格与一供应商达成一项购买勋表的合同，而取消了另一厂家以14先令就能达成的合同。在被质疑时，军方以他无权“插手行政事务”为由，拒绝给予答复。对此，决算审查委员会发表重要声明：如果主计审计长在其审计过程中了解到的事实表明存在着不合理的开支或公款的浪费，他有责任提请议会对此加以注意。陆军部和其他各部应向其提供可能需要的全部信息。可见，战前主计审计长和决算审查委员会的职能已经超出了审查开支是否合规的范围，扩大到审查开支的经济性、效率性和效果性。从此英国国家审计便步入了绩效审计的轨道。美军对各军种在呈报的预算案各拨款项目中，要依据国防部有关对资源管理进行计划评估与经济分析的文件。

此外，许多国家还专门制定有国防会计管理制度、登记制度、报告制度、评估制度、价格分析制度、审议制度等规章制度和各种经费标准。这些相关军事审计的法律、规章制度和标准，拓展了军事审计的功能和效果，为依法理财和审计提供了可靠的保证。

历史的经验表明，国家审计制度包括国防和军事审计制度的建设水平和发展速度，及其独立性的强弱、制衡作用的大小、职责权利的履行、权威性的高低和运行效率的优劣等，在很大程度上取决于国家的宪法法律规范和法制环境的改善。审计机构的重要职能就是要依法保证国家财政投入和各项预算支出得到合法、合理和高效地使用，做到不被非法使用、贪污和浪费。国防和军事上的经费投入是确保国家安全的重要保证，也是国家财政预算和支出的重要组成部分。军事审计体制应当是国家审计体制的重要组成部分，但在我国，除了国家审计署领导的政府审计系统，中国人民解放军也有一套完整的审计体系和机构，国家审计体制与军队审计体制的关系以及军队审计体制的构建都缺少明确的法律规定。虽然据国务院发表的《中国的国防》白皮书介绍的情况是“中国对国防费实行严格的财政拨款制度”，“国家和军队的审计机构，对国防费预算及其执行情况实施严格的审计监督”。但实际上，国家的审计机构如何具体实施监督、与军队审计机关的职责如何分工等，都缺少法律的明确规定。在现代法治国家里，国家和军事审计体制都是由宪法和法律规定的，尤其是在宪法中应当有更为明确的规定。由于我国国家军事领导体制的特殊性，军事审计与国家审计体制既有一致性也有相对性。

随着我国改革开放的不断深入，加强军事审计法律制度建设显得格外重要。当前，不仅国家审计体制面临着各种挑战，而且军事审计也同样面临着各种挑战，顺应社会和国家法治进步的发展，在加强完善国家审计法律制度的同时，加强军事审计法律制度，尤其是从国家宪法和法律层面加强军事审计法律制度建设应是当务之急。军事审计法律制度与国家审计法律制度在宪法、法律和体制上的相互关系和衔接是研究的重点、难点，也是重要创新点。从军事审计工作的地位和重要性中，我们可以认识到必须对我国的军事审计制度进行科学设计，不但要使其具有很强的科学性、合理性，又要使其具有更大的法律权威性。

二、军队审计法律制度的主要内容

自 1985 年军队审计机构恢复以来，军队审计法律制度的建设逐步步入正轨，先后制定全军性审计法规制度和区域性审计规章制度，2016 年 12 月，新修订的《军队审计条例》发布，军队审计法律制度进一步完善，基本形成了由审计条例和审计规范组成的、全军性与区域性相配套的、程序法和实体法相对应的、具有我军特色的审计法律制度。

纵向上，从规范性法律文件的效力等级和法的形式上看，我军审计法律制度的体系分为四个层次：第一个层次是全国人大批准颁发的《宪法》有关条款，全国人大常委会批准发布的《中华人民共和国审计法》及有关法律。第二个层次是中央军委批准发布的《中国人民解放军审计条例》（以下简称《审计条例》）。《审计条例》是军队审计工作的基本法规和基本依据，是国家《审计法》在军队领域的延伸。它对军队审计监督工作的原则、审计体系、职责、职权、审计程序和方法等做出了全面的规定，在军队审计法律制度中发挥统领作用《审计条例》同时也是制定军队其他审计法律制度的重要依据。第三个层次是各项专业审计规定，即有关部门根据《审计法》和《审计条例》颁布的各种专业审计规定。这些规定与《审计条例》相配套，是我军审计法律制度体系中的重要组成部分，同时也是制定审计规范的重要依据。第四个层次是审计规范。它是根据《审计条例》和各项专业审计规定制定颁发的，是规范审计部门和审计人员的行为准则。

横向上，从军队审计法律制度涵盖的主要内容上看，军队审计法律制度包括两个部分：一是军队审计综合工作法律制度，是指用于军队调整军队审计多专业、多方面综合工作中所产生的社会关系的法律规范的统称。主要包括审计综合性工作、科研训练工作、审计程序等内容。二是军队审计专业工作法律制度，是指用于调整审计各项专业工作中所产生的社会关系的法律规范的统称。它是军队审计各项专业工作作的基本依据和行动指南，包括由中央军委制定发布的专业法规和战区军种制定发布的规定、办法、规则、标准等专业规章，军队审计专业工作法律制度具体规定军队审计各项专业工作的基本任务、原则，以及审计业务管理的基本要求等内容。

三、军队审计法律制度的完善

全面深入推进依法治军，必须要制定相适应的军队审计法规，充实完善审计法律制度，从不同层次、深度和广度上构建军队审计法律制度体系，为依法审计奠定坚实的法律法规基础。

（一）抓紧制定相关审计规章

随着市场经济体制的逐步建立和军事经济改革步伐的不断加快出现，军队审计法律制度建设相对滞后、难以适应军队审计实践需要的现象，严重影响了军队审计监督职能的发挥。鉴于此，应抓紧制定出相应的审计规章，填补审计实践中暴露出来的法律空白，保障新形势下军队审计监督活动依法全面覆盖。一方面，随着非战争军事行动大幅增多，对非战争军事行动中涉及的经济活动进行审计监督也是十分必要的。2010 年，原四总部颁发的《军队非战争军事行动审计规定》只是从原则和宏观上进行了规定，对非战争军事行动审计中境外审计以及远程网络审计等方面的内容没有具体规定，这必然会影响该领域内审计监督工作的开展。另一方面，军队实行社会化保障已有一段时间，但是在法律层面，军队社会化保障项目审计规定至今也没有制定出来，这一审计立法上的滞后，无疑阻碍了这一领域审计监督工作的开展，进而影响到军队社会化保障效能的发挥。此外，军队审计部门与地方审计机关协作、军队审计提请协助与结果移送运用等方面的法规制度也不够健全，尚存法律空白，亟须制定。

（二）完善审计法规的配套设置

军队审计法律制度体系的第四个层次相对薄弱，需尽快制定详细、具体、可操作的细则、准则、标准，以实现军队审计工作法制化、制度化、规范化。这要求我们不仅要根据军队审计实践发展的需要抓紧制定出台相适应的审计法规，也要给现有的审计法规进行系统的配套设置，进一步深化、细化、量化，完善、充实第四个层次的审计规范。因此，要进一步加强各门类、各级别的审计规章和制度建设；积极探索、研究和完善与新体制相适应的审计操作规范，将实践中摸索出的行之有效的制度和方法尽快以法规的形式固定下来。同时，在今后制定出台审计法规时，可以考虑同时把相应的实施办法、细则、措施等一并颁布实施，这样可以保证审计职能及时、有效地发挥。

（三）加强审计法规的清理工作

就我军现行的审计法律制度体系来看，由于部分审计法规制定的时间比较久远、立法时受主客观原因的局限以及军队经济改革发展的日新月异，有些审计法规已经不再发挥作用；有的审计法规暂行时间过长，影响了军队审计监督职能的发挥，甚至阻碍了军事经济改革的进程，需要修订或予以废止。如 1994 年发布的《军队生产经营收益分配使用审计暂行规定》，至今没有按相应的程序宣布废止；《军队预算外经费审计规定》与《军队事业单位对外有偿服务活动审计监督实施办法》，前者所界定的审计范围及审计内容基本涵盖了后者，重复的内容未及时进行调整。对此，应该定期对军队审计法律制度进行清理，将不再适应的部分或改或废，以最大限度地适应军队审计实践的演变发展。

（四）提高审计法规立法质量

首先，要确保审计法规名称规范统一。为实现审计法规的规范化、科学化，便于人们对审计法规的理解、执行和遵守，应当对审计法规的名称进行必要的规范。其次，要严格按照相关规定发布审计法规。《军事立法工作条例》对法规的审批和发布有明确规定，在发布审计法规时，是以命令形式发布，还是以通知形式印发，应严格按照相关规定执行，不能过于随意。最后，要妥善处理单项审计法规的法律关系。应合理区分审计主体与审计相对人的权利义务，避免审计主体权利义务设定过多，审计相对人权利义务设定过少的现象。应该明确设定审计法律关系中的权利和义务，增强审计法规的可操作性。

（五）搞好与其他法规的衔接

首先，在《国防法》、《中国人民解放军内务条令》、《中国人民解放军纪律条令》和《军事立法工作条例》中，充分考虑到军队审计的特殊性，明确军队审计的地位、作用和职权，以及与其他合作的关系。对军队审计监督制度进行确认和规定，其固有的高层次、综合性审计监督的法律地位和普遍性、特殊性、强制性原则得到充分体现。其次，在制定和修订军事法律制度时，凡是涉及军事经济活动内容的，都应当有“自觉接受审计监督”的内容。最后，完善审计法规与专业法规之间的衔接。如在军队基本建设法规与相关的审计法规中，关于招投标、预结算审查等问题，对终审权各自都有不同的表述，应该予以统一，以避免实践中出现因终审权归属问题而产生矛盾、分歧。

第三节 军事经济绩效管理法律制度研究

绩效管理是一种围绕个人和组织的绩效而展开的一种管理方法，目前这种方法已经广泛应用于工商管理和公共管理，是一种被实践证明行之有效的管理方法。在军队建设领域，绩效管理虽然还未能形成科学的体系，但一些与绩效管理有关的做法，如军事训练成绩考核、领导干部任职考评、科研项目评奖、作战能力评估等，在军队管理中已经发挥出一定的作用，使军队建设具备了实施绩效管理的良好基础。建立健全军事经济绩效管理法律制度也成为当前军队发展的一项重要目标。

一、军事经济绩效管理的内涵

（一）军队绩效的内涵

要界定军队绩效的内涵首先就要对“绩效”一词进行分析。“绩效”从词义上讲就是指成绩和效益、效果的意思。“绩效”一词对应的英文单词为“Performance”，意为履行、表现、行为、完成等。绩效最早出现在社会经济管理领域，一般与利润和效率相关。随着经济社会和企业管理实践的发展，绩效的内涵也逐渐丰富起来，尤其是绩效被引入公共管理后，它的含义已经突破了效率的范畴，它也指完成某种任务结果的有效性、令人满意性和公正性，以及在执行任务、实现结果过程中表现出来的工作能力。

军队绩效是绩效的内涵引申到军事管理领域中的应用，由于军队的特殊性，目前国内外学者对军队绩效的内涵还没有形成统一的认识。不同的学者从不同的角度对军队绩效进行了探讨，笔者认为军队绩效是指军队依法履行其军事管理职能所取得的结果，以及这种结果所体现的经济性、效率性和公正性。军队绩效体现了经济效益和军事利益的统一。总的来说军队绩效主要有以下三个方面的内容构成：(1) 政治绩效。当前我国正处于市场经济高速发展时期，政治绩效突出地表现为军队对公共政策的有效输出，以及制度安排和制度创新的参与程度。(2) 经济绩效。军队的经济绩效突出的表现为人民物质经济条件的不断改善和提高，具体来说首先表现为社会经济的快速发展，经济发展不仅要表现在量的增长上，而且也要表现为经济结构的不断优化；其次军队要加强对军事需求的回应性，提高其军事管理能力；最后，经济的发展要与国防资源保护相协调，实现经济效益与国防利益的统一。(3) 军事绩效。军事绩效主要表现为军队加强对军事行为的有效管理，进而提高战斗力。

（二）军事经济绩效管理的内涵

20 世纪七八十年代以来，西方国家进行了一场声势浩大的政府改革运动，军事经济绩效管理在这场改革中开始出现并取得了一定的效果。近年来，我国学术界和实践界也对军事经济绩效管理进行了探讨，但对于军事绩效管理的概念国内外学者尚没有统一的认识。对此本书认为军事经济绩效管理的概念可以理解为：军队在合理界定其职能的基础上，科学地设定其绩效目标，整合各种资源为实现上述目标而进行相关活动，并对其活动结果进行评估，从而改进和提高军队绩效的一种系统管理过程和工具。可见军事经济绩效管理的实质是一种管理工具和过程，其目的一方面是对军队的工作成果进行评价，以便使军队本身了解自身的工作状况和取得业绩；另一方面是通过评价军队工作，从而改善和提高军队的绩效。总体来说，军事经济绩效管理作为一种管理过程和工具主要有以下几个环节内容构成：(1) 设置绩效目标。设置绩效目标是军队实施绩效管理的基础和前提，为此，军队要合理地界定其职能，进而明确相关部门以及军事人员的职责和权限，最终在管理着和被管理者互相沟通达成共识的基础上设定绩效目标。伴随着绩效目标的设定，同时也对相关部门和人员的奖励和惩处作出规定，以便激励其努力实现绩效目标。(2) 绩效预算。绩效目标制定后，军队要根据设置的绩效目标明确需要履行的职能和需要的资源，编制绩效预算，并用量化的指标来衡量其在实施过程中取得的业绩和完成工作的情况。绩效预算是预算方法上的一种创新，是将军队预算建立在可衡量的绩效基础上，把预算资源的分配与军队的绩效联系起来，强调结果、责任和效率，提高财政支出的有效性。(3) 绩效沟通。军事经济绩效管理是一项复杂的系统工程，它涉及众多的部门和人之间的配合和协调，这就需要进行充分的绩效沟通。一方面管理者要把绩效管理的相关工作内容明确具体布置给绩效实施者，另一方面实施者在执行过程中也要把遇到的困难和问题及时地向管理者汇报，以便得到管理者的帮助和指导，最终共同实现制定的目标和任务。(4) 绩效评估。在绩效活动实施结束后，绩效评估人员要依据设定的绩效目标对实施结果进行科学评估。绩效评估要构建科学合理的评价指标体系，综合各种绩效评价主体，参照绩效目标对实施结果进行科学全面的评价，以便得出正确的结论。(5) 绩效评估结果的反馈。绩效评估结束后要认真总结绩效管理活动中的经验与不足，并及时把绩效评估信息反馈到各部门和相关人员，一方面按规定对其进行相关奖惩，从而起到激励作用；另一方面要按科学的程序和规定把绩效评估信息向社会公布，以便接受舆论监督。(6) 绩效改进。绩效改进是指确认工作绩效的不足和差距，明确产生的原因，制定并实施有针对性的改进计划和策略，它是绩效管理的根本目的。军队要根据绩效反馈和沟通明确改进方向，制定绩效改进目标和相应的行动计划，并落实在下一阶段的绩效目标中，从而进入下一轮的绩效管理循环。

二、军事经济绩效管理的功能

从宏观上讲，军事经济绩效管理与一般军队管理一样，都具有确保党对军队绝对领导、保持军队的正规化秩序和增强军队战斗力的普遍性作用；除此之外，作为一种新的科学管理方法，绩效管理在军队建设中还具有以下几个功能。

（一）积极推进军队管理创新

目前，与国家经济社会领域的管理理论和实践相比，军队管理的方式还比较落后，粗放式经验式管理还较为普遍，迫切需要引入现代管理方法，积极推进军队管理创新。军事经济绩效管理的推广应用，可以促进军队管理的全面创新。第一，促进军队管理理论创新。积极引进、消化、吸收绩效管理这种科学管理理论，不仅对于转变军队管理观念，深化军队管理学基础理论研究有十分重要的作用；而且对于进一步研究军事训练管理、军队安全管理、军事教育管理和军队人力资源管理等各个具体领域的管理理论，创新和完善军队管理学应用理论，都具有十分重要的作用。第二，促进军队管理方法和手段的创新。在军事经济中引入绩效管理，本身就是军队管理方法的创新，将会促使一些具体的精确化、标准化、系统化管理方法应用到军队管理的各个领域。第三，促进军队管理体制创新。军事经济绩效管理的应用，将会促进现行管理组织结构的变革和管理法规制度的调整，有利于建立健全适应绩效管理发展要求的新的军事管理机制。

（二）提高军队管理的效率和效益

绩效管理由于将组织目标与组织中每个部门、单位和个人的绩效直接挂钩，因此，它比其他管理方式具有更高的管理效率和效益。在军事经济绩效管理中，每个管理对象的效率和效益都可以用一定的绩效指标和标准加以定性和定量相结合的描述，这样就可以促使每个管理对象时刻为取得更好的绩效而不断努力工作，从而使得管理效率和效益得到大大的提高。

（三）促进新一代高素质军人成长

培养和造就一大批适应信息化战争要求的新一代高素质军人，是建设信息化军队、打赢信息化战争的必然要求，也是军队管理的重要任务之一。绩效管理在现代管理理论中被人们看作是人力资源管理的重要内容，被实践证明是一种能够有效提高员工素质的管理方法。在军事经济建设中，绩效管理不仅能使每一名军人都十分清楚自身素质与工作绩效高低之间的关系，明确不断增强自身素质的极端重要性，从而激发军人的努力成才的热情；而且管理者或组织也十分重视提高军人的素质，通过建立以绩效考评为基础的人才培养选拔任用机制，激发广大官兵学习新知识、锻炼新技能、养成好作风，从而不断提高军人的群体素质。

（四）营造和谐奋进的军事经济建设新局面

传统的军事管理强调用管理者的决策、计划来管住管理对象的行动，这样就容易在管理者与管理对象之间产生矛盾冲突；绩效管理虽然也离不开决策和计划，但它用绩效目标来统一管理者和管理对象的行动，将管理者与管理对象摆到为争取更大绩效的同一条战线，减少了管理者与管理对象之间的矛盾冲突，有利于营造和谐奋进的军事经济建设新局面。

三、军事经济绩效管理法律制度的构建

依法治军是军队管理的基本原则，军队管理体制中各级的职责和权力区分、各种管理制度和工作程序等，都必须用军事法律法规来加以规范。但是，随着军队建设绩效管理的创新发展，现行军事法规制度难免会有一些与其不相适应甚至发生冲突的地方，在一定意义上制约了军事经济绩效管理的推广应用。因此，必须适应军队建设绩效管理创新发展需要，积极推进中国特色军事变革，特别是加快军事法规制度的创新，使得军事经济绩效管理能够获得坚实的法规制度支撑。

（一）我国军事经济绩效管理面临的困境

1. 缺乏高层次的专门立法。从各国的军事经济绩效管理的做法看，制度化、法治化是开展军事经济绩效评估的前提和基础，也是当前世界众多国家军事经济绩效评估的重要手段。美国克林顿政府 1993 年颁布了《政府绩效与结果法案》（GPRA），使得绩效评估制度逐渐深入到政府的日常工作当中，为政府及军队改革的顺利实施提供了坚实的法律基础；1997 年澳大利亚通过了《公共服务法案》和《财务管理与责任法案》，完善了公共部门绩效的责任管理，健全了结果导向型的政府公共部门绩效考评机制，为联邦政府各部门制定了服务标准，为绩效考评提供了重要依据，同时也为军队管理军事经济提供了法律基础；日本于 2002 年制定了《政府政策评估法》，建立了多领域多指标的政府政策评价体系，规定了重要的决策在出台前都要进行必要性、效率性和有效性的评估，为部队绩效管理提供了有力保障。这些绩效评估的重要立法，使各国军事经济绩效评估和管理全面走上法治化轨道，有

力地推动了绩效评估活动的健康发展。通过立法确立绩效评估与管理的权威性，使绩效评估与管理贯穿军事经济管理的整个过程，保证军队绩效评估的经常化和制度化。

我国宪法、一般法律、行政法规及地方性法规中对军事经济绩效管理虽有一些零散的、笼统的规定，但是和其他国家比较，高层次的、系统性的、专门的政府绩效管理的法律还是欠缺；部队“依法治军”目标虽然明确，但缺乏具体的制度安排，军队实行绩效管理的条件、程序、方式方法不明确。由此造成的不利影响表现在三个方面：第一，一些部队的绩效管理片面依靠“一把手”的推动，“一把手”的积极性高，措施正确有力绩效管理方可顺利推进；否则，就停滞不前甚至倒退，没有建立绩效管理的长效机制。第二，一些部队的绩效管理规定权威性不足，绩效管理实施过程容易受行政干扰，不能保证应有的独立性。第三，本应规范管理的各种社会资源处于不确定状态，从而徒增社会交易成本，浪费社会资源，给国家和社会公众带来不必要的损失，也不利于行政成本的控制和行政资源的合理使用。因此，相关法律的权威受到质疑、法治的价值无法体现、绩效信息资源不能充分发挥作用、效率难以提高，影响到经济增长和公共福利的增加。

2. 绩效管理程序方面的基本保障不足。军事经济绩效管理是一项涉及面广的系统工程，需要严密的程序规则来提供保障，而现行的绩效管理法律法规对绩效计划的制订程序、执行程序、评估程序、公众参与程序、军队绩效信息管理反馈程序、绩效结果的公示程序、问责程序、绩效结果争议的处理程序等这些具体的程序没有统一的规定。不同军种的做法有很大的不同，各自为政，很不规范。绩效计划制定中带有主观随意性，唯上是从，执行中弹性大，评估过程不公开、不透明，缺乏必要的社会监督，信息反馈回应力差、不敏感，绩效考评结果没有得到很好应用等，这些问题不利于绩效管理的有效实施，因此对军事经济绩效管理有待于进一步改进和规范。

3. 绩效评估主体不到位，绩效管理职能分工不规范。当前我国军事经济绩效评估存在两大硬伤：一是绩效评估主体不到位。军队在绩效管理评估活动对绩效评估主体在法律上没有明确规定，因此在实践中出现比较混乱的情况，大多数地方以军队内部评估为主，部队内部评估又多为上级评下级，同级评估、下级评估、公众评估、媒体评估、专业评估机构评估并不普遍，且作用极为有限，最终起决定作用的依然是上级。而军队系统内部评估由于利益关联，公正性难以保证，这样就会出现绩效评估主体事实上的不到位。二是绩效管理中的决策、执行、监督没有进行有效划分，缺乏社会监督。作为一个完善的军事经济绩效管理体系，绩效管理中部队承担的应该是执行职能，而决策和监督应有专门机构来负责，职能分工是不可或缺的，决策和社会监督至少应当包括：研究制定（或审定）军事经济绩效评估指标体系（以避免部队自定指标，脱离社会需要）、拟订军队绩效管理相关的政策措施、监督检查军队绩效评估工作的实施、审议军队绩效管理目标和评估报告等。而这些问题在当前军队绩效管理实践比较突出，决策、执行和监督的一体化、内部化有损绩效管理的公允性。

4. 绩效管理缺乏相应的配套制度支撑。当前军事经济绩效管理法律体系不健全、不完善还表现在以下几个方面：第一，绩效评估指标体系不科学。绩效评估指标体系设计不合理，存在片面性，一些部队绩效考核深陷“以军事训练论英雄”的窠臼，不利于树立科学发展的政绩观。第二，绩效考评的方式方法较为简单。传统的绩效考核多数采取听汇报、座谈分析等方式，容易产生“官出数字，数字出官”的现象，不利于科学考评。第三，法律救济不完善。“无救济即无权利”是现代民主国家理应遵循的基本原则，绩效管理必然涉及与其相关的部门和人员的赏罚，在赏罚的公正性存在争议时，如何通过制度安排加以妥善解决，是我们在绩效管理制度设计时不能忽视的问题，而目前我国现有的法律法规中虽然规定了军官对涉及本人的人事处理不服的，可以向原处理机关申请复核；也可以向上一级机关直接提出申诉，但这只是军队系统内部的争议处理办法，公信力不足。由此可见，绩效管理争议的法律救济不足也制约了绩效管理发展。

（二）军事经济绩效管理法律制度构建道路探索

1. 建立健全军事经济绩效管理法规体系。军事经济绩效管理的制度化是当今世界各国实施军队绩效管理的普遍做法。首先，应对军队绩效管理进行专门立法，制定《军队绩效管理条例》，从法律上确立绩效管理的地位，保证绩效管理成为军事经济管理的基本环节，促使部队开展评估工作，以提高公共管理水平。其次，应设立专门的绩效管理机构，有专门的编制、明确的岗位职责，享有调查、评估部队有关活动的权利，不受任何行政、公共组织或个人的干扰。最后，在《军队绩效管理条例》的基础上发布上相应的《实施细则》，对绩效管理工作的制度进一步进行规范，对军事经济管理过程哪些项目应该进行评估、开展什么形式的评估、评估应注意的事项等问题做出详细规定，使评估工作有法可依、有章可循，把绩效管理纳入一个正常发展的轨道。

2. 逐步规范军事经济绩效管理的基本程序。科学的程序是实现军队绩效管理目标的有力保障。军队绩效管理的基本程序应重点规范绩效计划的制订、执行和评估反馈三大环节。第一，在制定绩效计划时，应进行充分的调查研究，科学分析预测和广泛征求意见，综合考量社会经济发展水平、人民的需要和资源的承受能力，制定绩效计划目标。第二，在执行过程中，应将绩效目标分解、落实到各个部门和单位，分步骤、有计划地推进，在执行过程中应加强监控，收集相关信息，对偏离目标的情况要进行通报和纠偏。第三，规范军队绩效评估程序，实行军队内考核与社会公众评议、专家评审相结合的程序和办法，对评估过程加强监督，对评估结果及时反馈。

3. 建立多元的军事经济绩效评估主体和制约监督机制。打破传统的以军队内部评估为主的模式，引入多元的绩效评估主体，在上级评估、自我评估之外，还应当引入外部评估主体，发展公民评估机制和第三方评估机制。科学设计绩效指标体系，运用定性和定量相结合的方法，对绩效对象做出公正的评价。军事经济绩效管理应进行体制机制创新，使决策、执行、监督相互制约、相互适应，因为“要确保公共权力不异化为个人投机资本，建立科学的监督机制是不可或缺的”。

4. 强化军队绩效考评成果的运用。第一，增进军队预算支出的有效性，把预算支出和绩效评价联系起来。军队预算支出要突破传统的管理体制，把各部门绩效的好坏和其预算支出联系起来，对不能完成或完成不好的部门或个人进行处罚，限期整改，缩减直至取消预算，使各单位真正负起责任。第二，把绩效考评成果运用到干部选拔任用上。军队绩效指标是一个标准，是一个尺度，同时又是一个导向，军队投入大量的人力、物力和财力进行绩效考评，考评的成果就必须利用起来，把考评的成果的干部的选拔任用结合起来。对工作认真负责，做出实绩的干部要提拔重用，使“能者上、平者让、庸者下”。第三，把考核成果运用到军队建设发展的指导上。

参考文献

[1] 图们主编:《军事法学教程》, 法律出版社, 北京, 1992。

[2] 张振龙主编:《实用军事经济法学》, 中国物资出版社, 北京, 1997。

[3] 陈学会主编:《军事法学》, 解放军出版社, 北京, 1994。

[4] 夏勇、汪保康主编:《军事法学》, 黄河出版社, 济南, 1990。

[5] 陈耿主编:《军事经济法学》, 军事科学出版社, 北京, 2003。

[6] 欧阳国华著:《军事经济法原理》, 军事科学出版社, 北京, 2008。

[7] 张寿民主编:《外国经济法制史》, 华东理工大学出版社, 上海, 1996。

[8] 张忠军主编:《经济法学》, 中国城市出版社, 北京, 2004。

[9] 刘旺洪主编:《行政法学》, 南京师范大学出版社, 南京, 2004。

[10] [美] 丹尼尔·F. 史普博著:《管制与市场》(中译本), 上海三联书店, 上海, 1999。

[11] 李昌麒主编:《经济法》, 中国政法大学出版社, 北京, 1999。

[12] 沈宗灵主编:《现代西方法理学》, 北京大学出版社, 北京, 1992。

[13] 张文显著:《法学基本范畴研究》, 中国政法大学出版社, 北京, 1993。

[14] 张文显主编:《法理学》, 高等教育出版社、北京大学出版社, 北京, 1999。

[15] 马清槐编著:《阿奎那政治著作选》, 商务印书馆, 北京, 1962。

[16] [英] 哈特著:《法律的概念》, 中国大百科全书出版社, 北京, 1996。

[17]《马克思恩格斯全集》第13卷, 人民出版社, 北京, 1961。

[18] [奥] 凯尔森著:《法与国家的一般理论》, 中国大百科全书出版

社，北京，1996。

[19] [美] 曼瑟尔·奥尔森著：《集体行动的逻辑》，上海三联书店、上海人民出版社，上海，1995。

[20] 李昌麒主编：《经济法基本范畴的整体主义解读》，厦门大学出版社，厦门，2005。

[21] [荷] 汉斯·范登·德尔、平·范·韦尔瑟芬著：《民主与福利经济学》，中国社会科学出版社，北京，1989。

[22] 田国强、张帆主编：《大众市场经济学》，上海人民出版社，上海，1993。

[23] [美] 斯蒂格利茨著：《经济学》，中国人民大学出版社，北京，1997。

[24] [美] 理查德·A. 波斯纳著：《法律的经济分析》（上），中国大百科全书出版社，北京，1997。

[25] [英] 彼得·斯坦、约翰·香德著：《西方社会的法律价值》，中国法制出版社，北京，2004。

[26] [美] E. 博登海默著：《法理学法律哲学与法律方法》，中国政法大学出版社，北京，1999。

[27] 张本正主编：《军事法总论》（学科分册Ⅰ），中国大百科全书出版社，北京，2008。

[28] 李芳梅主编：《军事经济法研究》，军事科学出版社，北京，2013。

[29] 孙志强编著：《中国军事财政发展战略研究》，解放军出版社，北京，2001。

[30] 中国军事后勤百科全书编审委员会：《中国军事后勤百科全书：军事财务卷》，金盾出版社，北京，2002。

[31] 李家声著：《军队财务理论研究》，解放军出版社，北京，2005。

[32] 罗叔勋、袁明全、吴少华编著：《军事财政学》，湖北人民出版社，武汉，1992。

[33] 总后勤部司令部编著：《军事后勤法概论》，解放军出版社，北京，1992。

[34] 祝志刚主编：《中国军事订货与采购》，国防工业出版社，北京，2007。

[35] 刘铁忠主编：《国防工业经济运行与管理》，国防工业出版社，北

京，2014。

[36] 陈晓和主编：《国防经济与国防安全》，上海财经大学出版社，上海，2011。

[37] 綦谨著：《军事合同论》，蓝天出版社，北京，2010。

[38] 余子明主编：《国防法学》，军事科学出版社，北京，2002。

[39] 张山新主编：《军事法学》，军事科学出版社，北京，2001。

[40] 张振江、仰礼才主编：《军事后勤法学》，金盾出版社，北京，2006。

[41] 朱庆林、常进主编：《国民经济动员学教程》，军事科学出版社，北京，2002。

[42] 陈德第：《国防经济大辞典》，军事科学出版社，北京，2001。

[43] 孙笑侠主编：《法理学》，清华大学出版社，北京，2008。

[44] 周永坤著：《法理学》（第二版），法律出版社，北京，2004。

[45] 张汝涛主编：《中华人民共和国国防动员法释义》，中国法制出版社，北京，2010。

[46] 王作富主编：《刑法》 （第五版），中国人民大学出版社，北京，2011。

[47] 姜明安主编：《行政法与行政诉讼法》（第五版），北京大学出版社，北京，2011。

[48] 刘智慧主编：《物权法立法观念与疑难制度评注》，江苏人民出版社，南京，2007。

[49] 李璟著：《军队建设绩效管理》，国防大学出版社，北京，2010。

[50] 欧阳国华主编：《中国军事经济法学》，武汉，2002。

[51] 全军军事经济法学研究会编著：《军事经济法研究》，金盾出版社，北京，2008。

[52] 万小元主编：《军事后勤动员学》，国防大学出版社，北京，1994。

[53] [英] 麦考密克、[奥] 魏因伯格著：《制度法论》，中国政法大学出版社，北京，1994。

[54] [美] 波斯纳著：《法理学问题》，中国政法大学出版社，北京，1994。

[55] 付子堂编著：《法律功能论》，中国政法大学出版社，北京，1999。

[56] 卓泽渊编著：《法的价值论》（第二版），法律出版社，北

京，2006。

[57] 马斯洛著：《人类价值新论》，河北人民出版社，石家庄，1996。

[58] 陈少林、顾伟著：《刑事诉权原论》，中国法制出版社，北京，2009。

[59] 张守文著：《经济法理论的重构》，人民出版社，北京，2004。

[60] 川岛武宜著：《现代化与法》，中国政法大学出版社，北京，1994。

[61] 乔克裕、黎晓平著：《法的价值》，中国政法大学出版社，北京，1991。

[62] [美] 弗里德曼著：《法律制度》，中国政法大学出版社，北京，1994。

[63] [美] 哈耶克著：《法律、立法和自由》，中国大百科全书出版社，北京，2000。

[64] 李龙主编：《法理学》，中国社会科学出版社，北京，2003。

[65] 周旺生主编：《法理学》，北京大学出版社，北京，2007。

[66] 王平、顾伟、田益友著：《法律基础原理与案例》，海潮出版社，北京，2011。

[67] [美] 罗尔斯：《正义论》，中国社会科学出版社，北京，1988。

[68] 王全兴主编：《经济法基础理论专题研究》，中国检察出版社，北京，2002。

[69] 温光春主编：《中国军事后勤百科全书》，金盾出版社，北京，2002。

[70] 曹廷泽、崔荣主编：《军队后勤建设学》，国防大学出版社，北京，2009。